Frédéric Mistral

Mes Origines; Mémoires et Récits de Frédéric Mistral

© 2024, Frédéric Mistral (domaine public)
Édition : BoD · Books on Demand, 31 avenue Saint-Rémy,
57600 Forbach, bod@bod.fr
Impression : Libri Plureos GmbH, Friedensallee 273,
22763 Hamburg (Allemagne)
ISBN : 978-2-3224-7901-6
Dépôt légal : Janvier 2025

CHAPITRE I.

AU MAS DU JUGE.

Les Alpilles. -- La chanson de Maillane. -- Ma famille. -- Maître François, mon père. -- Délaïde, ma mère. -- Jean du Porc. -- L'aïeul Étienne. -- La mère-grand Nanon. -- La foire de Beaucaire. -- Les fleurs de glais.

D'aussi loin qu'il me souvienne, je vois devant mes yeux, au Midi là-bas, une barre de montagnes dont les mamelons, les rampes, les falaises et les vallons bleuissaient du matin aux vêpres, plus ou moins clairs ou foncés, en hautes ondes. C'est la chaîne des Alpilles, ceinturée d'oliviers comme un massif de roches grecques, un véritable belvédère de gloire et de légendes.

Le sauveur de Rome, Caïus Marius, encore populaire dans toute la contrée, c'est au pied de ce rempart qu'il attendit les Barbares, derrière les murs de son camp; et ses trophées triomphaux, à Saint-Rey sur les Antiques, sont, depuis deux mille ans, dorés par le soleil. C'est au penchant de cette côte qu'on rencontre les tronçons du grand aqueduc romain qui menait les eaux de Vaucluse dans les Arènes d'Arles: conduit que des gens du pays nomment *Ouide d'i Sarrasin* (pierrée des Sarrasins), parce que c'est par là que les Maures d'Espagne s'introduisirent dans Arles. C'est sur les rocs escarpés de ces collines que les princes des Baux avaient leur château fort. C'est dans ces vals aromatiques, aux Baux, à Romanin et à Roque-Martine, que tenaient cour d'amour les belles châtelaines du temps des troubadours. C'est à Mont-Majour que dorment, sous les dalles du cloître, nos vieux rois arlésiens. C'est dans les grottes du Vallon d'Enfer, de Cordes, qu'errent encore nos fées. C'est sous ces ruines, romaines ou féodales, que gît la Chèvre d'Or.

Mon village, Maillane, en avant des Alpilles, tient le milieu de la plaine, une large et riche plaine, qu'en mémoire peut-être du consul Caïus Marius on nomme encore *Le Caieou*.

-- Quand je luttais, me disait une fois le petit Maillanais, -- un vieux lutteur de l'endroit, -- j'ai beaucoup voyagé, en Languedoc comme en Provence... Mais jamais je ne vis une plaine aussi unie que ce terroir. Si, depuis la Durance jusqu'à la mer, là-bas, on tirait un trait de charrue droit comme une chandelle, un sillon de vingt lieues, l'eau y courrait toute seule, rien qu'au niveau pendant. Aussi, quoique nos voisins nous traitent de *mange-grenouilles*, les Maillanais convinrent toujours que, sous la chape du soleil, il n'est pas de pays plus joli que le leur et, un jour qu'ils m'avaient demandé quelques couplets pour la chorale du village, voici, à ce propos, les vers que je leur fis:

Maillane est beau, Maillane plaît -- et se fait beau de plus en plus; Maillane ne s'oublie jamais; -- il est l'honneur de la contrée -- et tient son nom du mois de Mai.

Que vous soyez à Paris ou à Rome, -- pauvres conscrits, rien ne vous charme; -- Maillane est pour vous sans pareil -- et vous aimeriez y manger une pomme -- que dans Paris un perdreau.

Notre patrie n'a pour remparts -- que les grandes haies de cyprès -- que Dieu fit tout exprès pour elle; -- et quand se lève le mistral, -- il ne fait que branler le berceau.

Tout le dimanche on fait l'amour; -- puis au travail, sans trêve, -- s'il faut le lundi se ployer, --nous buvons le vin de nos vignes, nous mangeons le pain de nos blés.

La vieille bastide où je naquis, en face des Alpilles, touchant le Clos-Créma, avait nom le Mas du Juge, un tènement de quatre paires de bêtes de labour, avec son premier charretier, ses valets de charrue, son pâtre, sa servante (que nous appelions la *tante*) et plus ou moins d'hommes au mois, de journaliers ou journalières, qui venaient aider au travail, soit pour les vers à soie, pour les sarclages, pour les foins, pour les moissons ou les vendanges, soit pour la saison des semailles ou celles de l'olivaison.

Mes parents, des *ménagers*, étaient de ces familles qui vivent sur leur bien, au labeur de la terre, d'une génération à l'autre! Les ménagers, au pays d'Arles, forment une classe à part: sorte d'aristocratie qui fait la transition entre paysans et bourgeois, et qui comme toute autre, a son orgueil de caste. Car si le paysan, habitant du village, cultive de ses bras, avec la bêche ou le hoyau, ses petits lopins de terre, le ménager, agriculteur en grand, dans les *mas* de Camargue, de Crau ou d'autre part, lui, travaille debout en chantant sa chanson, la main à la charrue.

C'est bien ce que je dis dans les quelques couplets suivants, chantés aux noces de mon neveu:

Nous avons tenu la charrue -- avec assez d'honneur -- et conquis le terroir -- avec cet instrument.

Nous avons fait du blé -- pour le pain de Noël -- et de la toile rousse pour nipper la maison.

Tout chemin va à Rome: ne quittez donc pas le mas, -- et vous mangerez des pommes, -- puisque vous les aimez.

Mais si, parbleu, nous voulions hausser nos fenêtres, comme le font tant d'autres, sans trop d'outrecuidance nous pourrions avancer que la gent mistralienne descend des Mistral dauphinois, devenus, par alliance, seigneurs de Montdragon et puis de Romanin. Le célèbre pendentif qu'on montre à Valence est le tombeau de ces Mistral. Et, à Saint-Remy, nid de ma famille (car mon père en sortait), on peut voir encore l'hôtel des Mistral de Romanin, connu sous le nom de Palais de la Reine Jeanne.

Le blason des Mistral nobles a trois feuilles de trèfle avec cette devise assez présomptueuse: *"Tout ou Rien."* Pour ceux, et nous en sommes, qui voient un horoscope dans la fatalité des noms patronymiques ou le mystère des rencontres, il est curieux de trouver la Cour d'Amour de Romanin unie, dans le passé, à la seigneurie de Mistral désignant le grand souffle de la terre de Provence, et, enfin, ces trois trèfles marquant la destinée de notre famille terrienne.

-- Le trèfle, nous déclara, un jour, le Sâr Peladan, qui, lorsqu'il a quatre feuilles, devient talismanique, exprime symboliquement l'idée de Verbe autochtone, de développement sur place, de lente croissance en un lieu toujours le même. Le nombre trois signifie la maison (père, mère, fils),
au sens divinatoire. Trois trèfles signifient donc trois harmonies familiales succédentes, ou neuf, qui est le nombre du sage à l'écart. La devise *Tout ou Rien* rimerait aisément à ces fleurs sédentaires et qui ne se transplantent pas: devise, comme emblème, de terrien endurci.

Mais laissons là ces bagatelles. Mon père, devenu veuf de sa première femme, avait cinquante-cinq ans lorsqu'il se remaria, et je suis le croît de ce second lit. Voici comment il avait fait la connaissance de ma mère:

Une année, à la Saint-Jean, maître François Mistral était au milieu de ses blés, qu'une troupe de moissonneurs abattait à la faucille. Un essaim de glaneuses suivait les tâcherons et ramassait les épis qui échappaient au râteau. Et voilà que mon seigneur père remarqua une belle fille qui restait en arrière, comme si elle eût eu peur de glaner comme les autres. Il s'avança près d'elle et lui dit:

-- Mignonne, de qui es-tu? Quel est ton nom?

La jeune fille répondit:

-- Je suis la fille d'Étienne Poulinet, le maire de Maillane. Mon nom est Délaïde.

-- Comment! dit mont père, la fille de Poulinet, qui est le maire de Maillane, va glaner?

-- Maître, répliqua-t-elle, nous sommes une grosse famille: six filles et deux garçons, et notre père, quoiqu'il ait assez de bien, quand nous lui demandons de quoi nous attifer, nous répond: "Mes petites, si vous voulez de la parure, gagnez-en." Et voilà pourquoi je suis venue glaner.

Six mois après cette rencontre, qui rappelle l'antique scène de Ruth et de Booz, le vaillant ménager demanda Délaïde à maître Poulinet, et je suis né de ce mariage.

Or donc, ma venue au monde ayant eu lieu le 8 septembre de l'an 1830, dans l'après-midi, la gaillarde accouchée envoya quérir mon père, qui était en ce moment, selon son habitude, au milieu de ses champs. En courant, et du plus loin qu'il put se faire entendre:

-- Maître, cria le messager, venez! car la maîtresse vient d'accoucher maintenant même.

-- Combien en a-t-elle fait? demanda mon père.

-- Un beau, ma foi.

-- Un fils! Que le bon Dieu le fasse grand et sage!

Et sans plus, comme si de rien n'était, ayant achevé son labour, le brave homme, lentement, s'en revint à la ferme. Non point qu'il fût moins tendre pour cela; mais élevé, endoctriné, comme les Provençaux anciens, avec la tradition romaine, il avait dans ses manières, l'apparente rudesse du vieux *pater familias* .

On me baptisa Frédéric, en mémoire, paraît-il, d'un pauvre petit gars qui, au temps où mon père et ma mère se *parlaient* , avait fait gentiment leurs commissions d'amour, et qui, peu de temps après, était mort d'une insolation. Mais, comme elle m'avait eu à Notre-Dame de Septembre, ma mère m'a toujours dit qu'elle m'avait voulu donner le prénom de Nostradamus, d'abord pour remercier la Mère
de Dieu, ensuite par souvenance de l'auteur des *Centuries* , le fameux astrologue natif de Saint-Remy. Seulement, ce nom mystique et mirifique, n'est-ce pas? que l'instinct maternel avait si bien trouvé, on ne voulut l'accepter ni à la mairie ni au presbytère.

Ma première sortie sur les bras de ma mère, qui me nourrissait de son lait, lorsqu'elle fit ses relevailles, -- tout cela vaguement, dans une lointaine brume, il me semble le revoir: elle, ma pauvre mère, dans la beauté, l'éclat de sa pleine jeunesse, présentant avec orgueil son "roi" à ses amies, et, cérémonieuses, les amies et parentes nous accueillant avec les félicitations d'usage et m'offrant une couple d'oeufs, un quignon de pain, un grain de sel et une allumette, avec ces mots sacramentels:

-- Mignon, sois plein comme un oeuf, sois bon comme le pain, sois sage comme le sel, sois droit comme une allumette.

On trouvera peut-être tant soit peut enfantin de raconter ces choses. Mais, après tout, chacun est libre, et, à moi, il m'agrée de revenir, par songerie, dans mon premier maillot et dans mon berceau de mûrier et dans mon chariot à roulettes, car, là, je ressuscite le bonheur de ma mère dans ses plus doux tressaillements.

Quand j'eus six mois, on me délivra de la bande qui enveloppait mes langes (car Nanounet, ma mère-grand, avait très fort recommandé de me
tenir serré à point, parce que, disait-elle, les enfants bien emmaillotés ne sont ni bancals ni bancroches), et, le jour de la Saint-Joseph, selon l'us de Provence, on me "donna les pieds" et, triomphalement, ma mère m'apporta à l'église de Maillane; et sur l'autel du saint, en me tenant par les lisières, pendant que ma marraine me chantait : *Avène, Avène, Avène* (Viens, viens, viens), on me fit faire mes premiers pas.

A Maillane, chaque dimanche, nous venions pour la messe. C'était une demi-lieue de chemin pour le moins. Ma mère, tout le long, me dorlotait dans ses bras. Oh! le sein nourricier, ce nid doux et moelleux! Je voulais toujours, toujours, qu'il me portât encore un peu... Mais, une fois, -- j'avais cinq ans, -- à mi-chemin du village, ma pauvre mère me déposa en disant:

-- Oh! tu pèses trop, maintenant; je ne puis plus te porter.

Après la messe, avec ma mère, nous' allions voir mes grands-parents, dans leur belle cuisine voûtée en pierre blanche, où, de coutume, les bourgeois du lieu, M. Deville, M. Dumas, M. Ravoux, le Cadet Rivière, en se promenant sur les dalles, entre l'évier et la cheminée, venaient parler du gouvernement.

M. Dumas, qui avait été juge et qui s'était démis en 1830, aimait, sur toute chose, à donner des conseils, comme celui- ci, par exemple, qu'avec sa grosse voix, il répétait, tous les dimanches, aux jeunes mères qui dodelinaient leurs mioches:

-- Il ne faut donner aux enfants ni couteau, ni clé, ni livre : parce qu'avec un couteau l'enfant peut se couper; une clé, il peut la perdre et, un livre, le déchirer.

M. Durnas ne venait pas seul: avec son opulente épouse et leurs onze ou douze enfants, ils remplissaient le salon, le beau salon des ancêtres, tout tapissé de toile peinte, de Mar- seille, représentant des oisillons et des paniers en fleurs, et là, pour étaler l'éducation de sa lignée, il faisait, non sans orgueil, déclamer, vers à vers, mot à mot, un peu à l'un, un peu à l'autre, le récit de *Théramène* :

A peine nous sortions des portes de Trézène...
De Trégène... Il était sur son char... sur chon sar...
Ses gardes affligés... affizés...
Imitaient son silence autour de lui rangés...
Lui ranzés.

Ensuite, il disait à ma mère:

-- Et le vôtre, Délaïde, lui apprenez-vous rien pour réciter?

-- Si répondait naïvement ma mère: il sait la sornette de Jean du Porc.

-- Allons, mignon, dis Jean du Porc, me criait tout le monde.

Et alors en baissant la tête, j'ânonnais timidement:

Qui est mort? — Jean du Porc. — Qui le pleure? — Le roi Maure — Qui le rit? — La perdrix. — Qui le chante? — La calandre — Qui en sonne le glas? — Le cul de la poêle. — Qui en porte le deuil? — Le cul du chaudron.

C'est avec ces contes-là, chants de nourrices et sornettes, que nos parents, à cette époque, nous apprenaient à parler la bonne langue provençale; tandis qu'à présent, la vanité ayant pris le dessus dans la plupart des familles, c'est avec le système de l'excellent M. Dumas que l'on enseigne les enfants et qu'on en fait de petits niais qui sont, dans le pays, tels que des enfants trouvés, sans attaches ni racines, car il est de mode, aujourd'hui, de renier absolument tout ce qui est de tradition.

Il faut que je parle un peu, maintenant, du bonhomme Etienne, mon aïeul maternel. Il était, comme mon père, ménager propriétaire, d'une bonne maison comme lui, et d'un bon sang : avec cette différence que, du côté des Mistral, c'étaient des laborieux, des économes, des amasseurs de biens, qui, en tout le pays, n'avaient pas leurs pareils, et que, du côté de ma mère, tout à fait insouciants et n'étant jamais prêts pour aller au labour, ils laissaient l'eau courir et mangeaient leur avoir. L'aïeul Étienne, pour tout dire, était (devant Dieu soit-il) un vrai Roger Bontemps.

Bien qu'il eût huit enfants, entre lesquels six filles (qui, à l'heure des repas, se faisaient servir leur part et puis allaient manger dehors, sur le seuil de la maison, leur assiette à la main), dès qu'il y avait fête quelque part, en avant! Il partait pour trois jours avec les camarades. Il jouait, bambochait tant que duraient les écus; puis, souple comme un gant, quand les deux toiles se touchaient (1), le quatrième jour il rentrait au logis et, alors, grand'maman Nanon, une femme du bon Dieu, lui criait:

-- N'as-tu pas honte, dissipateur que tu es, de manger comme ça le bien de tes filles I

(1) Quand la poche est vide.

-- Hé! bonasse, répondait-il, de quoi vas-tu t'inquiéter? Nos fillettes sont jolies, elles se marieront sans dot. Et tu verras,

Nanon, ma mie, nous n'en aurons pas pour les derniers.

Et, amadouant ainsi et cajolant la bonne femme, il lui faisait donner sur son douaire des hypothèques aux usuriers, qui lui prêtaient de l'argent à cinquante ou à cent pour cent, ce qui ne l'empêchait pas, quand ses compagnons de jeu venaient, de faire, avec eux, le branle devant la cheminée, en chantant tous ensemble:

Oh! la charmante vie que font les gaspilleurs!
Ce sont de braves gens,
Quand ils n'ont plus d'argent.

Ou bien ce rigaudon qui les faisait crever de rire:

Nous sommes trois qui n'avons pas le sou, -- Qui n'avons pas le sou,
-- Qui n'avons pas le sou. -- Et le compère qui est derrière, -- N'a
pas un denier, -- N'a pas un denier.

Et quand ma pauvre aïeule se désolait de voir ainsi partir, l'un après l'autre, les meilleurs morceaux, la fleur de son beau patrimoine:

-- Eh! bécasse, que pleures-tu? lui faisait mon grand-père, pour quelques lopins de terre? Il y pleuvait comme à la rue.

Ou bien:

-- Cette lande, quoi! ce qu'elle rendait, ma belle, ne payait pas les impositions!

Ou bien:

-- Cette friche-là? les arbres du voisin la desséchaient comme bruyère.

Et toujours, de cette façon, il avait la riposte aussi prompte que joyeuse... Si bien qu'il disait même, en parlant des usuriers:

-- Eh! morbleu, c'est bien heureux qu'il y ait des gens pareils. Car, sans eux, comment ferions-nous, les dépensiers, les gaspilleurs, pour trouver du quibus, en un temps où comme on sait, l'argent est marchandise?

C'était l'époque, en ce temps-là, où Beaucaire, avec sa foire, faisait merveille sur le Rhône; il venait là du monde, soit par eau, soit par terre, de toutes les nations, jusqu'à des Turcs et des nègres.

Tout ce qui sort des mains de l'homme, toutes espèces de choses qu'il faut pour le nourrir, pour le vêtir, pour le loger, pour l'amuser, pour l'attraper, depuis les meules de moulins, les pièces de toile, les rouleaux de drap, jusqu'aux bagues de verre portant au chaton un rat, vous l'y trouviez à profusion, à monceaux, à faisceaux ou en piles, dans les grands magasins voûtés, sous les arceaux des Halles, aux navires du port, ou bien dans les baraques innombrables du Pré.

C'était comme nous dirions, mais avec un côté plus populaire et grouillant de vie, c'était là tous les ans, au soleil de juillet, l'exposition universelle de l'industrie du Midi.

Mon grand-père Étienne, comme vous pensez bien, ne manquait pas telle
occasion d'aller, quatre ou cinq jours, faire à Beaucaire ses bamboches. Donc, sous prétexte d'aller acheter du poivre, du girofle ou du gingembre avec, dans chaque poche de sa veste, un mouchoir de fil, car il prenait du tabac, et trois autres mouchoirs, en pièce, non coupés, dont en guise de ceinture il se ceignait les reins; et il flânait ainsi, tout le franc jour de Dieu, autour des bateleurs, des charlatans, des comédiens, surtout des bohémiens, lorsqu'ils

discutent et se harpaillent pour le marché et marchandage de quelque bourrique maigre.

Un délicieux régal pour lui: Polichinelle avec Rosette! Il y était toujours plus neuf et ravi, bouche bée, il y riait comme un pauvre aux pantalonnades et aux coups de batte qui pleuvaient là sans cesse sur le propriétaire et sur le commissaire. A ce point les filous (et imaginez-vous si, à Beaucaire, ils pullulaient!) lui tiraient chaque année, tout doucement, l'un après l'autre, sans qu'il se retournât, tous ses mouchoirs; et quand il n'en avait plus, chose qu'il savait d'avance, il dénouait sa ceinture, sans plus de chagrin que ça, et s'en torchait le nez. Mais, quand il rentrait à Maillane, avec le nez tout bleu, -- de la teinture des mouchoirs, des mouchoirs neufs qui avaient déteint:

-- Allons, lui disait ma grand'mère, on t'a encore volé tes mouchoirs.

-- Qui te l'a dit? faisait l'aïeul.

-- Pardi, tu as le nez tout bleu: tu t'es mouché avec ta ceinture.

-- Bah! je n'en ai pas regret, répondait le bon humain; ce Polichinelle m'a tant fait rire!

Bref, quand ses filles (et ma mère en était une) furent d'âge à se marier, comme elles n'étaient pas gauches, ni bien désagréables, les galants, malgré tout, vinrent tout de même à l'appeal. Seulement, quand les pères disaient à mon aïeul:

-- Autrement, le cas échéant, combien faites-vous à vos filles?

-- Combien je fais à mes filles? répondait maître Étienne, tout rouge de colère; ô graine d'imbécile, c'est dommage! A ton gars je donnerais une belle gouge, tout élevée, toute nippée, et j'y ajouterais encore des terres et de l'argent! Qui ne veut pas mes filles telles quelles, qu'il les laisse... Dieu merci, à la huche de maître Étienne il y a du pain.

Or, n'est-il pas vrai que les filles du grand-père furent prises, toutes les six, rien que pour leurs beaux yeux, et même qu'elles firent toutes de bons mariages? *Fille jolie*, dit le proverbe, *porte sur le front sa dot.*

Mais je ne veux pas quitter la prime fleur de mon enfance sans en cueillir encore un tout petit bouquet.

Derrière le Mas du Juge, c'est l'endroit où je suis né, il y avait le long du chemin un fossé qui menait son eau à notre vieux Puits à roue. Cette eau n'était pas profonde, mais elle était claire et riante, et, quand j'étais petit, je ne pouvais m'empêcher, surtout les jours d'été, d'aller jouer le long de sa rive.

Le fossé du Puits à roue! Ce fut le premier livre où j'appris, en m'amusant, l'histoire naturelle. Il y avait là des poissons, épinoches ou carpillons, qui passaient par bandes et que j'essayais de pêcher dans un sachet de canevas, qui avait servi à mettre des clous et que je suspendais au bout d'un roseau. Il y avait des demoiselles vertes, bleues, noiraudes, que doucement, tout doucement, lorsqu'elles se posaient sur les typhas, je saisissais de mes petits doigts, quand elles ne s'échappaient pas, légères, silencieuses, en faisant frissonner le crêpe de leurs ailes; il y avait des "notonectes", espèces d'insectes bruns avec le ventre blanc, qui sautillent sur l'eau et puis remuent leurs pattes à la façon des cordonniers qui tirent le ligneul. Ensuite des grenouilles, qui sortaient de la mousse une échine glauque, chamarrée d'or, et qui, en me voyant, lestement faisaient leur plongeon; des tritons, sorte de salamandres d'eau, qui farfouillaient dans la vase; et de gros escarbots qui rôdaient dans les flaches et qu'on nommait des "mange-anguilles".

Ajoutez à cela un fouillis de plantes aquatiques, telles que ces "massettes", cotonnées et allongées, qui sont les fleurs du typha; telles que le nénuphar qui étale, magnifique, sur la nappe de l'eau, ses larges feuilles rondes et son calice blanc; telles que le "butome" au trochet de fleurs roses, et le pâle narcisse qui se mire dans le ru, et la lentille d'eau aux feuilles minuscules, et la "langue de boeuf" qui fleurit comme un lustre, avec les "yeux de l'Enfant Jésus" qui est le myosotis.

Mais de tout ce monde-là, ce qui m'engageait le plus, c'était la fleur des "glais". C'est une grande plante qui croît au bord des eaux par grosses touffes, avec de longues feuilles cultriformes et de belles fleurs jaunes qui se dressent en l'air comme des hallebardes d'or. Il est à croire même que les fleurs de lis d'or, armes de France et de Provence, qui brillent sur le fond d'azur, n'étaient que des fleurs de glais: "fleur de lis" vient de "fleur d'iris", car le glais est un iris, et l'azur du blason représente bien l'eau où croît le glais.

Toujours est-il, qu'un jour d'été, quelque temps après la moisson, on foulait nos gerbes, et tous les gens du "mas" étaient dans l'aire à travailler. A l'entour des chevaux et des mulets qui piétinaient, ardents, autour de leurs gardiens, il y avait bien vingt hommes qui, les bras retroussés, en cheminant au pas, deux par deux, quatre par quatre, retournaient les épis ou enlevaient la paille avec des fourches de bois. Ce joli travail se faisait gaiement, en dansant au soleil, nu-pieds, sur le grain battu.

Au haut de l'aire, porté par les trois jambes d'une chèvre rustique, formée de trois perches, était suspendu le van. Deux ou trois filles ou femmes jetaient avec des corbeilles dans le cerceau du crible le blé mêlé aux balles; et le "maître", mon père, vigoureux et de haute taille, remuait le crible au vent, en ramenant ensemble les mauvaises graines au-dessus; et quand le vent faiblissait, ou que, par intervalles, il cessait de souffler, mon père, avec le crible immobile dans ses mains se retournait vers le vent, et, sérieux, l'oeil dans l'espace, comme s'il s'adressait à un dieu ami, il lui disait:

-- Allons, souffle, souffle, mignon!

Et le mistral, ma foi, obéissant au patriarche, haletait de nouveau en emportant la poussière; et le beau blé béni tombait en blonde averse sur le monceau conique qui, à vue d'oeil, montait entres les jambes du vanneur.

Le soir venu, ensuite, lorsqu'on avait amoncelé le grain avec la pelle, que les hommes poussiéreux allaient se laver au puits ou tirer de l'eau pour les bêtes, mon père, à grandes enjambées, mesurait le tas de blé et y traçait une croix avec le manche de la pelle en disant: "Que Dieu te croisse!"

Par une belle après-midi de cette saison d'aires, -- je portais encore les jupes: j'avais à peine quatre ou cinq ans -- après m'être bien roulé, comme font les enfants, sur la paille nouvelle, je m'acheminai donc seul vers le fossé du Puits à roue.

Depuis quelques jours, les belles fleurs de glais commençaient à s'épanouir et les mains me démangeaient d'aller cueillir quelques-uns de ces beaux bouquets d'or.

J'arrive au fossé; doucement, je descends au bord de l'eau; j'envoie la main pour attraper les fleurs... Mais, comme elles étaient trop éloignées, je me courbe, je m'allonge, et patatras dedans: je tombe dans l'eau jusqu'au cou.

Je crie. Ma mère accourt; elle me tire de l'eau, me donne quelques claques, et, devant elle, trempé comme un caneton, me faisant filer vers le Mas:

-- Que je t'y voie encore, vaurien, vers le fossé!

-- J'allais cueillir des fleurs de glais.

-- Oui, va, retournes-y, cueillir tes glais, et encore tes glais. Tu ne sais donc pas qu'il y a un serpent dans les herbes cachés, un gros serpent qui hume les oiseaux et les enfants, vaurien?

Et elle me déshabilla, me quitta mes petits souliers, mes chaussettes, ma chemisette, et pour faire sécher ma robe trempée et ma chaussure, elle me chaussa mes sabots et me mit ma robe du dimanche, en me disant:

-- Au moins, fais attention de ne pas te salir.

Et me voilà dans l'aire; je fais sur la paille fraîche quelques jolies cabrioles; j'aperçois un papillon blanc qui voltige dans un chaume. Je cours, je cours après, avec mes cheveux blonds flottant au vent hors de mon béguin... et paf! me voilà encore vers le fossé du Puits à roue...

Oh! mes belles fleurs jaunes! Elles étaient toujours là, fières au milieu de l'eau, me faisant montre d'elles, au point qu'il ne me fut plus possible d'y tenir. Je descends bien doucement, bien doucement sur le talus; je place mes petons biens ras, bien ras de l'eau; j'envoie la main, je m'allonge', je m'étire tant que je puis... et patatras! je me fiche jusqu'au derrière dans la vase.

Aïe! aïe! aïe! Autour de moi, pendant que je regardais les bulles gargouiller et qu'à travers les herbes je croyais entrevoir le gros serpent, j'entendais crier dans l'aire:

-- Maîtresse! courez vite, je crois que le petit est encore tombé à l'eau!

Ma mère accourt, elle me saisit, elle m'arrache tout noir de la boue puante, et la première chose, troussant ma petite robe, vlin! vlan! elle m'applique une fessée retentissante.

-- Y retourneras-tu, entêté, aux fleurs de glais? Y retourneras-tu pour te noyer?... Une robe toute neuve que voilà perdue, fripe-tout, petit monstre! qui me feras mourir de transes!

Et, crotté et pleurant, je m'en revins donc au Mas la tête basse, et de nouveau on me dévêtit et on me mit, cette fois, ma robe des jours de fête... Oh! la galante robe! Je l'ai encore devant les yeux, avec ses raies de velours noir, pointillée d'or sur fond bleuâtre.

Mais bref, quand j'eus ma belle robe de velours:

-- Et maintenant, dis-je à ma mère, que vais-je faire?

-- Va garder les gelines, me dit-elle; qu'elles n'aillent pas dans l'aire... Et toi, tiens-toi à l'ombre.

Plein de zèle, je vole vers les poules qui rôdaient par les chaumes, becquetant les épis que le râteau avait laissés. Tout en gardant, voici qu'une poulette huppée -- n'est-ce pas drôle? -- se met à pourchasser, savez-vous quoi? une sauterelle, de celles qui ont les ailes rouges et bleues... Et toutes deux, avec moi après, qui voulais voir la sauterelle, de sauter à travers champs, si bien que nous arrivâmes au fossé du Puits à roue!

Et voilà encore les fleurs d'or qui se miraient dans le ruisseau et qui réveillaient mon envie, mais une envie passionnée, délirante, excessive, à me faire oublier mes deux plongeons dans le fossé:

"Oh! mais, cette fois, me dis-je, va, tu ne tomberas pas!"

Et, descendant le talus, j'entortille à ma main un jonc qui croissait là; et me penchant sur l'eau avec prudence, j'essaie encore d'atteindre de l'autre main les fleurs de glais... Ah! malheur, le jonc se casse et va te faire teindre! Au milieu du fossé, je plonge la tête première.

Je me dresse comme je puis, je crie comme un perdu, tous les gens de l'aire accourent:

-- C'est encore ce petit diable qui est tombé dans le fossé. Ta mère, cette fois, enragé polisson, va te fouailler d'importance!

Eh bien! non; dans le chemin, je la vis venir, pauvrette, tout en larmes et qui disait:

-- Mon Dieu! je ne veux pas le frapper, car il aurait peut-être un "accident". Mais ce gars, sainte Vierge, n'est pas comme les autres: il ne fait que courir pour ramasser des fleurs; il perd tous ses jouets en allant dans les blés chercher des bouquets sauvages... Maintenant, pour comble, il va se jeter trois fois, depuis peut-être une heure, dans le fossé du Puits à roue... Ah! tiens-toi, pauvre mère, morfonds-toi pour l'approprier. Qui lui en tiendrait, des robes? Et bienheureuse encore -- mon Dieu, je vous rends grâce -- qu'il ne soit pas noyé!

Et ainsi, tous les deux, nous pleurions le long du fossé. Puis, une fois dans le Mas, m'ayant quitté mon vêtement, la sainte femme m'essuya, nu, de son tablier; et, de peur d'un effroi, m'ayant fait boire une cuillerée de vermifuge elle me coucha dans ma berce, où, lassé de pleurer, au bout d'un peu je m'endormis.

Et savez-vous ce que je songeai: pardi! mes fleurs de glais... Dans un beau courant d'eau, qui serpentait autour du Mas, limpide, transparent, azuré comme les eaux de la Fontaine de Vaucluse, je voyais de belles touffes de grands et verts glaïeuls, qui étalaient dans l'air une féerie de fleurs d'or!

Des demoiselles d'eau venaient se poser sur elles avec leurs ailes de soie bleue, et moi je nageais nu dans l'eau riante; et je cueillais à pleines mains, à jointées, à brassées, les fleurs de lis blondines. Plus j'en cueillais, plus il en surgissait.

Tout à coup, j'entends une voix qui me crie: "Frédéri!"

Je m'éveille et que vois-je! Une grosse poignée de fleurs de glais couleur d'or qui bondissaient sur ma couchette.

Lui-même, le patriarche, le Maître, mon seigneur père, était allé cueillir les fleurs qui me faisaient envie; et la Maîtresse, ma mère belle, les avait mises sur mon lit.

CHAPITRE II.

MON PÈRE.

L'enfant de ferme. -- La vie rurale. -- Mon père à la Révolution. -- La bûche bénite. -- Les récits de la Noël. -- Le capitaine Perrin. -- Le maire de Maillane en 1793 -- Le jour de l'an.

Mon enfance première se passa donc au Mas, en compagnie des laboureurs, des faucheurs et des pâtres, et quand, parfois, passait au Mas quelque bourgeois, de ceux-là qui affectent de ne parler que français, moi, tout interloqué et même humilié de voir que mes parents devenaient soudain révérencieux pour lui, comme s'il était plus qu'eux:

-- D'où vient, leur demandais-je, que cet homme ne parle pas comme nous?

-- Parce que c'est un monsieur, me répondait-on.

-- Eh bien! faisais-je alors d'un petit air farouche, moi, je ne veux pas être *monsieur*.

J'avais remarqué aussi que, quand nous avions des visites, comme celle, par exemple du marquis de Barbentane (un de nos voisins de terres), mon père qui, à l'ordinaire lorsqu'il parlait de ma mère, devant les serviteurs, l'appelait "la maîtresse", là, en cérémonie, il la dénommait *ma mouié* (mon épouse). Le beau marquis et la marquise, qui se trouvait être la soeur du général de Galliffet, chaque fois qu'ils venaient, m'apportaient des pralines et autres gâteries; mais moi, sitôt que je les voyais descendre de voiture, comme un sauvageon que j'étais, je courais tout de suite me cacher dans le fenil... Et la pauvre Délaïde de crier:

-- Frédéric!

Mais en vain: dans le foin, blotti et ne soufflant mot, j'attendais, moi, d'entendre les roues de la voiture emporter le marquis, pendant que ma mère clamait, là-bas, devant la ferme:

-- M. de Barbentane, Mme de Barbentane, qui venaient pour le voir, cet insupportable, et il va se cacher!

Et au lieu de dragées, quand je sortais ensuite, craintif, de ma tanière, vlan! j'avais ma fessée.

J'aimais bien mieux aller avec le Papoty, notre maître-valet, quand, derrière la charrue tirée par ses deux mules, les mains au mancheron, il me criait, patelin:

-- Petiot, viens vite, viens. Je t'apprendrai à labourer.

Et tout de suite, nu-pieds, nu-tête, émoustillé, me voilà dans le sillon, trottinant, farfouillant, le long de la tranchée, pour cueillir les primevères ou les muscaris bleus, que le soc arrachait.

-- Ramasse des colimaçons, me disait le Papoty.

Et quand j'avais les colimaçons, une poignée dans chaque main:

-- Maintenant, me faisait-il, avec les colimaçons, tiens, empoigne les cornes du manche de la charrue.

Et comme, moi crédule, avec mes petits doigts, je prenais les mancherons, lui, pressant de ses doigts rudes mes deux mains pleines d'escargots qui s'écrabouillaient dans ma chair:

-- A présent, me disait le valet de labour en riant aux éclats, tu pourras dire, petit, que tu as tenu la charrue!

On m'en faisait, ma foi, de toutes les couleurs. C'est ainsi que, dans les fermes, on déniaise les enfants. Quelquefois, en venant de traire, notre berger Rouquet me criait:

-- Viens, petit, boire à même dans le *piau* .

Le *piau* est l'ustensile, de poterie ou de bois, dans lequel on trait le lait... Ah! quand je voyais le trayeur, suant, les bras troussés, sortir de la bergerie en portant à la main le vase à traire écumant, plein de lait jusqu'aux bords, j'accourais, affriolé, pour le humer tout chaud. Mais, sitôt qu'à genoux je m'abreuvais à la "seille", paf! de sa grosse main, Rouquet m'y faisait plonger la tête jusqu'au cou; et, barbotant, aveugle, les cheveux et le museau ruisselants, ébouriffés, je courais, comme un jeune chien, me vautrer dans l'herbe et m'y essuyer, en jurant, à part moi, qu'on ne m'y attraperait plus... jusqu'à nouvelle attrape.

Après, c'était un faucheur qui me disait:

-- Petiot, j'ai trouvé un nid, un nid de *frappe-talon* ; veux-tu me faire la courte échelle? Je garderai la mère et tu auras les passereaux.

Oh! coquin. Je partais, fou de joie, dans l'andain.

-- Le vois-tu, me faisait l'homme, ce creux, en haut de ce gros saule; c'est là qu'est le nid... Allons, courbe-toi.

Et je m'inclinais, la tête contre l'arbre, et alors, faisant mine de grimper sur mon dos, le farceur me battait l'échine du talon.

C'est ainsi que commença, au milieu des gouailleries de nos travailleurs des champs (et je n'an ai point regret), mon éducation d'enfance.

Comme il était gai, ce milieu de labeurs rustiques! Chaque saison renouvelait la série des travaux. Les labours, les semailles, la tonte, la fauche, les vers à soie, les moissons, le dépiquage, les vendanges et la cueillette des olives, déployaient à ma vue les actes majestueux de la vie agricole, éternellement dure, mais éternellement indépendante et calme.

Tout un peuple de serviteurs, d'hommes loués au mois ou à la journée, de sarcleuses, de faneuses, allait, venait dans les terres du Mas, qui avec l'aiguillon, qui avec le râteau ou bien la fourche sur l'épaule, et travaillant toujours avec des gestes nobles, comme dans les peintures de Léopold Robert.

Quand, pour dîner ou pour souper, les hommes, l'un après l'autre, entraient dans le Mas, et venaient s'asseoir, chacun selon son rang, autour de la grande table, avec mon seigneur père qui tenait le haut bout, celui-ci, gravement, leur faisait des questions et des observations, sur le troupeau et sur le temps et sur le travail du jour, s'il était avantageux, si la terre était dure ou molle ou en état. Puis, le repas fini, le premier charretier fermait la lame de son couteau et, sur le coup, tous se levaient.

Tous ces gens de campagne, mon père les dominait par la taille, par le sens, comme aussi par la noblesse. C'était un beau et grand vieillard, digne dans son langage, ferme dans son commandement, bienveillant au pauvre monde, rude pour lui seul.

Engagé volontaire pour défendre la France, pendant la Révolution, il se plaisait, le soir, à raconter ses vieilles guerres. Au fort de la Terreur, il avait été requis pour porter du blé à Paris, ou régnait la famine. C'était dans l'intervalle où l'on avait tué le roi. La France, épouvantée, était dans la consternation. En retournant, un jour d'hiver, à travers la Bourgogne, avec une pluie froide qui lui battait le visage, et de la fange sur les routes jusqu'au moyeu des roues, il rencontra, nous disait-il, un charretier de son pays. Les deux compatriotes se tendirent la main, et mon père, prenant la parole:

-- Tiens, où vas-tu, voisin, par ce temps diabolique?

-- Citoyen, répliqua l'autre, je vais à Paris porter les saints et les cloches.

Mon père devint pâle, les larmes lui jaillirent et, ôtant son chapeau devant les saints de son pays et les cloches de son église, qu'il rencontrait ainsi sur une route de Bourgogne:

-- Ah! maudit, lui fit-il, crois-tu qu'à ton retour, on te nomme, pour cela, représentant du peuple?

L'iconoclaste courba la tête de honte et, avec un blasphème, il fit tirer ses bêtes.

Mon père, dois-je dire, avait un foi profonde. Le soir, en été comme en hiver, agenouillé sur sa chaise, la tête découverte, les mains croisées sur le front, avec sa cadenette, serrée d'un ruban de fil, qui lui pendait sur la nuque, il faisait, à voix haute, la prière pour tous; et puis, lorsqu'en automne, les veillées s'allongeaient, il lisait l'Évangile à ses enfants et domestiques.

Mon père, dans sa vie, n'avait lu que trois livres: le *Nouveau Testament*, *l'Imitation* et *Don Quichotte* (lequel lui rappelait sa campagne d'Espagne et le distrayait, quand venait la pluie).

-- Comme de notre temps les écoles étaient rares, c'est un pauvre, nous disait-il, qui, passant par les fermes une fois par semaine, m'avait appris ma croix de par Dieu.

Et le dimanche, après les vêpres, selon l'us et coutume des anciens pères de famille, il écrivait ses affaires, ses comptes et dépenses, avec ses réflexions, sur un grand mémorial dénommé *Cartabèou* .

Lui, quelque temps qu'il fît, était toujours content, et si, parfois, il entendait les gens se plaindre, soit des vents tempétueux, soit des pluies torrentielles:

-- Bonnes gens! leur disait-il. Celui qui est là-haut sait fort bien ce qu'il fait, comme aussi ce qu'il nous faut... Eh! s'il ne soufflait jamais de ces grands vents qui dégourdissent la Provence, qui dissiperait les brouillards et les vapeurs de nos marais? Et si, pareillement, nous n'avions jamais de grosses pluies, qui alimenteraient les puits, les fontaines, les rivières? Il faut de tout, mes enfants.

Bien que, le long du chemin, il ramassât une bûchette pour l'apporter au foyer; bien qu'il se contentât, pour son humble ordinaire, de légumes et de pain bis; bien que, dans l'abondance, il fût sobre toujours et mît de l'eau dans son vin, toujours sa table était ouverte, et sa main et sa bourse, pour tout pauvre venant. Puis, si l'on parlait de quelqu'un, il demandait, d'abord, s'il était bon travailleur; et, si l'on répondait oui:

-- Alors, c'est un brave homme, disait-il, je suis son ami.

Fidèle aux anciens usages, pour mon père, la grande fête, c'était la veillée de Noël. Ce jour-la, les laboureurs dételaient de bonne heure; ma mère leur donnait à chacun, dans une serviette, une belle galette à l'huile, une rouelle de nougat, une jointée de figues sèches, un fromage du troupeau, une salade de céleri et une bouteille de vin cuit. Et qui de-ci, et qui de-là, les serviteurs s'en allaient, pour "poser la bûche au feu", dans leur pays et dans leur maison. Au Mas ne demeuraient que les quelques pauvres hères qui n'avaient pas de famille; et, parfois des parents, quelque vieux garçon, par exemple, arrivaient à la nuit, en disant:

-- Bonnes fêtes! Nous venons poser, cousins, la bûche au feu, avec vous autres.

Tous ensemble, nous allions joyeusement chercher la "bûche de Noël", qui -- c'était de tradition -- devait être un arbre fruitier. Nous l'apportions dans le Mas, tous à la file, le plus âgé la tenant d'un bout, moi, le dernier-né, de l'autre; trois fois, nous lui faisions faire le tour de la cuisine; puis, arrivés devant la dalle du foyer, mon père, solennellement, répandait sur la bûche un verre de vin cuit, en disant:

Allégresse! Allégresse,
Mes beaux enfants, que Dieu nous comble d'allégresse!
Avec Noël, tout bien vient:
Dieu nous fasse la grâce de voir l'année prochaine.
Et, sinon plus nombreux, puissions-nous n'y pas être moins.

Et, nous écriant tous: "Allégresse, allégresse, allégresse!", on posait l'arbre sur les landiers et, dès que s'élançait le premier jet de flamme:

A la bûche
Boute feu!

disait mon père en se signant. Et, tous, nous nous mettions à table.

Oh! la sainte tablée, sainte réellement, avec, tout à l'entour, la famille complète, pacifique et heureuse. A la place du *caleil*, suspendu à un roseau, qui, dans le courant de l'année, nous éclairait de son lumignon, ce jour-là, sur la table, trois chandelles brillaient; et si, parfois, la mèche tournait devers quelqu'un, c'était de mauvais augure. A chaque bout, dans une assiette, verdoyait du blé en herbe, qu'on avait mis germer dans l'eau le jour de la Sainte-Barbe. Sur la triple nappe blanche, tour à tour apparaissaient les plats sacramentels: les escargots, qu'avec un long clou chacun tirait de la coquille; la morue frite et le *muge* aux olives, le cardon, le scolyme, le céleri à la poivrade, suivis d'un tas de friandises réservées pour ce jour-là, comme: fouaces à l'huile, raisins secs, nougat d'amandes, pommes de paradis; puis, au-dessus de tout, le grand *pain calendal*, que l'on n'entamait jamais qu'après en avoir donné, religieusement, un quart au premier pauvre qui passait.

La veillée, en attendant la messe de minuit, était longue ce jour-là; et longuement, autour du feu, on y parlait des ancêtres et on louait leurs actions. Mais, peu à peu et volontiers, mon brave homme de père revenait à l'Espagne et à ses souvenirs du siège de Figuières.

Si je vous disais, commençait-il, qu'étant là-bas en Catalogne, et faisant partie de l'armée, je trouvai le moyen, au fort de la Révolution, de venir de l'Espagne, malgré la guerre et malgré tout, passer avec les miens les fêtes de Noël! Voici, ma foi de Dieu, comment s'arrangea la chose:

"Au pied du Canigou, qui est une grande montagne entre Perpignan et Figuières, nous tournions, retournions depuis passablement de temps, en bataillant, à toi, à moi, contre les troupes espagnoles. Aïe! que de morts, que de blessés et de souffrances et de misères! Il faut l'avoir vu, pour savoir cela. De plus, au camp, -- c'était en décembre, -- il y avait manque de tout; et les mulets et les chevaux, à défaut de pâture, rongeaient, hélas! les roues des fourgons et des affûts.

"Or, ne voilà-t-il pas qu'en rôdant, moi, au fond d'une gorge, du côté de la mer, je vais découvrir un arbre d'oranges, qui étaient rousses comme l'or!

"-- Ha! dis-je au propriétaire, à n'importe quel prix, vous allez me les vendre.

"Et, les ayant achetées, je m'en reviens de suite au camp et, tout droit à la tente du capitaine Perrin (qui était de Cabanes), je vais avec mon panier et je lui dis:

"-- Capitaine, je vous apporte quelques oranges...

"-- Mais où as-tu pris !ça?

"-- Où j'ai pu, capitaine.

"-- Oh! luron, tu ne saurais me faire plus de plaisir... Aussi, demande-moi, vois-tu, ce que tu voudras, et tu l'obtiendras ou je ne pourrai.

"-- Je voudrais bien, lui fis-je alors, avant qu'un boulet de canon me coupe en deux, comme tant d'autres, aller, encore une fois, "poser le bûche de Noël" en Provence, dans ma famille.

"-- Rien de plus simple, me fit-il; tiens, passe l'écritoire.

Et mon capitaine Perrin (que Dieu, en paradis, l'ait renfermé, cher homme) sur un papier, que j'ai encore, me griffonna ce que je vais dire:

"*Armée des Pyrenées-Orientales.*

"Nous Perrin, capitaine aux transports militaires, donnons congé au citoyen François Mistral, brave soldat républicain, âgé de vingt-deux ans, taille de cinq pieds six pouces, nez ordinaire, bouche idem, menton rond, front moyen, visage ovale, de s'en aller dans son pays, par toute la République, et au diable, si bon lui semble.

"Et voilà, mes amis, que j'arrive à Maillane, la belle veille de Noël, et vous pouvez penser l'ahurissement de tous, les embrassades et les fêtes. Mais, le lendemain, le maire (je vous tairai le nom de ce fanfaron braillard, car ses enfants sont encore vivants) me fait venir à la commune et m'interpelle comme ceci:

"-- Au nom de la loi, citoyen, comment va que tu as quitté l'armée?

"-- Cela va, répondis-je, qu'il ma pris fantaisie de venir, cette année, "poser la bûche" à Maillane.

"-- Ah oui? En ce cas-là, tu iras, citoyen, t'expliquer au tribunal du district, à Tarascon.

"-- Et, tel que je vous le dis, je me laissai conduire par deux gardes nationaux, devant les juges du district. Ceux-ci, trois faces rogues, avec le bonnet rouge et des barbes jusque-là:

"-- Citoyen, me firent-ils en roulant de gros yeux, comment ça se fait-il que tu aies déserté?

"Aussitôt, de ma poche ayant tiré mon passeport:

"-- Tenez, lisez, leur dis-je.

"Ah! mes amis de Dieu, dès avoir lu, ils se dressent en me secouant la main:

"-- Bon citoyen, bon citoyen! me crièrent-ils. Va, va, avec des papiers pareils, tu peux l'envoyer coucher, le maire de Maillane.

"Et après le Jour de l'An, j'aurais pu rester, n'est-ce pas? Mais il y avait le devoir et je m'en retournai rejoindre."

Voilà, lecteur, au naturel, la portraiture de famille, d'intérieur patriarcal et de noblesse et de simplicité, que je tenais à te montrer.

Au Jour de l'An, -- nous clôturerons par cet autre souvenir, -- une foule d'enfants, de vieillards, de femmes, de filles, venaient, de grand matin, nous saluer comme ceci:

Bonjour, nous vous souhaitons à tous la bonne année,
Maîtresse, maître, accompagnée
D'autant que le bon Dieu voudra.

-- Allons, nous vous la souhaitons bonne, répondaient mon père et ma mère en donnant à chacun, bonnement, sous forme d'étrennes, une couple de pains longs et de miches rebondies.

Par tradition, dans notre maison, comme dans plusieurs autres, on distribuait ainsi, au nouvel an, deux fournées de pain aux pauvres gens du village.

Vivrais-je cent ans,
Cent ans, je cuirai,
Cent ans, je donnerai aux pauvres.

Cette formule, tous les soirs revenait dans la prière que mon père faisait avant d'aller au lit. Et aussi, à ses obsèques, les pauvres gens, avec raison, purent dire, en le plaignant:

-- Autant de pains il nous donna, autant d'anges dans le ciel l'accompagnaient. Amen!

CHAPTER III

LES ROIS MAGES

A la rencontre des Rois. -- La crèche. -- Les sornettes maternelles. -- Dame Renaude. -- Les hantises de la nuit. -- Le cheval de Cambaud. -- Les Sorciers. -- Les Matagots. --L'Esprit Fantastique.

-- C'est demain la fête des Rois; si vous voulez les voir arriver, allez vite, petits, à leur rencontre, et portez-leur quelques offrandes.

Voilà, de notre temps, la veille du jour des Rois, ce que nous disaient nos mères.

Et en avant! Toute la marmaille, les enfants du village, nous partions enthousiastes au-devant des Rois Mages, qui venaient à Maillane, avec leurs pages, leurs chameaux et toute leur suite, pour adorer l'Enfant Jésus.

-- Où allez-vous, petits?

-- Nous allons au-devant des Rois.

Et ainsi, tous ensemble, mioches ébouriffés et blondines fillettes, en béguins et petits sabots, nous partions sur le Chemin d'Arles, le coeur tressailli de joie, les yeux pleins de visions, et nous portions à la main, comme on nous l'avait dit, des galettes pour les Rois, des figues sèches pour les pages, avec du foin pour les chameaux.

Jours croissants,
Jours cuisants.

La bise sifflait, c'est vous dire qu'il faisait froid. Le soleil descendait, blafard, devers le Rhône. Les ruisseaux étaient gelés. L'herbe des bords était brouie. Des saules défeuillés, les branches rougeoyaient. Le rouge-gorge, le troglodyte, sautillaient, frémissants, familiers, de branche en branche... Et l'on ne voyait personne aux champs, à part quelque pauvre veuve qui rechargeait sur la tête son tablier plein de bois sec, ou quelque vieux dépenaillé qui cherchait des escargots au pied d'une haie morte.

-- Où allez-vous si tard, petits?

-- Nous allons au-devant des Rois!

Et la tête en arrière, fiers comme jeune coqs, en riant, en chantant, en courant à cloche-pied ou en faisant des glissades, nous allions devant nous sur le chemin blanchâtre, balayé par le vent.

Puis, le jour déclinait. Le clocher de Maillane disparaissait derrière les arbres, derrière les grands cyprès aux pointes noires; et la campagne, vaste et nue, s'épandait au lointain... Nous portions nos regards si loin que nous pouvions, à perte de vue, mais en vain! Rien ne se montrait à nous, hormis quelque faisceau d'épines emporté dans les chaumes par le vent. Comme les soirs d'hiver et de janvier, tout était triste, souffreteux et muet.

Quelquefois, cependant, nous rencontrions un berger qui, plié dans sa cape, venait de faire paître ses brebis.

-- Mais où allez-vous, enfants si tard?

-- Nous allons au-devant des Rois... Ne pourriez-vous pas nous dire s'ils sont encore bien loin?

-- Ah! oui, les Rois? c'est vrai... Ils sont là derrière qui viennent; vous allez bientôt les voir.

Et de courir, et de courir, à la rencontre des Rois avec nos gâteaux, nos petites galettes, et les poignées de foin pour les chameaux.

Puis, le jour défaillait. Le soleil, obstrué par un nuage énorme, s'évanouissait peu à peu. Les babils folâtres calmaient un brin. La bise fraîchissait et les plus courageux marchaient en retenant.

Tout à coup:

-- Les voilà!

Un cri de joie folle partait de toutes les bouches... et la magnificence de la pompe royale éblouissait nos yeux. Un rejaillissement, un triomphe de couleurs splendides, fastueuses, enflammait, embrasait la zone du couchant; de gros lambeaux de pourpre flamboyaient; et d'or et de rubis, une demi-couronne, dardant un cercle de long rayons au ciel, illuminait l'horizon.

-- Les Rois! les Rois! voyez leur couronne! voyez leurs manteaux! voyez leurs drapeaux! et leur cavalerie et les chameaux qui viennent!

Et nous demeurions ébaubis... Mais bientôt cette splendeur, mais bientôt cette gloire, dernière échappée du soleil couchant, se fondait, s'éteignait peu à peu dans les nues; et, penauds, bouche béante, dans la campagne sombre, nous nous trouvions tout seuls:

-- Où ont passé les Rois?

-- Derrière la montagne.

La chevêche miaulait. La peur nous saisissait; et, dans le crépuscule, nous retournions confus, en grignotant les gâteaux, les galettes et les figues, que nous apportions pour les Rois.

Et quand nous arrivions, ensuite, à nos maisons:

-- Eh bien! les avez-vous vu? nos mères nous disaient.

-- Non, ils ont passé en delà, de l'autre côté de la montagne.

-- Mais quel chemin avez-vous pris?

-- Le Chemin Arlatan...

-- Ah! mes pauvres agneaux! Les Rois ne viennent pas de là. C'est du Levant qu'ils viennent. Pardi, il vous fallait prendre le vieux Chemin de Rome... Ah! comme c'était beau, si vous aviez vu, si vous aviez vu, lorsqu'ils sont entrés dans Maillane! Les tambours, les trompettes, les pages, les chameaux, quel vacarme, bon Dieu!... Maintenant, ils sont à l'église, où ils font leur adoration. Après souper, vous irez les voir.

Nous soupions vite, -- moi, chez ma mère-grand Nanan; puis, nous courions à l'église... Et, dans l'église pleine, dès notre entrée, l'orgue, accompagnant le chant de tout le peuple, entamait, lentement, puis déployait, formidable, le superbe noël:

Ce matin,
J'ai rencontré le train
De trois grands Rois qui allaient en voyage,
Ce matin,
J'ai rencontré le train
De trois grands Rois dessus le grand chemin.

Nous autres, affolés, nous nous faufilions, entre les jupons des femmes, jusques à la chapelle de la Nativité, et là, suspendue sur l'autel, nous voyions la Belle Étoile! nous voyions les trois Rois Mages, en manteaux rouge, jaune, et bleu, qui saluaient l'Enfant Jésus: le roi Gaspard avec sa cassette d'or, le roi Melchior avec son encensoir et le roi Balthazar avec son vase de myrrhe! Nous admirions les charmants pages portant la queue de leurs manteaux traînants; puis, les chameaux bossus qui élevaient la tête sur l'âne et le boeuf; la Sainte Vierge et saint Joseph; puis, tout autour, sur une petite montagne en papier barbouillé, les bergers, les bergères, qui apportaient des fouaces, des paniers d'oeufs, des langes; le meunier, chargé d'un sac de farine; la bonne vieille qui filait; l'ébahi qui admirait; le gagne-petit qui remoulait; l'hôtelier ahuri qui ouvrait sa fenêtre, et, bref, tous les *santons* qui figurent à la Crèche. Mais c'était le *Roi Maure* que nous regardions le plus.

Maintes fois, depuis lors, il m'est arrivé, quand viennent les Rois, d'aller me promener, à la chute du jour, dans le Chemin d'Arles. Le rouge-gorge et le troglodyte continuent d'y voleter le long des haies d'aubépine. Toujours quelque pauvre vieux y cherche, comme jadis, des escargots dans l'herbe et la chevêche toujours y miaule; mais, dans les nuées du couchant, je n'y vois plus la gloire, ni la couronne des vieux Rois.

-- Où ont passé les Rois?

-- Derrière la montagne.

Hélas! mélancolie, tristesse des choses vues, autrefois dans la jeunesse! Si grand, si beau que fût le paysage connu, quand nous voulons le revoir, quand nous voulons y retourner, il y manque toujours, toujours quelqu'un ou quelque chose!

Oh! vers les plaines de froment
Laissez-moi me perdre pensif,

Dans les grands blés pleins de ponceaux
Où, petit gars, je me perdais!
Quelqu'un me cherche, de touffe en touffe,
En récitant son angélus;
Et, chantantes, les alouettes,
Moi, je les suis dans le soleil...
Ah! pauvre mère, beau coeur aimant,
Je ne t'entendrai plus, criant mon nom!

(Iles d'Or).

Qui me rendra le délice, le bonheur idéal de mon âme ignorante, quand, telle qu'une fleur, elle s'ouvrait toute neuve, aux chansons, aux sornettes, aux complaintes, aux fabliaux, que ma mère en filant, cependant que j'étais blotti sur ses genoux, me disait, me chantait, en douce langue de Provence: le *Pater des Calendes*, *Marie-Madeleine la Pauvre Pécheresse*, le *Mousse de Marseille*, la *Porcheronne*, le *Mauvais Riche*, et tant d'autres récits, légendes et croyances de notre race provençale, qui bercèrent mon jeune âge d'un balancement de rêves et de poésie émue! Après le lait que m'avait donné son sein, elle me nourrissait, la sainte femme, ainsi avec le miel des traditions et du bon Dieu.

Aujourd'hui, avec l'étroitesse du système brutal qui ne veut plus tenir compte des ailes de l'enfance, des instincts angéliques de l'imagination naissante, de son besoin de merveilleux, -- qui fait les saints et les héros, les poètes et les artistes, -- aujourd'hui, dès que l'enfant naît, avec la science nue et crue on lui dessèche coeur et âme... Eh! pauvres lunatiques! avec l'âge et l'école, surtout l'école de la vie vécue, on ne l'apprend que trop tôt, la réalité mesquine et la désillusion analytique, scientifique, de tout ce qui nous enchanta.

Si, à vingt ou trente ans, lorsque l'amour nous prend pour une belle fille rayonnante de jeunesse, quelque fâcheux anatomiste venait nous tenir ce propos:

-- Veux-tu savoir le vrai de cette créature qui a tant d'attrait pour toi? Si la chair lui tombait, tu verrais un squelette!

Ne croyez-vous pas qu'à l'instant nous l'enverrions faire paître?

Eh! Dieu! s'il fallait toujours creuser le puits de vérité autant vaudrait, ma foi, retourner au moyen âge qui, partant du contraire de la science moderne, en était arrivé au même résultat, en représentant la vie par la Danse macabre.

Bref, pour donner idée des imaginations, hantises, peurs et spectres qu'autour de mon enfance j'avais vu lutiner, j'ai mis en scène quelque part une croyante de ce temps, que j'ai connue, la vieille Renaude, et m'est avis qu'à ce sujet ce morceau-là viendra à point.

La vieille Renaude est au soleil, assise sur un billot, devant sa maisonnette. Elle est flétrie, ratatinée et ridée, la pauvre femme, comme une figure pendante. Chassant de temps en temps les mouches qui
se posent sur son nez, elle boit le soleil, s'assoupit et puis sommeille.

-- Eh bien! tante Renaude, par là, au bon soleil, vous faites un petit somme?

-- Ho! tiens, que veux-tu faire? Je suis là, à dire vrai, sans dormir ni veiller... Je rêvasse, je dis des patenôtres. Mais, puis en priant Dieu, on finit par s'assoupir... Oh! la mauvaise chose, quand on ne peut plus travailler! Le temps vous dure comme aux chiens.

-- Vous attraperez un rhume, à ce grand soleil-là, avec la réverbération.

-- Allons donc, moi un rhume! Ne vois-tu pas que je suis sèche, hélas! comme amadou. Si l'on me faisait bouillir, je ne fournirais pas, peut-être, une maille d'huile.

-- A votre place, moi, je m'en irais un peu voir les commères de votre âge, tout doucement. Cela vous ferait passer le temps.

-- Allons donc, bonne gens! Les commères de mon âge? bientôt il n'en restera plus... Qui y a-t-il encore, voyons? La pauvre Geneviève sourde comme une charrue; la vieille Patantane, qui radote; Catherine du Four, qui ne fait jamais que geindre... J'ai bien assez de mes peines à moi: autant vaut demeurer seule.

-- Que n'allez-vous au lavoir? Vous bavarderiez un moment avec les lavandières.

-- Allons donc, les lavandières! des péronnelles, qui, tout le jour, frappent à tort et à travers sur les uns et sur les autres. Elles ne disent rien que des choses ennuyeuses. Elles se moquent de tout le monde; puis, elles rient comme des niaises. Quelque jour, le bon Dieu les punira par un exemple... Oh! non, non, ce n'est pas comme de notre temps.

-- Et de quoi parliez-vous, dans votre temps?

-- dans notre temps? L'on disait des histoires, des contes, des sornettes, que l'on se délectait d'entendre: la Bête des Sept Têtes, *Jean Cherche-la-Peur*, le *Grand Corps sans Ame*...

Rien qu'une de ces histoires durait, parfois, trois ou quatre veillées.

"A cette époque-là, on filait de l'étai, du chanvre. L'hiver, après souper, nous partions avec nos quenouilles et nous nous réunissions dans quelque grande bergerie. Nous entendions dehors le mistral qui soufflait et les chiens aboyant au loup. Mais nous autres, bien au chaud, nous nous accroupissions sur la litière des brebis; et, pendant que les hommes étaient en train de traire ou de pâturer les bêtes, et que les beaux agneaux agenouillés cognaient sur le pis de leurs mères en remuant la queue, nous, les femmes, comme je vous le dis, en tournant nos fuseaux nous écoutions ou disions des contes.

"Mais je ne sais comment ça va; on parlait, en ce temps, d'une foule de choses dont, aujourd'hui, on ne parle plus, de choses que bien des personnes (que nous avons pourtant connues), des personnes dignes de foi, assuraient avoir vues.

"Tenez, ma tante Mïan, la femme du Chaisier, dont les petits-fils habitent au Clos de Pain-Perdu, un jour qu'elle allait ramasser du bois mort, rencontra une poule blanche, une belle geline qu'on aurait dite apprivoisée. Ma tante se courba pour lui envoyer la main... Mais la poule, lestement, s'esquiva devant elle et alla un peu plus loin picorer dans le gazon. Mïan, avec précaution, s'approcha encore de la poule, qui semblait se tapir pour se laisser attraper. Mais, tout en lui disant: "*Petite, tite, tite!*", dès qu'elle croyait l'avoir, paf! la poule sautait, et ma tante, de plus en plus ardente, la suivait. Elle la suivit, elle la suivit, peut-être une heure de chemin. Puis comme le soleil était déjà couché, Mïan, prenant peur, retourna chez elle. Or, il paraît qu'elle fit bien, car, si elle avait voulu suivre, malgré la nuit, cette geline blanche, qui sait, Vierge Marie, où elle l'aurait conduite!

"On parlait aussi d'un cheval ou d'un mulet, d'autres disaient une grosse truie, qui apparaissait, parfois, devant les libertins qui sortaient du cabaret. Une nuit, en Avignon, une bande de vauriens, qui venaient de faire la noce, aperçurent un cheval noir qui sortait de l'égout de Cambaud.

"-- Oh! quel cheval superbe, fit l'un d'eux... Attendez, que je saute dessus.

"Et le cheval se laissa monter.

"-- Tiens, il y a encore de la place, dit un autre; moi aussi, je vais l'enfourcher.

"Et voilà qu'il l'enfourche aussi.

"-- Voyez donc, il y a encore de la place, dit un autre jouvenceau.

"Et celui-là grimpa aussi; et, à mesure qu'ils montaient, le cheval noir s'allongeait, s'allongeait, s'allongeait, tellement que, ma foi, douze de ces jeunes fous étaient à cheval déjà quand le treizième s'écria :

"-- Jésus! Marie! grand saint Joseph! je crois qu'il' y a encore une place!

"Mais, à ces mots, l'animal disparut et nos douze bambocheurs se retrouvèrent penauds, tous debout sur leurs jambes... Heureusement, heureusement pour eux! car, si le beau dernier n'avait pas crié : "Jésus! Marie! grand saint Joseph!" la malebête, assurément, les emportait tous au diable.

"Savez-vous de quoi l'on parlait encore? D'une espèce de gens qui allaient, à minuit, faire le branle dans les landes, puis buvaient tour à tour à la Tasse d'Argent. On les appelait: sorciers ou *mascs* , et il y en avait alors quelques-uns dans chaque pays. J'en ai même connu plusieurs, —- que je ne nommerai pas, à cause de leurs enfants. Bref, à ce qu'il paraît, c'étaient de mauvaises gens, car, une fois, mon grand-père, qui était pâtre là-bas au Grès, en passant dans la nuit, derrière le Mas des Prêtres, voulut regarder par la barbacane, et que vit-il, mon Dieu! Il vit, dans la cuisine de ce vieux Mas abandonné, des hommes qui jouaient à la paume avec des enfants, de petits enfants tout nus qu'ils avaient pris dans le berceau et que, des uns aux autres, ils se jetaient de mains en mains! Cela fait frémir.

"Mais quoi! n'y avait-il pas aussi des chats sorciers?

Oui, il y avait des chats noirs qu'on appelait *mutagots* et qui faisaient venir l'argent dans les maisons où ils restaient... Tu as connu, n'est-ce pas? la vieille Tartavelle, qui laissa tant d'écus lorsqu'elle trépassa? Eh bien! elle avait un chat noir, auquel, à tous ses repas, elle jetait sous la table sa première bouchée.

"J'ai toujours ouï dire qu'un soir, à la veillée, mon pauvre oncle Cadet, en allant se coucher, vit, dans le clair de lune, une espèce de chat noir qui traversait la rue. Lui, sans penser à mal, lui lance un coup de pierre... Mais le chat, se retournant, dit à notre oncle, avec un mauvais regard :

"—— *Tu as touché Robert!*

"Quelles singulières choses! Aujourd'hui, tout cela a l'air de songeries : personne n'en parle plus; et, pourtant, il fallait bien qu'il y eût quelque chose, puisque tous en avaient peur.

"Et, ajoutait Renaude, il y en avait bien d'autres, de ces êtres étranges, qui, depuis, ont disparu. Il y avait la Chauche-Vieille, qui, la nuit, s'accroupissait là sur votre poitrine et vous ôtait le souffle. Il y avait la Garamaude, y avait le Folleton, il y avait le Loup-Garou, il y avait le Tire-Graisse, il y avait... Que sais-je, moi?...

"Mais tiens, je l'oubliais : et l'Esprit Fantastique! Celui-là, on ne peut pas dire qu'il n'ait pas existé : je l'ai entendu et vu. Il hantait notre écurie. Feu mon père (devant Dieu soit-il!) une fois sommeillait dans le grenier à foin. Tout à coup, il entend là-bas ouvrir la porte. Il veut regarder d'une fente, une fente de la fenêtre, et sais-tu ce qu'il voit? Il voit nos bêtes, le mulet, la mule, l'âne, la jument et le petit poulain qui, fort bien couplés ensemble, s'en allaient, sous la lune, boire à l'abreuvoir, tout seuls. Mon père comprit vite, car il n'était pas neuf à pareille hantise, que c'était le Fantastique qui les conduisait boire. Il se recoucha et ne dit mot... Mais, le lendemain matin, il trouva l'écurie ouverte à deux battants.

"Ce qui attire le Fantastique dans les étables, c'est, dit-on, les grelots; le bruit des grelots le fait rire, rire, tel qu'un enfant d'un an, lorsqu'on agite le hochet. Mais il n'est pas méchant, il s'en faut de beaucoup; il est capricieux et se plaît à faire des niches. S'il est de bonne humeur, il vous étrillera vos bêtes, il leur tresse la crinière, il leur met de la paille blanche, il nettoie leur mangeoire... il est même à remarquer que, là où est le Fantastique, il y a toujours une bête mieux portante que les autres, parce que le farfadet l'a prise en grâce par caprice, et alors, dans la nuit, il va et vient dans la crèche et lui soutire le foin des autres.

"Mais, par mégarde et par hasard, si, dans votre écurie, vous dérangez quelque chose contre sa volonté, aïe, aïe, aïe! la nuit suivante, il fait un sabbat de malédiction. Il embrouille la queue des bêtes, il leur entortille les pieds dans leurs chevêtres et licous; il renverse, patatras! l'étagère des colliers; il remue, dans la cuisine, la poêle et la crémaillère; enfin, il tarabuste de toutes les manières... Tellement qu'une fois, mon père, ennuyé de tout ce vacarme, dit:

"—— Il faut en finir!

"Il prend, à cette fin, un picotin de vesces, monte au fenil, éparpille la menue graine dans le foin et dans la paille et crie au Fantastique :

"— Fantastique, mon ami! tu me trieras, une par une, ces graines de pois gris.

"Or, l'Esprit Fantastique, qui se complaît aux minuties et qui aime que tout soit bien rangé en ordre, se mit, à ce qu'il paraît, à trier les pois gris; et de vétiller, Dieu sait! car nous trouvâmes de petits tas un peu partout, dans le grenier... Mais (mon père le savait) ce travail méticuleux à la fin l'ennuya, et il détala du fenil, et jamais nous ne le revîmes.

"Si! car, pour achever, moi, je le vis encore une fois. Imagine-toi qu'un jour (je pouvais avoir onze ans), je revenais du catéchisme. Passant près d'un peuplier, j'entendis rire à la cime de l'arbre : je lève la tête, je regarde, et tout en haut du peuplier, j'aperçois l'Esprit Fantastique qui, en riant dans le feuillage, me faisait signe de grimper... Ah !
je te demande un peu! Pas pour un cent d'oignons je n'y aurais grimpé; je déguerpis comme une folle et depuis, ç'a été fini.

"C'est égal, je t'assure que quand venait la nuit et qu'autour de la lampe on racontait de ces choses, nous ne risquions pas de sortir! Oh! pauvres petites, quelle frayeur! Puis, pourtant, nous devînmes grandes; arriva, comme on sait, le temps des amoureux; et alors, à la veillée, les garçons nous criaient :

"— Allons, venez, les filles! Nous ferons, à la lune, un tour de farandole.

"— Pas si sottes! répondions-nous. Si nous allions rencontrer l'Esprit Fantastique ou la Poule Blanche...

"—— Ho! nigaudes, nous disaient-ils, vous ne voyez donc pas que ce sont là des contes de mère-grand l'aveugle! N'ayez pas peur, venez, nous vous tiendrons compagnie.

"Et c'est ainsi que nous sortîmes et, peu à peu, ma foi, en causant avec les gars, —- les garçons de cet âge, tu sais, n'ont pas de bon sens, ils ne disent que des bêtises et vous font rire par foroe, —- peu à peu, peu à peu, nous n'eûmes plus de peur... Et depuis lors, te dis-je, je n'ai plus ouï parler de ces hantises de nuit.

"Depuis lors, il est vrai, nous avons eu assez d'ouvrage pour nous ôter l'ennui. Telle que tu me vois, j'ai eu, moi, onze enfants, que j'ai tous menés à bien, et, sans compter les miens, j'en ai nourri quatorze!

"Ah! va, quand on n'est pas riche et qu'on a tant de marmaille, qu'il faut emmailloter, bercer, allaiter, ébréner, c'est un joli son de musette!"

-- Allons, tante Renaude, le bon Dieu vous maintienne.

-- Oh! à présent, nous sommes mûrs; il viendra nous cueillir quand il voudra.

Et, avec son mouchoir, la vieille se chassa les mouches; et, abaissant la tête, elle se reblottit tranquille pour boire son soleil.

CHAPITRE IV

L'ÉCOLE BUISSONNIÈRE

Vagabondage par les champs. — Les bestioles du bon Dieu. — La vieille
de Papeligosse. -- Les bohémiens. — Le tonneau du loup : rêve.

Vers les huit ans, et pas plus tôt, —- avec mon sachet bleu pour y porter mon livre, mon cahier et mon goûter, —- on m'envoya à l'école..., pas plus tôt, Dieu merci! Car, en ce qui a trait à mon développement intime et naturel, à l'éducation et trempe de ma jeune âme de poète, j'en ai plus appris, bien sûr, dans les sauts et gambades de mon enfance populaire que dans le rabâchage de tous les rudiments.

De notre temps, le rêve de tous les polissons qui allions à l'école était de faire un *plantié*. Celui qui en avait fait un était regardé par les autres comme un lascar, comme un loustic, comme un luron fieffé!

Un *plantié* désigne, en Provence, l'escapade que fait l'enfant loin de la maison paternelle, sans avertir ses parents et sans savoir où il va. Les petits Provençaux font cette école buissonnière lorsque, après quelque faute, quelque grave méfait, quelque désobéissance, ils redoutent, pour leur rentrée au logis, quelque bonne rossée.

Donc, sitôt pressentir ce qui leur pend à l'oreille, mes péteux *plantent* là l'école et père et mère; advienne que pourra, ils partent à l'aventure et vive la liberté!

C'est chose délicieuse, incomparable, à cet âge, de se sentir maître absolu, la bride sur le cou, d'aller partout où l'on veut et en avant dans les garrigues! et en avant aux marécages! et en avant par la montagne!

Seulement, puis vient la faim. Si c'est un *plantié* d'été, encore c'est pain bénit. Il y a les carrés de fèves, les jardins avec leurs pommes, leurs poires et leurs pêches, les arbres de cerises, qui vous prennent par l'oeil, les figuiers qui vous offrent leurs figues bien mûries, et les melons ventrus qui vous crient : "Mangez-moi" Et puis, les belles vignes, les ceps aux grappes d'or, ha! il me semble les voir !

Mais si c'est un *plantié* d'hiver, il faut alors s'industrier... Parbleu, il est de petits drôles qui, passant par les fermes où ils ne sont pas connus, demandent l'hospitalité. Puis, s'ils peuvent, les fripons volent les oeufs aux poulaillers et même les nichets, qu'ils boivent tout crus, avale!

Mais les plus fiers et les hautains, ceux qui ont délaissé l'école et la famille, non tant par cagnardise que par soif d'indépendance ou pour quelque injustice qui les a blessés au coeur, ceux-là fuient l'homme et son habitation. Ils passent le jour, couchés dans les blés, dans les fossés, dans les champs de mil, sous les ponts ou dans les huttes. Ils passent la nuit aux meules de paille ou bien dans les tas de foin. Vienne faim, ils mangent des mûres (celles des haies, celles des chaumes), des prunelles, des amandes qu'on oublia sur l'arbre ou des grappillons de lambruche. Ils mangent le fruit de l'orme (qu'ils appellent du *pain blanc*), des oignons remontés, des poires d'étranguillon, des faînes, et, s'il le faut, des glands. Tout le jour n'est qu'un jeu, tous les sauts sont des cabrioles...

Qu'est-il besoin de camarades? Toutes les bêtes et bestioles là vous tiennent compagnie; vous comprenez ce qu'elles font, ce qu'elles disent, ce qu'elles pensent, et il semble qu'elles comprennent tout ce que vous leur dites.

Prenez-vous une cigale? Vous regardez ses petits miroirs, vous la froissez dans la main pour la faire chanter, et puis vous la lâchez avec une paille dans l'anus.

Ou, couchés le long d'un talus, voilà une bête-à-Dieu qui vous grimpe sur le doigt? Vous lui chantez aussitôt :

Coccinelle, vole!
Va-t'en à l'école.
Prends donc tes matines,
Va à la doctrine...

Et la bête-à-Dieu déployant ses ailes, vous dit en s'envolant :

— Vas-y toi-même, à l'école. J'en sais assez pour moi.
Une mante religieuse, agenouillée, vous regarde-t-elle?
Vous l'interrogez ainsi :

Mante, toi qui sais tout,
Où est le loup?

L'insecte étend la patte et vous montre la montagne.

Vous découvrez un lézard qui se chauffe au soleil? Vous lui adressez ces paroles :

Lézard, lézard,
Défends-moi des serpents :
Quand tu passeras vers ma maison
Je te donnerai un grain de sel.

— A ta maison, que n'y retournes-tu? a l'air de dire le finaud.

Et psitt, il s'enfuit dans son trou.

Enfin, si vous voyez un limaçon, voici la formule :

Colimaçon borgne,
Montre-moi tes cornes,
Ou j'appelle le forgeron
Pour qu'il te brise ta maison.

Et encore la maison, et toujours la maison, où l'esprit revient sans cesse, tellement qu'à la fin, quand vous avez gâté assez de nids, — et de culottes, — quand vous avez avec de l'orge, fait assez de chalumeaux et assez décortiqué de brindilles de saule pour fabriquer des sifflets, et qu'avec des pommes vertes ou tout autre fruit suret vous avez agacé vos dents, aïe! la nostalgie vous prend, le coeur vous devient gros — et vous rentrez, la tête basse.

Moi, comme les copains, en provençal de race que j'étais ou devais être (ne vous en étonnez pas), au bout de trois mois à peine que j'étais à l'école, je fis aussi mon *plantié*. Et en voici le motif :

Trois ou quatre galopins (de ceux qui, sous prétexte d'aller couper de l'herbe ou ramasser du crottin, vagabondaient tout le jour) venaient m'attendre à mon départ pour l'école de Maillane et me disaient :

-- Eh, nigaud ! que veux-tu aller faire à l'école, pour rester tout le jour entre quatre murs! pour être mis en pénitence! pour avoir sur les doigts, puis, des coups de férule! Viens jouer avec nous...

Hélas ! l'eau claire riait dans les ruisseaux; là-haut, chantaient les alouettes; les bleuets, les glaïeuls, les coquelicots, les nielles, fleurissaient au soleil dans les blés verdoyants...

Et je disais :

-- L'école, eh bien! tu iras demain.

Et, alors, dans les cours d'eau, avec culottes retroussées, houp! on allait "guéer". Nous barbotions, nous pataugions, nous pêchions des têtards, nous faisions des pâtés, pif! paf!
avec la vase; puis, on se barbouillait de limon noir jusqu'à mi-jambes (pour se faire des bottes). Et après, dans la poussière de quelque chemin creux, vite! à bride abattue :

Les soldats s'en vont!
A la guerre ils vont,
Et ra-pa-ta-plan,
Garez-vous devant!

Quel bonheur, mon Dieu! Oh! les enfants du roi n'étaient pas nos cousins! Sans compter qu'avec le pain et la pitance de mon bissac, on faisait sur l'herbe, ensuite, un beau petit goûter... Mais il faut que tout finisse!

Voici qu'un jour mon père, que le maître d'école avait dû prévenir, me dit :

—— Écoute, Frédéric, s'il t'arrive encore une fois de manquer l'école pour aller patauger dans les fossés, vois, rappelle-toi ceci : je te brise une verge de saule sur le dos...

Trois jours après, par étourderie, je manquai encore la classe et je retournai "guéer".

M'avait-il épié, ou est-ce le hasard qui l'amena? Voilà que, sans culotte, pendant qu'avec les autres polissons habituels nous gambadions encore dans l'eau, soudain, à trente pas de moi, je vois apparaître mon père. Mon sang ne fit qu'un tour.

Mon père s'arrêta et me cria :

—— Cela va bien... Tu sais ce que je t'ai promis? Va, je t'attends ce soir.

Rien de plus, et il s'en alla.

Mon seigneur père, bon comme le pain bénit, ne m'avait jamais donné une chiquenaude; mais il avait la voix haute, le verbe rude, et je le craignais comme le feu.

"Ah! me dis-je, cette fois, cette fois, ton père te tue... Sûrement, il doit être allé préparer la verge."

Et mes gredins de compagnons, en faisant claquer leurs doigts, me chantaient par-dessus : —
-- Aïe! aïe! aïe! la raclée; aïe! aïe! aïe! sur ta peau!

"Ma foi! me dis-je alors, perdu pour perdu, il faut déguerpir et faire un *plantié*."

Et je partis. Je pris, autant qu'il me souvient, un chemin qui conduisait, là-haut, vers la Crau d'Eyragues. Mais, en ce temps, pauvre petit, savais-je bien où j'allais? Et aussi, lorsque j'eus cheminé peut-être une heure ou une heure et demie, il me parut, à dire vrai, que j'étais dans l'Amérique.

Le soleil commençait à baisser vers son couchant; j'étais las, j'avais peur...

"Il se fait tard, pensai-je, et, maintenant, où vas-tu souper? Il faut aller demander l'hospitalité dans quelque ferme."

Et, m'écartant de la route, doucement je me dirigeai vers un petit Mas blanc, qui m'avait l'air tout avenant, avec son toit à porcs, sa fosse à fumier, son puits, sa treille, le tout abrité du mistral par une haie de cyprès.

Timide, je m'avançais sur le pas de la porte et je vis une vieille qui allait tremper la soupe, gaupe sordide et mal peignée. Pour manger ce qu'elle touchait, il eût fallu avoir bien faim. La vieille avait décroché la marmite de la crémaillère, l'avait posée par terre au milieu de la cuisine et, tout en remuant la langue et se grattant, avec une grande louche elle tirait le bouillon, que, lentement, elle épandait sur les lèches de pain moisi.

—— Eh bien! mère-grand, vous trempez la soupe?

—- Oui, me répondit-elle... Et d'où sors-tu, petit?

—— Je suis de Maillane, lui dis-je; j'ai fait une escapade et je viens vous demander... l'hospitalité.

—— En ce cas, me répliqua la vilaine vieille d'un ton grognon, assieds-toi sur l'escalier pour ne pas user mes chaises.

Et je me pelotonnai sur la première marche.

—— Ma grand, comment s'appelle ce pays?

—— Papeligosse.

—— Papeligosse!

Vous savez que, lorsqu'on parle aux enfants d'un pays lointain, les gens, pour badiner, disent, parfois : *Papeligosse*. Jugez donc, à cet âge-là, moi je croyais à Papeligosse, à Zibe-Zoube, à Gafe-l'Ase et autres pays fantastiques, comme à mon saint pater. Et aussi, à peine la vieille eut-elle dit ce nom que, de me voir si loin de chez moi, la sueur froide me vint dans le dos.

—— Ah çà! me fit la vieille, quand elle eut fini sa besogne, à présent ce n'est pas le tout, petit : en ce pays-ci, les paresseux ne mangent rien..., et, si tu veux ta part de soupe, tu entends, il faut la gagner.

—— Bien volontiers... Et que faut-il faire?

—— Nous allons nous mettre tous deux, vois-tu, au pied de l'escalier et nous jouerons au saut; celui qui sautera le plus loin, mon ami, aura sa part du bon potage... et l'autre mangera des yeux.

—— Je veux bien.

Sans compter que j'étais fier, ma foi, de gagner mon souper, surtout en m'amusant. Je pensais :

"Ça ira bien mal, si la vieille éclopée saute plus loin que toi."

Et les pieds joints, aussitôt dit, nous nous plaçons au pied de l'escalier —— qui, dans les Mas, comme vous savez, se trouve en face de la porte, tout près du seuil.

—— Et je dis : un, cria la vieille en balançant les bras pour prendre élan.

—— Et je dis : deux.

—— Et je dis: trois!

Moi, je m'élance de toutes mes forces et je franchis le seuil. Mais la vieille coquine, qui n'avait fait que le semblant, ferme aussitôt la porte, pousse vite le verrou et me crie :

—— Polisson! retourne chez tes parents, qui doivent être en peine, va!

Je restai sot, pauvret, comme un panier percé... Et, maintenant, où faut-il aller? A la maison? Je n'y serais pas retourné pour un empire, car je voyais, me semblait-il, à la main de mon père, la verge menaçante. Et puis, il était presque nuit et je ne me rappelais plus le chemin qu'il fallait prendre.

—— A la garde de Dieu!

Derrière le Mas, était un sentier qui, entre deux hauts talus, montait vers la colline. Je m'y engage à tout hasard; et marche, petit Frédéric.

Après avoir monté, descendu tant et plus, j'étais rendu de fatigue... Pensez-vous? A cet âge, avec rien dans le ventre depuis midi. Enfin, je vais découvrir, dans une vigne inculte, une chaumière délabrée. Il devait, autrefois, s'y être mis le feu, car les murs, pleins de lézardes, étaient noircis par la fumée; ni portes ni fenêtres; et les poutres, qui ne tenaient plus que d'un bout, traînaient, de l'autre, sur le sol. Vous eussiez dit la tanière où niche le Cauchemar.

Mais (comme on dit), par force, à Aix, on les pendait. Las, défaillant, mort de sommeil, je grimpai et m'allongeai sur la plus grosse des poutres... Et, dans un clin d'oeil.
J'étais endormi.

Je ne pourrais pas dire combien de temps je restai ainsi. Toujours est-il qu'au milieu de mon sommeil de plomb, je crus voir tout à coup un brasier qui flambait, avec trois hommes assis autour, qui causaient et riaient.

"Songes-tu? me disais-je en moi-même, dans mon sommeil, songes-tu ou
est-ce réel?"

Mais ce pesant bien-être, où l'assoupissement vous plonge, m'enlevait toute peur et je continuais tout doucement à dormir.

Il faut croire qu'à la longue la fumée finit par me suffoquer; je sursaute soudain et je jette un cri d'effroi... Oh! quand je ne suis pas mort, mort d'épouvante, là, je ne mourrai jamais plus!

Figurez-vous trois faces de bohèmes qui, tous les trois à la fois, se retournèrent vers moi, avec des yeux, des yeux terribles...

—— Ne me tuez pas! ne me tuez pas! leur criai-je, ne me tuez pas!

Lors, les trois bohémiens, qui avaient eu, bien sûr, autant de peur que moi, se prirent à rire et l'un d'eux me dit :

—— C'est égal! tu peux te vanter, mauvais petit moutard, de nous avoir fichu une belle venette!

Mais, quand je les vis rire et parler comme moi, je repris un peu courage, et je sentis, en même temps, extrêmement agréable, une odeur de rôti me monter dans les narines.

Ils me firent descendre de mon perchoir, me demandèrent d'où j'étais, de qui j'étais, comment je me trouvais là, que sais-je encore?

Et rassuré, enfin, complètement, un des voleurs (c'étaient, en effet, trois voleurs) :

—— Puisque tu as fait un *plantié* , me dit-il, tu dois avoir faim... Tiens, mords là.

Et il me jeta, comme à un chien, une éclanche d'agneau saignante, à moitié cuite. Alors, je m'aperçus seulement qu'ils venaient de faire rôtir un jeune mouton, —- qu'ils devaient avoir dérobé, probablement, à quelque pâtre.

Aussitôt que nous eûmes, de cette façon, tous bien mangé, les trois hommes se levèrent, ramassèrent leurs hardes, se parlèrent à voix basse; puis, l'un d'eux :

-- Vois, petit, me fit-il, puisque tu es un luron, nous ne voulons pas te faire de mal... Mais, pourtant, afin que tu ne voies pas où nous passons, nous allons te ficher dans le tonneau qui est là. Quand il sera jour, tu crieras, et le premier passant te sortira, s'il veut.

-- Mettez-moi dans le tonneau, répondis-je d'un air soumis.

J'étais encore bien content de m'en tirer à si bon marché.

Et, effectivement, en un coin de la masure, se trouvait par hasard un tonneau défoncé où, sans doute à la vendange, les maîtres de la vigne devaient faire cuver le moût.

On m'attrape par le derrière et, paf! dans le tonneau. Me voilà donc tout seul en pleine nuit, dans un tonneau, au fond d'une chaumière en ruine!

Je m'y blottis, pauvret! comme un Peloton de fil et, tout en attendant l'aube, je priais à voix basse pour éloigner les mauvais esprits.

Mais figurez-vous que soudain j'entends, dans l'obscurité, quelque chose qui rôdait, qui s'ébrouait, autour de ma tonne!

Je retiens mon haleine comme si j'étais mort, en me recommandant à Dieu et à la grande Sainte Vierge... Et j'entendais tourner et retourner autour de moi, flairer et sabouler, puis s'en aller, puis revenir... Que diable est-ce là encore? Mon coeur battait et bruissait comme une horloge.

Pour en finir, le jour commençait à blanchir et le piétinement qui m'effrayait s'étant éloigné un peu, je veux, tout doucement, épier par la bonde, et que vois-je? Un loup, mes bons amis, comme un petit âne! Un loup énorme avec deux yeux qui brillaient comme deux chandelles!

Il était, parait-il, venu à l'odeur de l'agneau, et, n'ayant trouvé que les os, ma tendre chair d'enfant et de chrétien lui faisait envie.

Et, chose singulière, une fois que je vis ce dont il s'agissait, n'est-il pas vrai que mon sang se calma légèrement! J'avais tellement craint quelque apparition nocturne que la vue du loup lui-même me rendit du courage.

--Ah çà! dis-je, ce n'est pas tout : si cette bête vient a s'apercevoir que la tonne est défoncée, elle va sauter dedans et, d'un coup de dent, elle t'étrangle... Si tu pouvais trouver quelque stratagème...

A un mouvement que je fis, le loup, qui l'entendit, revint d'un bond vers le tonneau, et le voilà qui tourne autour et qui fouette les douves avec sa longue queue. Je passe ma menotte, doucement, par la bonde, je saisis la queue, je la tire en dedans et je l'empoigne des deux mains.

Le loup, comme s'il eût eu les cinq cents diables à ses trousses, part, traînant le tonneau, à travers cultures, à travers cailloux, à travers vignobles. Nous dûmes rouler ensemble toutes les montées et descentes d'Eyragues, de Lagoy et de Bourbourel.

-- Aïe! mon Dieu! Jésus! Marie! Jésus, Marie, Joseph ! pleurais-je ainsi, qui sait où le loup t'emportera! Et, si le tonneau s'effondre, il te saignera, il te mangera...

Mais, tout à coup, patatras! le tonneau se crève, la queue m'échappe... Je vis au loin, bien loin, mon loup qui galopait, et, regardez les choses, je me retrouvai au Pont-Neuf, sur la route qui va de Maillane à Saint-Remy, à un quart d'heure de notre Mas. La barrique, sans doute, avait frappé du ventre au parapet du pont et s'y était rompue.

Pas nécessaire de vous dire qu'avec de telles émotions la verge paternelle ne me faisait plus guère peur. En courant comme si j'avais encore le loup à ma poursuite, je m'en revins à la maison.

Derrière le Mas, le long du chemin, mon père émottait un labour. Il se redressa en riant sur le manche de sa massue et me dit :

-- Ah! mon gaillard, cours vite auprès de ta mère qui pas dormi de la nuit.

Auprès de ma mère, je courus...

Point par point, à mes parents, je racontai tout chaud mes belles aventures. Mais, arrivé à l'histoire des voleurs, du tonneau ainsi que du gros loup :

-- Eh! badaud, me dirent-ils, ne vois-tu pas que c'est la peur qui t'a fait rêver tout cela!

Et j'eu beau dire et affirmer et soutenir obstinément que rien n'était plus vrain. Ce fut en vain Personne ne voulut y ajouter foi.

CHAPITRE V

A SAINT-MICHEL-DE-FRIGOLET

L'Abbaye en ruines. — M. Donnat. — La chapelle dorée. — La Montagnette. — Frère Philippe. — La procession des bouteilles. — Saint Antoine de Graveson. — Le pensionnat en débandade. -- Le couvent des Prémontrés.

Quand mes parents eurent vu que la passion du jeu me dévoyait par trop et que je manquais l'école sans discontinuité pour aller tout le jour polissonner dans les champs, avec les petits paysans, ils dirent :

-- Faut l'enfermer.

Et, un matin, sur la charrette du Mas, les serviteurs chargèrent un petit lit de sangles, une caisse de sapin pour serrer mes papiers, et, enfin, pour enfermer mes habits et mes hardes, une malle recouverte de peau de porc avec son poil. Et je partis, le coeur gros, accompagné de ma mère qui me consolait en route et du gros chien de garde qu'on appelait le "Juif" pour un endroit nommé Saint-Michel-de-Frigolet.

C'était un ancien monastère, situé dans la Montagnette, à. deux heures de notre Mas, entre Graveson, Tarascon et Barbentane. Les terres de Saint-Michel, à la Révolution, s'étaient vendues au détail pour quelques assignats, et l'abbaye à l'abandon, dépouillée de ses biens, inhabitée et solitaire, restait veuve, là-haut, au milieu d'un désert, ouverte aux quatre vents et aux bêtes sauvages. Certains contrebandiers, parfois, y faisaient de la poudre. Les bergers, lorsqu'il pleuvait, y logeaient leurs brebis dans l'église. Les joueurs des pays voisins : le Pante de Graveson, le Cap de Maillane, le Gelé de Barbentane, le Dangereux de Château-Renard, pour se garer des gendarmes, y venaient en cachette, l'hiver, à minuit, tailler le *vendôme*, et là, à la clarté de quelques chandelles pâles, pendant que l'or roulait au mouvement des cartes, les jurons, les blasphèmes, retentissaient sous les voûtes, à la place des psaumes qu'on y entendait jadis. Puis, la partie achevée, les bambocheurs buvaient, mangeaient et ribotaient, faisant bombance jusqu'à l'aube.

Vers 1832, quelques frères quêteurs étaient venus s'y établir. Ils avaient remis une cloche dans le vieux clocher roman, et, le dimanche, ils la sonnaient. Mais ils sonnaient en vain, nul ne montait à leurs offices, car on n'avait pas foi en eux. Et comme, à cette époque, la duchesse de Berry avait débarqué en Provence, pour y soulever les Carlistes contre le roi Louis-Philippe, il me souvient qu'on murmurait que ces frères marrons, sous leurs souquenilles noires n'étaient que des miquelets, qui devaient cabaler pour quelque intrigue louche.

C'est à la suite de ces frères qu'un brave Cavaillonnais, appelé M. Donnat, était venu fonder, au couvent de Saint-Michel, par lui acheté à crédit, un pensionnat de garçons.

C'était un vieux célibataire, au teint jaune et bistré, avec cheveux plats, nez épaté, bouche grande et grosses dents, longue lévite noire et les souliers bronzés. Très dévot, pauvre comme un rat d'église, il avait trouvé un biais pour monter son école et ramasser des pensionnaires sans un sou en bourse.

Il allait, par exemple, à Graveson, à Tarascon, à Barbentane ou à Saint-Pierre, trouver un fermier qui avait des fils.

-- Je vous apprends, lui disait-il, que j'ai ouvert un pensionnat à Saint-Michel-de-Frigolet. Vous avez là, à votre portée, une excellente institution pour enseigner vos enfants et leur faire passer leurs classes.

-- Ho! monsieur, répondait le père de famille, cela est bon pour les gens riches; nous ne sommes pas faits, nous autres, pour donner tant de lecture à nos gars... Ils en sauront toujours assez pour labourer la terre.

-- Voyez, faisait M. Donnat, rien n'est plus beau que l'instruction. N'ayez souci pour le paiement. Vous me donnerez, par an, tant de *charges* de blé, tant de *barraux* de vin ou tant de *cannes* d'huile... ; puis, après, nous réglerons tout.

Et le bon ménager envoyait ses petits à Saint-Michel-de-Frigolet.

Ensuite, M. Donnat allait trouver, je suppose, un boutiquier, et il lui tenait ce propos:

-- Le joli gars que vous avez là! Et comme il a l'air éveillé! Vous ne voudriez pas, peut-être, en faire un pileur de poivre?

-- Ah! monsieur, si nous pouvions, nous lui donnerions tout de même un peu d'éducation; mais les collèges sont coûteux, et, quand on n'est pas riche...

-- Est-ce besoin de collèges? faisait M. Donnat. Amenez-le à ma pension, là-haut, à Saint-Michel : nous lui apprendrons le latin et nous en ferons un homme... Puis, pour le paiement, nous prendrons *taille* à la boutique... Vous aurez en moi un chaland de plus, un bon chaland, je vous assure.

Et, du coup, le boutiquier lui confiait son fils.

Un autre jour, il passait devant la maison d'un menuisier, et admettons qu'il aperçût un enfant tout pâlot, qui jouait près de sa mère, dans la rigole de l'évier.

-- Mais ce beau mignon, qu'a-t-il? demandait M. Donnat à la maman. Il est bien blême? A-t-il les fièvres, ou mangerait-il de la cendres par malice?

-- Eh non! répliquait la femme, c'est la passion du jeu qui le fait se chêmer. Le jeu, monsieur, lui ôte le manger et le boire.

-- Eh bien! pourquoi ne pas le mettre, reprenait M. Donnat, dans mon institution, à Saint-Michel-de-Frigolet? Rien que le bon air, dans une quinzaine de jours, lui aura rendu ses couleurs... Et puis l'enfant sera surveillé et fera ses études; et, ses études faites il aura une place et n'aura jamais tant de peine comme en poussant le rabot.

-- Ah! monsieur, quand on est pauvre!

-- Ne vous inquiétez pas de ça. Nous avons, par là-haut, je ne sais combien de fenêtres et de portes à réparer... A votre mari, qui est menuisier, je promets, moi, plus d'ouvrage que ce qu'il en pourra faire.., et, bonne femme, nous rognerons sur la pension.

Et voilà! Le mignon allait aussi à Saint-Michel; et ainsi du bouclier, et du tailleur, et d'autres. Par ce moyen, M. Donnat avait recueilli, dans son pensionnat, près de quarante enfants du voisinage, et j'étais du nombre. Sur le tas, quelques-uns, tels que moi, s'acquittaient en argent; mais les trois quarts payaient en nature, en provisions, ou en denrées, ou en travail de leurs parents. En un mot, M. Donnat, avant la République démocratique et sociale, avait tout bonnement, et sans tant de vacarme, résolu le problème de la Banque d'Echange, —— qu'après lui, le fameux Proudhon, en 1848, essaya vainement de faire prendre dans Paris.

Un de ces écoliers me reste dans le souvenir. Je crois qu'il était de Nîmes, et on l'appelait Agnel; doux, joli de visage, un air de jeune fille et quelque chose de triste dans la physionomie. Nos gens, à nous, venaient fréquemment nous voir, et, pour nos goûters, nous apportaient des friandises. Mais, Agnel, on eût dit qu'il n'avait pas de parents, car il n'en parlait jamais, personne ne venait le voir, et nul ne lui apportait rien. Une fois, cependant, mais une seule fois arriva un gros monsieur qui lui parla en tête à tête, mystérieux, hautain, pendant une demi-heure à peine. Puis, il s'en alla et ne revint plus. Cela nous laissa croire qu'Agnel était un enfant d'une extraction supérieure, mais né du côté gauche et qu'on faisait élever en cachette à Saint-Michel. Je ne l'ai jamais revu.

Notre personnel enseignant se composait, d'abord, du maître, le bon M. Donnat, lequel, lorsqu'il était présent, faisait les basses classes (mais, la moitié du temps, il était en voyage, pour grappiller des élèves); puis, de deux ou trois pauvres hères, anciens séminaristes, qui avaient jeté le froc aux orties et qui étaient bien contents d'être nourris, blanchis, et de tirer quelques écus; ensuite, d'un prestolet, qu'on appelait M. Talon, pour nous dire la messe; enfin, d'un petit bossu, nommé M. Lavagne, pour professeur de musique. De plus, nous avions un nègre qui nous faisait la cuisine et une Tarasconaise, d'une trentaine d'années, pour nous servir à table et faire la lessive. Enfin, les parents de M. Donnat : le père, un pauvre vieux coiffé d'un bonnet roux, qui allait avec son âne, chercher les provisions, et la mère, une pauvre vieille, en coiffe blanche de piqué, qui nous peignait quelquefois, lorsque c'était nécessaire.

Saint-Michel, en ce temps-là, était beaucoup moins important que ce que, de nos jours, on l'a vu devenir. Il y avait simplement le cloître des anciens moines Augustins, avec son petit préau, au milieu du carré; au midi, le réfectoire, avec la salle du chapitre; puis, l'église de Saint-Michel, toute délabrée, avec des fresques sur les murs, représentant l'enfer, ses flammes rouges, ses damnés et ses démons, armés de fourches, et le combat du diable contre le grand archange, puis, la cuisine et les étables.

Mais en dehors, à part ce corps de bâtisse, il y avait, au midi, une chapelle à contreforts, dédiée à Notre-Dame-du-Remède, avec un porche
à la façade. De grosses touffes de lierre en recouvraient les murs et, à l'intérieur, elle était toute revêtue de boiseries dorées qui encadraient des tableaux, de Mignard, disait-on, où était représentée la vie de la Vierge Marie. La reine Anne d'Autriche, mère de Louis XIV, l'avait fait décorer ainsi, en reconnaissance d'un voeu qu'elle avait, dans le temps, fait à la Sainte Vierge, pour devenir mère d'un fils.

Cette chapelle, vrai bijou perdu dans la montagne, à la Révolution, de braves gens l'avaient sauvée en empilant sous le porche un grand tas de fagots qui en cachaient la porte. C'est là que, le matin, — et tous les matins de l'an, -- a cinq heures l'été, à six heures l'hiver, on nous menait à la messe; c'est là qu'avec une foi, une foi vraiment angélique, il me souvient que je priais et que nous priions tous. C'est là que, le dimanche, nous chantions messe et vêpres, en tenant à la main nos livres d'Heures et nos Vespéraux, et c'est là que les campagnards, aux jours de grandes fêtes, admiraient la voix du petit Frédéric : car j'avais, à cet âge, une jolie voix claire comme une voix de jeune fille, et, à l'Élévation, lorsqu'on chantait des motets, c'est moi qui faisais le solo; et je me souviens d'un où je me distinguais, paraît-il, spécialement, et où se trouvaient ces mots :

O mystère incompréhensible!
Grand Dieu, vous n'êtes pas aimé.

Devant la petite chapelle, et autour du couvent, étaient quelques micocouliers, auxquels, pour y grimper, nous déchirions nos culottes en allant, quand venait l'automne, cueillir les micocoules, douceâtres et menues, qui pendaient en bouquets. Il y avait aussi un puits, creusé et taillé dans le roc, qui, par un égout souterrain, laissait écouler son eau dans un bassin en contrebas et, de là, arrosait un jardin potager. Sous le jardin, à l'entrée du vallon, un bouquet de peupliers blancs égayait un peu le désert.

Car c'était un vrai désert que ce plateau de Saint-Michel où l'on nous avait mis en cage; et elle le disait bien; l'inscription qui était sur la porte du couvent :

"Voilà qu'en fuyant, je me suis éloigné et arrêté dans la solitude, parce que, dans la cité, j'ai vu l'injustice et la contradiction. J'aurai ici mon repos pour toujours, car c'est le lieu que j 'ai choisi pour habiter. »

Le vieux couvent était bâti sur le plateau étroit d'un passage de montagne qui devait, autrefois, avoir un mauvais renom, parce qu'il est remarquable que, partout où se trouvent des chapelles consacrées à l'archange Michel, ce sont des endroits solitaires qui avaient dû impressionner.

Les mamelons d'alentour étaient couverts de thym, de romarin, d'asphodèle, de buis, et de lavande. Quelques coins de vigne, qui produisaient, du reste, un cru en renom : le vin de Frigolet; quelques lopins d'oliviers plantés dans les bas-fonds; quelques allées d'amandiers, tortus, noirauds et rabougris, dans la pierraille; puis, aux fentes des rochers, quelques figuiers sauvages. C'était là, clairsemée, toute la végétation de ce massif de collines. Le reste n'était que friche et roche concassée, mais qui sentait si bon ! L'odeur de la montagne, dès qu'il faisait du soleil, nous rendait ivres.

Dans les collèges, d'ordinaire, les écoliers sont parqués dans de grandes cours froides, entre quatre murs. Mais nous autres, pour courir nous avions toute la Montagnette. Quand venait le jeudi, ou même aux heures de la récréation, on nous lâchait tel qu'un troupeau et en avant dans la montagne, jusqu'à ce que la cloche nous sonnât le rappel.

Aussi, au bout de quelque temps, nous étions devenus sauvages, ma foi, autant qu'une nichée de lapins de garrigue. Et il n'y avait pas danger que l'ennui nous gagnât.

Une fois hors de l'étude, nous partions comme des perdreaux, à travers les vallons et sur les mamelons.

Dans la chaleur luisante et limpide et splendide, au lointain, les ortolans chantaient : *tsi, tsi, bégu!*

Et nous nous roulions dans les plantes de thym; nous allions grappiller, soit les amandes oubliées, soit les raisins verts laissés dans les vignes; sous les chardons-rolands, nous ramassions des champignons; nous tendions des pièges aux petits oiseaux; nous cherchions dans les ravins les pétrifications qu'on nomme, dans le pays, *pierres de saint Étienne* ; nous furetions aux grottes pour dénicher la Chèvre d'Or; nous faisions la glissade, nous escaladions, nous dégringolions, si bien que nos parents ne pouvaient nous tenir de vêtements ni de chaussures.

Nous étions déguenillés comme une troupe de bohémiens.

Et tous ces mamelons, ces gorges, ces ravins, avec leurs noms superbes en langue provençale, -- noms sonores et parlants où le peuple de Provence, en grand style lapidaire, a imprimé son génie, -- comme ils nous émerveillaient! Le Mourre-de-la-Mer, d'où l'on voyait à l'horizon blanchir le littoral de la Méditerranée, au coucher du soleil, nous allions, à la Saint-Jean, y allumer le feu de joie; la Baume-de-l'Argent, où les faux monnayeurs avaient, jadis, battu monnaie; la Roque-Pied-de-Boeuf, où nous voyions gravée une sole bovine, comme si un taureau y eût empreint sa ruade; et la Roque-d'Acier, qui domine le Rhône, avec les barques et radeaux qui passaient à côté : monuments éternels du pays et de sa langue, tout embaumés de thym, de romarin et de lavande, tout illuminés d'or et d'azur. O arômes! ô clartés! ô délices! ô mirage! ô paix de la nature douce! Quels espaces de bonheur, de rêve paradisiaque, vous avez ouverts sur ma vie d'enfant!

L'hiver, ou lorsqu'il pleuvait, nous demeurions sous le cloître, nous amusant à la marelle, à coupe-tête, au cheval fondu. Et dans l'église du couvent, qui était, nous l'avons dit, complètement abandonnée, nous jouions aux cachettes et nous nous clapissions dans des caveaux béants, pleins de têtes de morts et d'ossements des anciens moines.

Un jour d'hiver, la brise bramait dans les longs couloirs; c'était le soir, avant souper : tous blottis devant nos pupitres, M. Donnat, le maître, nous gardait à l'étude, et l'on n'entendait que nos plumes qui égratignaient le papier et, à travers les portes, le sifflement du vent.

Tout à coup, à l'extérieur, nous entendons une voix sourde, sépulcrale, qui criait : —

-- Donnat! Donnat! Donnat! rends-moi ma cloche!

Tous, épouvantés, nous regardâmes le maître, et, pâle comme un mort, M. Donnat descendit lentement de sa chaire, fit signe aux plus grands de l'accompagner dehors, et nous autres, les petits, nous sortîmes tous après, en nous blottissant derrière.

Avec la lune qui donnait, là-haut sur un rocher, en face du couvent, nous vîmes alors une ombre, ou, plutôt, un géant en longue robe noire

et qui dans le vent disait :
-- Donnat, Donnat, Donnat! rends-moi ma cloche.

D'entendre et de voir cette apparition, nous étions tous là tremblants. M. Donnat ne fit que dire à demi-voix :

-- C'est frère Philippe.

Et, sans lui répondre, il rentra au couvent, avec nous tous après, qui le suivions en tournant la tête. Nous nous remîmes, fort troublés, à notre étude. Mais, cette soirée-là, nous n'en sûmes pas plus.

Ce frère Philippe, nous l'apprîmes plus tard, faisait partie paraît-il, de ces sortes d'ermites qui avaient occupé Saint-Michel quelques années avant nous et qui, au clocher vide, avaient mis une cloche. Puis, quand ils étaient partis, comme, on n'emporte pas cela comme un grelot, la cloche était restée sur l'église, là-haut, et, naturellement, M. Donnat l'avait gardée.

Frère Philippe était un bonhomme qui s'était donné pour tâche de remettre en état les ermitages en ruines qu'il y a, de-ci de-là, dans les montagnes de Provence. Je l'ai rencontré quelquefois, longtemps après, grand, maigre, un peu voûté et taciturne, avec sa soutane rapiécée, son chapeau noir à larges bords, et portant sur l'épaule, moitié devant, moitié derrière, un long bissac de toile bleue.

Lorsqu'il avait dessein de restaurer ainsi quelque ermitage à l'abandon, avec le produit de ses quêtes il le rachetait au propriétaire, il en réparait les parois, il y suspendait une cloche. Ensuite, ayant cherché et déniché quelque bon diable qui voulût se faire ermite, il lui octroyait la cellule avec son jardinet, et lui se remettait, en faisant maigre chère, à quêter avec patience, pour relever un autre ermitage.

La dernière fois que je le vis, il en avait rétabli, me dit-il près d'une trentaine. C'était à la gare d'Avignon où j'allais, comme lui, prendre le train d'une heure et demie. Il faisait rudement chaud, et le pauvre frère Philippe, qui avait, vers ce temps-là, près de quatre-vingts ans, cheminait au soleil, avec sa robe noire, incliné sous son sac, qui était presque plein de blé.

-- Frère Philippe, frère Philippe, lui cria un grand gars cravaté et ceinturé de rouge, vous pèse-t-il pas, le sac? Laissez que je le porte un peu.

Et le brave garçon chargea le sac du frère et le porta jusqu'à la salle où l'on donne les billets. Or, ce jeune homme, que je connaissais un peu, était un rouge de Barbentane, et, comme nos démocrates ne frayent pas beaucoup avec les robes noires, cela me rappela le bon Samaritain, tout en me faisant voir la popularité de cet homme du bon Dieu.

Frère Philippe, en dernier lieu, s'était retiré chez des moines qui l'avaient hospitalisé. Mais comme le gouvernement, vers cette époque-là, fit fermer les couvents, le pauvre vieux saint homme alla, je crois, mourir à l'hôpital d'Avignon.

Pour revenir à Saint-Michel, nous avions, ai-je dit, un certain aumônier qu'on appelait M. Talon : petit abbé avignonnais, ragot, ventru, avec un visage rubicond comme la gourde d'un mendiant. L'archevêque d'Avignon lui avait ôté la confession parce qu'il haussait trop le coude et nous l'avait envoyé pour s'en débarrasser.

Or, à la Fête-Dieu, il se trouve qu'un jeudi, on nous avait conduits à Boulbon, village voisin, pour aller à la procession, les grands comme thuriféraires, les petits pour jeter des fleurs, et à M. Talon, bien imprudemment, hélas! on fit les honneurs du dais.

Au moment où les hommes, les femmes, les jeunes filles, déployaient leurs théories dans les rues tapissées avec des draps de lit, au moment où les confréries faisaient au soleil flotter leurs bannières, que les choristes, vêtues de blanc, de leurs voix virginales entonnaient leurs cantiques, et que, pieux et recueillis, devant le Saint-Sacrement, nous autres, nous encensions et répandions nos fleurs, voici que, tout à coup, une rumeur s'élève et que voyons-nous, bon Dieu! le pauvre M. Talon, qui, titubant comme une clochette, avec l'ostensoir aux mains, la cape d'or sur le dos, aïe! tenait toute la rue.

En dînant au presbytère, il avait bu, paraît-il, ou, peut-être, on l'avait fait boire un peu plus qu'il ne faut de ce bon piot de Frigolet qui tape si vite à la tête; et le malheureux, rouge de sa honte autant que de son vin, ne pouvait plus tenir debout... Deux clercs en dalmatique, qui lui faisaient diacre et sous-diacre, le prirent chacun sous un bras; la procession rentra; et pour lors, M. Talon, une fois devant l'autel, se mit à répéter : *Oremus, oremus, oremus,* et n'en put dire davantage. On l'emmena à deux dans la sacristie.

Mais vous pouvez penser le scandale! Heureusement, encore, que cela se passa dans une paroisse où la *dive bouteille* , comme au temps de Bacchus, a conservé son rite. Près de Bouibon, vers la montagne, se trouve une vieille chapelle dénommée Saint-Marcellin, et le premier du mois de juin, les hommes y vont processionnellement, en portant tous à la main une bouteille de vin. Le sexe n'y est pas admis, attendu que nos femmes, selon la tradition romaine, jadis ne buvaient que de l'eau; et, pour habituer les jeunes filles à ce régime, on leur disait toujours -- et même on leur dit encore -- que "l'eau fait devenir jolie"

L'abbé Talon ne manquait pas de nous mener, tous les ans, à la Procession des Bouteilles. Une fois dans la chapelle, le curé de Bouibon se tournait vers le peuple et lui disait :

-- Mes frères, débouchez vos bouteilles, et qu'on fasse silence pour la bénédiction!

Et alors, en cape rouge, il chantait solennellement la formule voulue pour la bénédiction du vin. Puis, ayant dit *amen* , nous faisions un signe de croix et nous tirions une gorgée. Le curé et le maire choquant le verre ensemble sur l'escalier de l'autel, religieusement, buvaient. Et, le lendemain, fête chômée, lorsqu'il y avait sécheresse, on portait en procession le buste de saint Marcellin à travers le terroir, car les Boulbonnais disent :

Saint Marcellin,
Bon pour l'eau, bon pour le vin

Un autre pèlerinage assez joyeux aussi, que nous voyions à la Montagnette et qui est passé de mode, était celui de saint Anthime. Les Gravesonais le faisaient.

Quand la pluie était en retard, les pénitents de Graveson, en ânonnant leur litanies et suivis d'un flot de gens qui avaient des sacs sur la tête, apportaient saint Anthime -- un buste aux yeux proéminents, mitré, barbu, haut en couleurs -- à l'église de Saint-Michel, et là, dans le bosquet, la provende épandue sur l'herbe odoriférante, toute la sainte journée, pour attendre la pluie, on chopinait dévotement avec le vin de Frigolet; et, le croiriez-vous bien? plus d'une fois l'averse inondait le retour... Que voulez-vous! chanter fait pleuvoir, disaient nos pères.

Mais gare! Si saint Anthime, malgré les litanies et les libations pieuses, n'avait pu faire naître de nuages, les joviaux pénitents, en revenant à Graveson, patatras! pour le punir de ne les avoir pas exaucés, le plongeaient, par trois fois, dans le Fossé des Lones. Ce curieux usage de tremper les corps saints dans l'eau, pour les forcer de faire pleuvoir, se retrouvait en divers lieux, à Toulouse par exemple, et jusqu'en Portugal.

Quand, étant tout petits, nous allions à Graveson avec nos mères, elles ne manquaient pas de nous mener à l'église pour nous montrer saint Anthime, et ensuite Béluguet, -- un jacquemart qui frappait les heures à l'horloge du clocher.

Maintenant, pour achever ce qu'il me reste à dire sur mon séjour à Saint-Michel, il me revient comme un songe qu'à la premier an, avant de nous donner vacances, on nous fit jouer *les Enfants d'Edouard*, de Casimir Delavigne. On m'y avait donné le rôle d'une jeune princesse; et, pour me costumer, ma mère m'apporta une robe de mousseline qu'elle était allée emprunter chez de jeunes demoiselles de notre voisinage, et cette robe blanche fut la cause, plus tard d'un petit roman d'amour dont nous parlerons en son lieu.

La seconde année de mon internat, comme on m'avait mis au latin, j'écrivis à mes parents d'aller m'acheter des livres, et quelques jours après, nous vîmes, du vallon de Roque- Pied-de-Boeuf, monter, vers le couvent, mon seigneur père enfourché sur Babache, vieux mulet familier qui avait bien trente ans et qui était connu sur tous les marchés voisins, -- où mon père le conduisait lorsqu'il allait en voyage. Car il aimait tant cette brave bête, que, lorsqu'il se promenait, au printemps, dans ses blés, toujours avec lui il menait Babache ; et à califourchon, armé d'un sarcloir à long manche, du haut de sa monture, il coupait chardons et roquettes.

Arrivé au couvent, mon père déchargea un sac énorme qui était attaché sur le bât avec une corde, -- et, tout en déliant le lien :

-- Frédéric, me cria-t-il, je t'ai apporté quelques livres et du papier.

Et, là-dessus, du sac, il tira, un à un, quatre ou cinq dictionnaires reliés en parchemin, une trimbalée de livres cartonnés (*Epitome, De Viris Illustribus, Selectoe Historice, Conciones*, etc.), un gros cruchon d'encre, un fagot de plumes d'oie, et puis un tel ballot de rames de papier que j'en eus pour sept ans, jusqu'à la fin de mes études. Ce fut chez M. Aubanel, imprimeur en Avignon, père du cher félibre de la *Grenade entr'ouverte* (à cette époque, nous étions encore bien loin de nous connaître), que le bon patriarche, avec grand empressement, était allé faire pour son fils cette provision de science.

Mais, au gentil monastère de Saint-Michel-de-Frigolet, je n'eus pas le loisir d'user force papier. M. Donnat, notre maître, pour un motif ou pour l'autre, ne résidait pas dans son établissement, et, quand le chat n'y est pas, comme il disait, les rats dansent. Pour quêter des élèves ou se procurer de l'argent, il était toujours en course. Mal payés, les professeurs avaient toujours quelque prétexte pour abréger la classe, et quand les parents venaient, souvent ils ne trouvaient personne.

-- Où sont donc les enfants?

Tantôt le long d'un gradin soutenant un terrain en pente, nous étions à réparer quelque mur en pierres sèches. Tantôt nous étions par les vignes où à notre grande joie, nous glanions des grappillons ou cherchions des morilles. Tout cela n'amenait pas la confiance à notre maître. De plus, le malheur était que, pour grossir le pensionnat, M. Donnat prenait des enfants qui ne payaient rien ou pas grand'chose, et ce n'étaient pas ceux qui mangeaient le moins aux repas. Mais un drôle d'incident précipita la déconfiture.

Nous avions pour cuisinier, je l'ai déjà dit, un nègre et pour domestique femme, une Tarasconaise, qui était, dans la maison, la seule de son sexe. (Je ne compte pas la mère de notre principal, qui avait au moins soixante-dix ans.) Or, on sait que le diable ne perd jamais son temps, -- notre fille de service, un jour, comme on dit ici, se trouva "embarrassée", et ce fut, dans le pensionnat, un esclandre épouvantable.

Qui disait que la maritorne était grosse du fait de M. Donnat lui-même, qui affirmait qu'elle l'était du professeur d'humanités, qui de l'abbé Talon, qui du maître d'études.
Bref, en fin de compte, la charge fut mise sur le dos du nègre. Celui-ci, qui se sentait peut-être suspect à bon droit, soit par colère, soit par peur, fit son sac, et parfit; et la Tarasconaise, qui avait gardé son secret, déguerpit, à son tour, pour aller déposer son faix.

Ce fut le signal de la débandade; plus de cuisinier, plus de brouet pour nous; les professeurs, l'un après l'autre, nous laissèrent sur nos dents. M. Donnat avait disparu. Sa mère, la pauvre vieille, nous fit, quelques jours encore, bouillir des pommes de terre. Puis, son père, un matin, nous dit :

-- Mes enfants, il n'y a plus rien pour vous faire manger : il faut retourner chez vous.

Et soudain, comme un troupeau de cabris en sevrage qu'on élargit du bercail, nous allâmes, en courant, avant de nous séparer, arracher des touffes de thym sur la colline, pour emporter un souvenir de notre beau quartier du 'Thym (1). Puis, avec nos petits paquets, quatre à quatre, six à six, qui en amont, qui en aval, nous nous éparpillâmes dans les vallons et les sentiers, mais non sans retourner la tête, ni sans regret à la descente.

Pauvre M. Donnat! Après avoir essayé, de toutes les manières et d'un pays à l'autre, de remonter son institution (car nous avons tous notre grain de folie), il alla, comme frère Philippe, finir, hélas! à l'hôpital.

Mais, avant de quitter Saint-Michel-de-Frigolet, il faut dire un mot, pourtant, de ce que l'antique abbaye devint après nous autres. Retombée de nouveau à l'abandon pendant douze ans, un moine blanc, le

Père Edmond, à son tour, l'acheta (1854) et y restaura, sous la loi de saint Norbert, l'ordre de Prémontré, -- qui n'existait plus en France. Grâce à l'activité, aux prédications, aux quêtes de ce zélateur ardent, le petit monastère prit des proportions grandioses. De nombreuses constructions, avec un couronnement, de murailles crénelées, s'y ajoutèrent à l'entour; une église nouvelle, magnifiquement ornée, y éleva ses trois nefs surmontées de deux clochers. Une centaine de moines ou de frères convers peuplèrent les cellules, et, tous les dimanches, les populations voisines y montaient à charretées pour contempler la pompe de leurs majestueux offices; et l'abbaye des Pères Blancs était devenue si populaire que, quand la République fit fermer les couvents (1880), un millier de paysans ou d'habitants de la plaine vinrent s'y enfermer pour protester en personne contre l'exécution des décrets radicaux. Et c'est alors que nous vîmes toute une armée en marche, cavalerie, infanterie, généraux et capitaines, venir, abonde" avec ses fourgons de son attirail de guerre, camper autour du
couvent de Saint-Michel-de-Frigolet et, sérieusement, entreprendre le siège d'une citadelle d'opéra-comique, que quatre ou cinq gendarmes auraient, s'ils avaient voulu, fait venir à jubé.

(1) Frigo1et, en provençal *Ferigoulet* , signifie "lieu où le thym

Il me souvient que le matin, tant que dura l'investissement, -- et il dura toute une semaine, -- les gens partaient avec leurs vivres et allaient se poster sur les coteaux et les mamelons qui dominent l'abbaye pour épier, de loin, le mouvement de la journée. Le plus joli, c'étaient les filles de Barbentane, de Boulbon, de Saint-Remy ou de Maillane, qui, pour encourager les assiégés de Saint-Michel, chantaient avec passion, et en agitant leurs mouchoirs :

Provençaux et catholiques,
Notre foi, notre foi, n'a pas failli :
Chantons, tous tressaillants,
Provençaux et catholiques.

Tout cela, mêlé d'invectives, de railleries et de huées à l'adresse des fonctionnaires, qui défilaient farouches, là-bas, dans leurs voitures.

A part l'indignation qui soulevait dans les coeurs l'iniquité de ces choses, le *Siège de Caderousse* , par le vice-légat Sinibaldi Doria, -- qui a fourni à l'abbé Favre le sujet d'une héroïde extrêmement comique, était, certes, moins burlesque que celui de Frigolet; et aussi un autre abbé en tira-t-il un poème qui se vendit en France à des milliers d'exemplaires. Enfin, à son tour, Daudet, qui avait déjà placé dans le couvent des Pères Blancs son conte intitulé l'*Élixir du Frère Gaucher* , Daudet, dans son dernier roman sur Tarascon, nous montre Tartarin s'enfermant bravement dans l'abbaye de Saint-Michel.

CHAPITRE VI

CHEZ MONSIEUR MILLET

L'oncle Bénoni -- La farandole au cimetière. -- Le voyage en Avignon. -- Avignon il y a cinquante ans. -- Le maître de pension. -- Le siège de Caderousse. -- La première communion. -- Mlle Praxède. -- Pélerinage de Saint-Gent. -- Au collège Royal. -- Le poète Jasmin. -- La nostalgie de mes quatorze ans.

Et, alors, il fallut me chercher une autre école pas trop éloignée de Maillane, ni de trop haute condition, car nous autres campagnards, nous n'étions pas orgueilleux et l'on me mit en Avignon chez un M. Millet, qui tenait pensionnat dans la rue Pétramale.

Cette fois, c'est l'oncle Bénoni qui conduisit la voiture. Bien que Maillane ne soit qu'à trois lieues d'Avignon, à cette époque où le chemin de fer n'existait pas, où les routes étaient abîmées par le roulage et où il fallait passer avec un bac le large lit de la Durance, le voyage d'Avignon était encore une affaire.

Trois de mes tantes, avec ma mère, l'oncle Bénoni et moi, tous gîtés sur un long drap plein de paille d'avoine qui rembourrait la charrette, nous partîmes en caravane après le lever du soleil.

J'ai dit "trois de mes tantes". Il en est peu, en effet, qui se soient vu, à la fois, autant de tantes que moi; j'en avais bien une douzaine; d'abord, la grand'Mistrale, puis la tante Jeanneton, la tante Madelon, la tante Véronique, la tante Poulinette et la tante Bourdette, la tante Françoise, la tante Marie, la tante Rion, la tante Thérèse, la tante Mélanie et la tante Lisa. Tout ce monde, aujourd'hui, est mort et enterré; mais j'aime à redire ici les noms de ces bonnes femmes que j'ai vues circuler, comme autant de bonnes fées, chacune avec son allure, autour de mon berceau. Ajoutez à mes tantes le même nombre d'oncles et les cousins et cousines qui en avaient essaimé, et vous aurez une idée de notre parentage.

L'oncle Bénoni était un frère de ma mère et le plus jeune de la lignée. Brun, maigre, délié, il avait le nez retroussé et deux yeux noirs comme du jais. Arpenteur de son état, il passait pour paresseux, et même il s'en vantait. Mais il avait trois passions : la danse, la musique et la plaisanterie.

Il n'y avait pas, dans Maillane, de plus charmant danseur, ni de plus jovial. Quand, dans "la salle verte", à la Saint-Eloi ou à la Sainte-Agathe, il faisait la contredanse avec Jésette le lutteur, les gens, pour lui voir battre les ailes de pigeon, se pressaient à l'entour. Il jouait, plus ou moins bien, de toutes sortes d'instruments : violon, basson, cor, clarinette; mais c'est au galoubet qu'il s'était adonné le plus. Il n'avait pas son pareil, au temps de sa jeunesse, pour donner des aubades aux belles ou pour chanter des réveillons dans les nuits du mois de mai. Et, chaque fois qu'il y avait un pèlerinage à faire, à Notre-Dame-de-Lumière, à Saint-Gent, à Vaucluse ou aux Saintes-Maries, qui en était le boute-en-train et qui conduisait la charrette? Bénoni, toujours dispos et toujours enchanté de laisser son labeur, son équerre et sa maison pour aller courir le pays.

Et l'on voyait des charretées de quinze ou vingt fillettes qui partaient en chantant :

A l'honneur de saint Gent.

Ou

*Alix, ma bonne amie,
Il est temps de quitter
Le monde et ses intrigues,
Avec ses vanités.*

Ou bien :

*Les trois Maries,
Parties avant le jour,
S'en vont adorer le Seigneur.*

Avec mon oncle, assis sur le brancard de la charrette, qui les accompagnait avec son galoubet, et chatouille-toi et chatouille-moi, en avant les caresses, les rires et les cris tout le long du chemin!

Seulement, dans la tête, il s'était mis une idée assez extraordinaire : c'était, en se mariant, de prendre une fille noble.

-- Mais les filles nobles, lui objectait-on, veulent épouser des nobles, et jamais tu n'en trouveras.

-- Hé ! ripostait Bénoni, ne sommes-nous pas nobles, tous, dans la famille? Croyez-vous que nous sommes des manants comme vous autres?
Notre aïeul était émigré; il portait le manteau doublé de velours rouge, les boucles à ses souliers, les bas de soie.

Il fit tant, tourna tant, que, du côté de Carpentras, il entendit dire, un jour, qu'il y avait une famille de noblesse authentique, mais à peu près ruinée, où se trouvaient sept filles, toutes à marier. Le père, un dissipateur, vendait un morceau de terre tous les ans à son fermier, qui finit même par attraper le château. Mon brave oncle Bénoni s'attifa, se présenta, et l'aînée des demoiselles, une fille de marquis et de commandeur de Malte, qui se voyait en passe de coiffer sainte Catherine, se décida à l'épouser. C'est sur la donnée de ces nobles comtadins, tombés dans la roture, qu'un romancier Carpentrassien, Henri de la Madeleine, a fait son joli roman : la *Fin du Marquisat d'Aurel*. (Paris, Charpentier, 1878.)

J'ai dit que mon oncle était paresseux. Quand, vers milieu du jour, il allait à son jardin, pour bêcher ou reterser, il portait toujours son flûteau. Bientôt, il jetait son outil, allait s'asseoir à l'ombre et essayait un rigaudon. Les filles qui travaillaient dans les champs d'alentour accouraient vite à la musique et, aussitôt, il leur faisait danser la saltarelle.

En hiver, rarement il se levait avant midi.

-- Eh! disait-il, bien blotti, bien chaud dans votre lit, où pouvez-vous être mieux?

-- Mais, lui disions-nous, mon oncle, ne vous y ennuyez-vous pas?

-- Oh! jamais. Quand j'ai sommeil, je dors; quand je n'ai plus sommeil, je dis des psaumes pour les morts.

Et, chose singulière, cet homme guilleret ne manquait pas un enterrement. Après la cérémonie, il demeurait toujours le dernier au cimetière, d'où il s'en revenait seul, en priant pour les siens et pour les autres, ce qui ne l'empêchait pas de répéter, chaque fois, cette bouffonnerie :

-- Un de plus, charrié à la Cité du Saint-Repos!

Il dut bien, à son tour, y aller aussi. Il avait quatre-vingt-trois ans, et le docteur, ayant laissé entendre à la famille qu'il n'y avait plus rien à faire :

-- Bah! répondit Bénoni, à quoi bon s'effrayer! il n'en mourra que plus malade.

Et, comme il avait son flûteau sur sa table de nuit :

-- Que faites-vous de ce fifre-là, mon oncle? lui demandai-je, un jour que je venais le voir.

-- Ces nigauds, me dit-il, m'avaient donné une sonnette pour que je la remue quand j'aurais besoin de tisane. Ne vaut-il pas mieux mon fifre? Sitôt que je veux boire, au lieu d'appeler ou de sonner, je prends mon fifre et je joue un air.

Si bien qu'il mourut son flûteau en main, et qu'on le lui mit dans son cercueil, chose qui donna lieu, le lendemain de sa mort, à l'histoire que voici :

A la filature de soie, -- où allaient travailler les filles de Maillane, le lendemain du jour où l'oncle fut mis en terre, -- une jeune luronne, le matin, en entrant, fit d'un air effaré, aux autres jeunes filles :

-- Vous n'avez rien entendu, fillettes, cette nuit?

-- Non, le mistral seulement... et le chant de la chouette...

-- Oh! écoutez : nous autres, mes belles, qui habitons du cote du cimetière, nous n'avons pas fermé l'oeil. Figurez- vous qu'à minuit sonnant, le vieux Bénoni a pris son flûteau (qu'on avait mis dans son cercueil) ; il est sorti de sa fosse et s'est mis à jouer une farandole endiablée. Tous les morts se sont levés, ont porté leurs cercueils au milieu du Grand Clos, les ont, pour se chauffer, allumés au feu Saint-Elme, et ensuite, au rigaudon que jouait Bénoni, ils ont dansé un branle fou, autour du feu, jusqu'à l'aurore.

Donc, avec l'oncle Bénoni, que vous connaissez maintenant, avec ma mère et mes trois tantes, nous nous étions mis en route pour la ville d'Avignon. Vous connaissez peut-être la façon des villageois, lorsqu'ils vont quelque part en troupe : tout le long, au trantran de notre véhicule, ce furent qu'exclamations et observations diverses au sujet des plantations, des luzernes, des blés, des fenouils, des semis, que la charrette côtoyait.

Quand nous passâmes dans Graveson, -- où l'on voit un beau clocher, tout fleuronné d'artichauts de pierre :

-- Vois, petit, cria mon oncle, les nombrils des Gravesonais, les vois-tu cloués au clocher?

Et de rire et de rire, de cette facétie qui égaie les Maillanais depuis sept ou huit cents ans, facétie à laquelle les Gravesonais répliquent par une chanson qui dit :

A Graveson, avons un clocher...
Ceux qui le voient disent qu'il est bien droit!
Mais, à Maillane, leur clocher est rond;
C'est une cage pour moineaux; dit-on.

Et l'on m'égrenait ainsi, les uns après les autres, les racontages coutumiers de la route d'Avignon : le pont de la Folie où les sorciers faisaient le branle, la Croisière où l'on arrêtait parfois à main armée, et la Croix de la Lieue et le Rocher d'Aiguille.

Enfin, nous arrivâmes aux sablières de la Durance; les grandes eaux, un an avant, avaient emporté le pont, et il fallait passer la rivière avec un bac. Nous trouvâmes là, qui attendaient leur tour, une centaine de charrettes. Nous attendîmes comme les autres, une couple d'heures, au marchepied; puis, nous nous embarquâmes, après avoir chassé, en lui criant : "Au Mas" le Juif, notre gros chien, qui nous avait suivis.

Il était plus de midi quand nous fûmes en Avignon. Nous allâmes établer, comme les gens de notre village, à l'*Hôtel de Provence*, une petite auberge de la place du Corps-Saint; et, le reste du jour, on alla bayer par la ville.

-- Voulez-vous, dit mon oncle, que je vous paie la comédie? Ce soir, on joue *Maniclo où Lou Groulié bèl esprit* avec l'*Abbaye de Castro*.
— Ho! reprîmes-nous tous, il faut aller voir *Maniclo*.

C'était la première fois que j'allais au théâtre, et l'étoile voulût qu'on donnât, ce jour-là, une comédie provençale. A l'*Abbaye de Castro*, qui était un drame sombre, on ne comprit pas grand'chose. Mais mes tantes trouvèrent que *Maniclo*, à Maillane, était beaucoup mieux joué. Car, en ce temps, dans nos villages, il s'organisait, l'hiver, des représentations comiques et tragiques. J'y ai vu jouer, par nos paysans, la *Mort de César, Zaïre* et *Joseph vendu par ses frères*. Ils se faisaient des costumes avec les jupes de leurs femmes et les couvertures de leur lit. Le peuple, qui aime la tragédie, suivait, avec grand plaisir, la déclamation morne de ces pièces en cinq actes. Mais on jouait aussi l'*Avocat Pathelin*, traduit en provençal, et diverses comédies du répertoire marseillais, telles que *Moussu Just, Fresquerio* ou la *Co de l'Ai, Lou Groulié bèl esprit* et *Misè Galineto*. C'était toujours Bénoni le directeur de ces soirées, où, avec son violon, en dodelinant de la tête, il accompagnait les chants. Vers l'âge de dix-sept ans, il me souvient d'avoir rempli un rôle dans *Galineto* et dans la *Co de l'Ai*, et même d'y avoir eu, devant mes compatriotes, assez d'applaudissements.

Mais bref : le lendemain, après avoir embrassé ma mère et le coeur gros comme un pois qui aurait trempé neuf jours, il fallut s'enfermer dans la rue Pétramale, au pensionnat Millet. M. Millet était un gros homme, de haute taille, aux épais sourcils, à figure rougeaude, mal rasé et crasseux, en plus, des yeux de porc, des pieds d'éléphant, et de vilains doigts carrés qui enfournaient sans cesse la prise dans son nez. Sa chambrière, Catherine, montagnarde jaune et grasse, qui nous faisait la cuisine, gouvernait la maison. Je n'ai jamais tant mangé de carottes comme là, des carottes au maigre en une sauce de farine. Dans trois mois, pauvre petit, je devins tout exténué.

Avignon, la prédestinée, où devait le Gai-Savoir faire un jour sa renaissance, n'avait pas, il s'en faut, la gaieté d'aujourd'hui; elle n'avait pas encore élargi telle qu'elle est à sa place de l'Horloge, ni agrandi sa place Pie, ni percé sa Grande-Rue. La Roque-de-Dom, qui domine la ville, complantée, maintenant, comme un jardin de roi, était alors pelée : il y avait un cimetière. Les remparts, à moitié ruinés, étaient entourés de fossés pleins de décombres avec des mares d'eau vaseuse. Les portefaix brutaux, organisés en corporation, faisaient la loi au bord du Rhône, et en ville, quand ils voulaient. Avec leur chef, espèce d'hercule, dénommé Quatre-Bras, c'est eux qui balayèrent, en 1848, l'Hôtel de Ville d'Avignon.

Ainsi qu'en Italie, une fois par semaine passait par toutes les maisons, en remuant sa tirelire, un pénitent noir, qui, la cagoule sur le visage et deux trous devant les yeux, disait d'une voix grave :

-- Pour les pauvres prisonniers!

Inévitablement, on se heurtait, par les rues, à des types locaux, tels que la soeur Boute-Cuire, son panier à couvercle au bras, un crucifix d'argent sur sa grosse poitrine, ou bien le plâtrier Barret qui, dans une bagarre avec les libéraux,
ayant perdu son chapeau, avait fait le serment de ne plus porter de chapeau jusqu'à ce qu'Henri V fût sur le trône, et qui, toute sa vie, s'en alla tête nue.

Mais ce qu'on rencontrait le plus, avec leurs grands chapeaux montés et leurs longues capotes bleues, c'étaient les invalides installés en Avignon (où était une succursale de l'Hôtel de Paris), vénérables débris des vieilles guerres, borgnes, boiteux, manchots, qui, de leurs jambes de bois, martelaient, à pas comptés, les pavés pointus des rues.

La ville traversait une sorte de mue, embrouillée, difficultueuse, entre les deux régimes, l'ancien et le nouveau, qui n'avait pas cessé de s'y combattre à la sourdine. Les souvenirs atroces, les injures, les reproches des discordes passées, étaient encore vivants, étaient encore amers entre les gens d'un certain âge. Les carlistes ne parlaient que du tribunal d'Orange, de Jourdan Coupe-Têtes, des massacres de la Glacière. Les libéraux, en bouche, avaient 1815, remémorant sans cesse l'assassinat du maréchal Brune, son cadavre jeté au Rhône, ses valises pillées, ses assassins impunis, entre autres le Pointu, qui avait laissé un renom terrible, et, si quelque parvenu tant soit peu insolent réussissait dans ses affaires :

-- Allons! disait le peuple, les louis du maréchal Brune commencent à sortir.

Le peuple d'Avignon comme celui d'Aix et de Marseille et de, pour ainsi dire, toutes les villes de Provence, était pourtant, en général (depuis il a bien changé), regretteux de fleurs de lis comme du drapeau blanc. Cet échauffement de nos devanciers pour la cause royale n'était pas tant, ce me semble, une opinion politique qu'une protestation inconsciente et populaire contre la centralisation, de plus en plus excessive, que le jacobinisme et le premier Empire avaient rendue odieuse.

La fleur de lis d'autrefois était, pour les Provençaux (qui l'avaient toujours vue dans le blason de la Provence), le symbole d'une époque où nos coutumes, nos traditions et nos franchises étaient plus respectées par les gouvernements. Mais de croire que nos pères voulussent revenir au régime abusif d'avant la Révolution serait une erreur complète, puisque c'est la Provence qui envoya Mirabeau aux Etats généraux et que la Révolution fut particulièrement passionnée en Provence.

Je me souviens, à ce propos, d'une fois où Berryer venait d'être élu député par la ville de Marseille. Comme l'illustre orateur devait passer par Avignon, le préfet fit fermer les portes de la ville pour empêcher d'entrer les légitimistes du dehors qui arrivaient en foule pour lui faire un triomphe. Et bon nombre de Blancs furent, à cette occasion, emprisonnés au palais des papes.

Mgr le duc d'Aumale, qui revenait d'Afrique, passa quelque temps après. On nous mena le voir à la porte Saint-Lazare, accompagné de ses soldats, qui étaient, comme lui, brunis par le soleil d'Alger. Il était tout blanc de poussière, blondin, avec des yeux bleus et le rayonnement de la jeunesse et de la gloire.

-- Vive notre beau prince! criaient, à tout moment, les femmes des faubourgs.

Me trouvant à Paris, en 1889, et ayant eu l'honneur d'être convié à Chantilly, je rappelai à Son Altesse cet infime détail de son passage en Provence; et Mgr d'Aumale, après quarante-cinq ans, se rappela de bonne grâce les braves femmes qui criaient en le voyant passer :

-- Qu'il est joli! qu'il est galant!

Ce vieil Avignon est pétri de tant de gloires qu'on n'y peut faire un pas sans fouler quelque souvenir. Ne se trouve-t-il pas que, dans l'île de maisons où était notre pensionnat, s'élevait, autrefois, le couvent de Sainte-Claire! C'est dans la chapelle de ce couvent que, le matin du 6 avril 1327, Pétrarque vit Laure pour la première fois.

Nous étions aussi tout près de la rue des Etudes, qui, encore à cette époque, avait, dans le bas peuple, une réputation lugubre. Nous n'avions jamais pu décider les petits Savoyards, soit ramoneurs, soit décrotteurs, à venir ramoner dans notre pensionnat ou cirer nos chaussures. Comme, dans la rue des Etudes, se trouvaient, autrefois, l'Université d'Avignon ainsi que l'Ecole de médecine, le bruit courait que les étudiants attrapaient, quand ils pouvaient, les petits, vagabonds, pour les saigner, les écorcher, et étudier sur leurs cadavres.

Il n'en était pas moins intéressant pour nous, enfants de villages pour la plupart, de rôder, quand nous sortions, dans ce labyrinthe de ruelles qui nous avoisinaient, comme le *Petit Paradis*, qui avait été jadis une "rue chaude" et qui s'en tenait encore; la rue de l'*Eau-de-Vie*, la rue du *Chat*, la rue du *Coq*, la rue du *Diable*. Mais quelle différence avec nos beaux vallons tout fleuris d'asphodèles, avec notre bon air, notre paix, notre liberté, de Saint-Michel-de-Frigolet!

J'en avais, à certains jours, le coeur serré de nostalgie, et cependant, M. Millet, qui était fort bon diable au fond, avait quelque chose en lui qui finit par m'apprivoiser. Comme il était de Caderousse, fils, comme moi, d'agriculteur, et qu'il avait dans sa famille toujours parlé provençal, il professait, pour le poème du Siège de Caderousse, une admiration extraordinaire; il le savait tout par coeur, et à la classe, quelquefois, en pleine explication de quelque beau combat des Grecs et des Troyens, remuant tout à coup, par un mouvement de front qui lui était particulier, le toupet gris de ses cheveux :

-- Eh bien! disait-il, tenez! c'est là l'un des morceaux les plus beaux de Virgile, n'est-ce pas? Écoutez, pourtant, mes enfants, le fragment que je vais vous citer, et vous reconnaîtrez que Favre, le chantre du *Siège de Caderousse*, à Virgile lui-même serre souvent les talons :

Un nommé Pergori Latrousse,
Le plus ventru de Caderousse,
S'était rué contre un tailleur...
Ayant bronché contre une motte,
Il fut rouler comme un tonneau.

Si elles nous allaient, ces citations de notre langue, si pleine de saveur! Le gros Millet riait aux éclats, et, pour moi qui, dans le sang, avais, comme nul autre, gardé l'âcre douceur du miel de mon enfance, rien de plus appétissant que ces hors-d'oeuvre du pays.

M. Millet, tous les jours, par là, vers les cinq heures, allait lire la gazette au café Baretta, -- qu'il appelait le "Café des Animaux parlants", -- et qui, si je ne me trompe, était, tenu par l'oncle ou, peut-être, par l'aïeul de Mlle Baretta, du Théâtre-Français; ensuite, le lendemain, lorsqu'il était de bonne humeur, il nous redisait, non sans malice, les éternelles grogneries des vieux politiciens de cet établissement, qui ne parlaient jamais, en ce temps, que du Petit, comme ils appelaient Henri V.

Je fis, cette année-là, ma première communion à l'église Saint-Didier, qui était notre paroisse, et c'était le sonneur Fanot, chanté plus tard par Roumanille dans sa *Cloche montée*, qui nous sonnait le catéchisme. Deux mois avant la cérémonie, M. Millet nous menait à l'église pour y être interrogés. Et là, mêlés aux autres enfants, garçonnets et fillettes, qui devions communier ensemble, on nous faisait asseoir sur des bancs, au milieu de la nef. Le hasard fit que moi, qui étais le dernier de la rangée des garçons, je me trouvai placé près d'une charmante fille qui était la première de la rangée des demoiselles. On l'appelait Praxède et elle avait, sur les joues, deux fleurs de vermillon semblables à deux roses fraîchement épanouies.

Ce que c'est que les enfants : attendu que, tous les jours, on se rencontrait ensemble, assis l'un près de l'autre; que, sans penser à rien, nous nous touchions le coude, et que nous nous communiquions, dans la moiteur de notre haleine, à l'oreille, en chuchotant, nos petits sujets de rire, ne finîmes-nous pas (le bon Dieu me pardonne !) par nous rendre amoureux?

Mais c'était un amour d'une telle innocence, et tellement emprunt d'aspirations mystiques, que les anges, là-haut, s'ils éprouvent entre eux des affections réciproques, doivent en avoir de pareilles. L'un comme l'autre, nous avions douze ans : l'âge de Béatrix, lorsque Dante la vit; et c'est cette vision de la jeune vierge en fleur qui a fait le *Paradis* du grand poète florentin. Il est un mot, dans notre langue, qui exprime très bien ce délice de l'âme dont s'enivrent les couples dans la prime jeunesse : nous nous agréions. Nous avions plaisir à nous voir. Nous ne nous vîmes jamais, il est vrai, que dans l'église; mais, rien que de nous voir notre coeur était plein. Je lui souriais, elle souriait; nous unissions nos voix dans les mêmes cantiques d'amour, d'actions de grâces; vers les mêmes mystères nous exaltions, naïfs, notre foi spontanée... Oh! aube de l'amour, où s'épanouit en joie l'innocence, comme la marguerite dans le frais du ruisseau, première aube de l'amour, aube pure envolée!

Voici mon souvenir de Mlle Praxède, telle que je la vis pour la dernière fois : tout de blanc vêtue, couronnée de fleurs d'aubépine, et jolie à ravir sous son voile transparent, elle montait à l'autel, tout près de moi, comme une épousée, belle petite épousée de l'Agneau!

Notre communion faite, la chose finit là. C'est en vain que longtemps, quand nous passions dans sa rue (elle habitait rue de la Lice), je portais mes regards avides sous les abat-jour verts de la maison de Praxède. Je ne pus jamais la revoir. On l'avait mise au couvent et, alors, de songer que ma charmante amie avec le vermillon et le sourire de son visage, m'était enlevée pour toujours, soit de cela, soit d'autre chose, je tombai dans une langueur à me dégoûter de tout.

Aussi les vacances venues, quand je retournai au Mas, ma mère en me voyant tout pâle, avec, de temps en temps, des atteintes de fièvre, décida dans sa foi, autant pour me guérir que pour me récréer, de me conduire à saint Gent, qui est le patron des fiévreux.

Saint Gent, qui a pareillement la vertu de faire pleuvoir, est une sorte de demi-dieu pour les paysans des deux côtés de la Durance.

-- Moi, nous disait mon père, j'ai été à Saint-Gent avant la Révolution. Nous y allâmes les pieds nus, avec ma pauvre mère, je n'avais pas plus de dix ans. Mais, en ce temps, il y avait plus de foi.

Nous, avec l'oncle Bénoni qui conduisait le voyage et que vous connaissez déjà, par une lune claire comme il en fait en septembre, vers minuit, nous partîmes donc, sur une charrette bâchée, et, après nous être joints aux autres pèlerins qui allaient à la fête, à Château-Renard, à Noves, au Thor, ou bien à Pernes, nous voyions après nous, tout le long du chemin, quantité d'autres charrettes, recouvertes, comme la nôtre, de toiles étendues sur des cerceaux de bois, venir grossir la caravane.

Chantant ensemble, pêle-mêle, le cantique de saint Gent, -- qui, du reste, est superbe, puisque Gounod en a mis l'air dans l'opéra de *Mireille* , -- nous traversions de nuit, au bruit des coups de fouet, les villages endormis, et le lendemain soir, par là, vers les quatre heures, nous arrivions en foule au cri de : "Vive saint Gent!", dans la gorge du Bausset.

Et là, sur les lieux mêmes, où l'ermite vénéré avait passé sa pénitence, les vieux, avec animation, racontaient aux jeunes gens ce qu'ils avaient entendu dire :

-- Gent, disait-il, était comme nous un enfant de paysans, un brave gars de Monteux, qui, à l'âge de quinze ans, se retira dans le désert, pour se consacrer à Dieu. Il labourait la terre avec deux vaches. Un jour, un loup lui en saigna une. Gent attrapa le loup, l'attela à sa charrue, et le fit labourer, sous le joug, avec l'autre vache. Mais à Monteux, depuis que Gent était parti, il n'avait pas plu de sept ans, et les Montelais dirent à la mère de Gent :

-- Imberte, il faut aller à la recherche de votre fils, parce que, depuis son départ, il n'est plus tombé une goutte d'eau.

Et la mère de Gent, à force de chercher, à force de crier, trouva enfin son gars, là où nous sommes à présent, dans la gorge du Bausset, et, comme sa mère avait soif, Gent, pour la faire boire, planta deux de ses doigts dans le roc escarpé, et il en jaillit deux fontaines : une de vin et l'autre d'eau. Celle du vin est tarie, mais celle de l'eau coule toujours, -- et c'est la main de Dieu pour les mauvaises fièvres.

On va, deux fois par an, à l'ermitage de Saint-Gent. D'abord, au mois de mai, où les Montelais, ses compatriotes, emportent sa statue de Monteux au Bausset, pèlerinage de trois lieues, qui se fait à la course, en mémoire et symbole de la fuite du saint.

Voici la lettre enthousiaste qu'Aubanel m'écrivait, un an qu'il y était allé (1886) :

"Mon cher ami, avec Grivolas, nous arrivons de Saint-Gent. C'est une fête étonnante, admirable, sublime; ce qui est d'une poésie inouïe, ce qui m'a laissé dans l'âme une impression délicieuse, c'est la course nocturne des porteurs de saint Gent. Le maire nous avait donné une voiture et nous avons suivi ce pèlerinage dans les champs, les bois et les rochers au clair de lune, au chant des rossignols, depuis huit heures du soir, jusqu'à minuit et demi. C'est saisissant: et mystérieux; c'est étrange et beau à faire pleurer. Ces quatre enfants en culotte et en guêtres nankin, courant comme des lièvres, volant comme des oiseaux, précédés d'un homme à cheval galopant et tirant des coups de pistolet; les gens des fermes venant sur les chemins au passage du saint; les hommes, les femmes, les enfants et les vieux, arrêtant les porteurs, baisant la statue, criant, pleurant, gesticulant; et puis, lorsqu'on repart toujours vite, les femmes qui leur crient :

"-- Heureux voyage! garçons!
"Et les hommes qui ajoutent :
"-- Le grand saint Gent vous maintienne la force!
"-- Et de courir encore, de courir à perdre haleine. Oh! ce voyage dans la nuit, cette petite troupe partant à la garde de Dieu et de saint Gent, et s'enfonçant dans les ténèbres, dans le désert, pour aller je ne sais où, tout cela, je te le redis, est d'une poésie si profonde et si grande qu'elle vous laisse une impression ineffaçable."

Le second pèlerinage de Saint Gent est en septembre, et c'est celui où nous allâmes. Comme saint Gent, en somme, n'a été canonisé que par
la voix du peuple, les prêtres y viennent peu, les bourgeois encore moins; mais le peuple de la glèbe, dans ce bon saint tout simple qui était de son terroir, qui parlait comme lui, qui, sans temps de longueurs, lui envoie la pluie, lui guérit ses fièvres, le peuple reconnaît sa propre déification et son culte pour lui est si fervent que, dans l'étroite gorge où la légende vit, on a vu, quelquefois, jusqu'à vingt mille pèlerins.

La tradition dit que saint Gent couchait la tête en bas, les pieds en haut, dans un lit de pierre ; et tous les pèlerins, dévotement, gaiement, font l'arbre fourchu au lit de saint Gent, qui est une auge dressée ; -- les femmes mêmes le font aussi, en se tenant, de l'une à l'autre, les jupes décemment serrées.

Nous fîmes l'arbre fourchu dans le lit, comme les autres; nous allâmes, avec ma mère, voir le *Fontaine du Loup et la Fontaine de la Vache* ; et ensuite, entourés de quelques vieux noyers, la chapelle de saint Gent, où se trouve son tombeau et le "rocher affreux", comme dit le cantique, d'où sort, pour les fiévreux, la miraculeuse source.

Or, émerveillé de tous ces récits, de toutes ces croyances, de toutes ces visions, moi donc, l'âme enivrée par la vue de l'endroit, par la senteur des plantes, -- encore embaumées, semblait-il, de l'empreinte des pieds du saint, avec la belle foi de ma douzième année, je m'abreuvai au jet d'eau; et (dites ce qu'il vous plaira), à partir de là, je n'eus plus de fièvre. Ne vous étonnez pas si la fille du félibre, si la pauvret Mireille, perdue dans la Crau, mourante de soif, se recommande au bon saint Gent.

O bel et jeune laboureur -- qui attelâtes à votre charrue — le loup de la montagne, etc.
(Mireille, chant VIII.)

souvenir de jeunesse qu'il m'est doux encore de me remémorer.

A mon retour en Avignon eut lieu, pour nous faire poursuivre nos classes, une combinaison nouvelle. Tout en restant pensioinnaires chez le gros M. Millet, on nous menait, deux fois par jour, au Collège Royal, pour y suivre comme externes les cours universitaires, et c'est dans ce lycée et de cette façon que, dans cinq ans (de 1843 à 1847), je terminai mes études.

Nos maîtres du collège n'étaient pas, comme aujourd'hui, de jeunes normaliens stylés et élégants. Nous avions encore, dans leurs chaires, les vieux barbons sévères de l'ancienne Université : en quatrième, par exemple, le brave M. Blanc, ancien sergent-major de l'époque impériale, qui, lorsque nos réponses étaient insuffisantes, *ex abrupto* nous lançait par la tête les bouquins qu'il avait en main; en troisième, M. Monbet, au parler nasillard (il conservait, sur sa cheminée dans un bocal d'eau-de-vie, un foetus de sa femme); en seconde, M. Lamy, un classique rageur, qui avait en horreur le renouveau de Victor Hugo; enfin, en rhétorique, un rude patriote appelé M. Chanlaire, qui détestait les Anglais, et qui, ému, nous déclamait, en frappant sur son pupitre, les chants guerriers de Béranger.

Je me vois encore, un an, à la distribution des prix dans l'église du
collège, avec tout le beau monde d'Avignon qui l'emplissait. J'avais,
cette année-là, et je ne sais comment, remporté tous les prix, même
celui d'excellence. Chaque fois qu'on me nommait, j'allais chercher,
timide, aux mains du proviseur, le beau livre de prix et la couronne
de laurier puis, traversant la foule et ses applaudissements, je
venais jeter ma gloire dans le tablier de ma mère; et tous
considéraient d'un regard curieux, d'un regard étonné, cette belle
Provençale qui, dans son cabas de jonc, entassait avec bonheur, mais
digne et calme, les lauriers de son fils; puis au Mas, pour les
conserver, *sic transit gloria mundi* , nous mettions lesdits lauriers
sur la cheminée, derrière les chaudrons.

Quoi qu'il se fît, pourtant, pour me détourner de mon naturel, comme
on ne fait que trop, aujourd'hui plus que jamais, aux enfants du
Midi, je ne pouvais me sevrer des souvenances de ma langue, et tout
m'y ramenait. Une fois, ayant lu, dans je ne sais plus quel journal,
ces vers de Jasmin à Loïsa Puget :

Quand dins l'aire
Pèr nous plaire
Sones l'aire --
De tas nouvellos causous,
Sus la terro tout s'amaiso,
Tout se taiso,
Al refrin que fas souna :
Mai d'un cop se derebelho
E fremis coumo la felho
Qu'un vent fres lai frissouna.

Et voyant que ma langue avait encore des poètes qui la mettaient en
gloire, pris d'un bel enthousiasme, je fis aussitôt, pour le célèbre
perruquier, une piécette admirative qui commençait ainsi :

Pouèto, ounour de ta maire Gascougno.

Mais, petit criquet, je n'eus pas de réponse. Je sais bien que mes vers, pauvres vers d'apprenti, n'en méritaient guère; cependant, -- pourquoi le nier? -- ce dédain me fut sensible; et plus tard, à mon tour, quand j'ai reçu des lettres de tout pauvre venant, me rappelant ma déconvenue, je me suis fait un devoir de les bien accueillir toujours.

Vers l'âge de quatorze ans, ce regret de mes champs et de ma langue provençale, qui ne m'avait jamais quitté, finit par me jeter dans une nostalgie profonde.

"Combien sont plus heureux, me disais-je à part moi, comme l'Enfant Prodigue, les valets et les bergers de notre Mas, là-bas, qui mangent le bon pain que ma mère leur apprête, et mes amis d'enfance, les camarades de Maillane, qui vivent libres à la campagne et labourent, et moissonnent, et vendangent, et olivent, sous le saint soleil de Dieu, tandis que je me chême, moi, entre quatre murs, sur des versions et sur des thèmes!"

Et mon chagrin se mélangeait d'un violent dégoût pour ce monde factice où j'étais claquemuré et d'une attraction vers un vague idéal que je voyais bleuir dans le lointain, à l'horizon. Or, voici qu'un jour, en lisant, je crois, le *Magasin des Familles*, je vais tomber sur une page où était la description de la chartreuse de Valbonne et de la vie contemplative et silencieuse des Chartreux.

N'est-il pas vrai, lecteur, que je me monte la tête, et, m'échappant du pensionnat, par une belle après-midi, je pars, tout seul, éperdument, prenant, le long du Rhône la route du Pont-Saint-Esprit, car je savais que Vaibonne n'en était pas éloigné.

"Tu iras, me dis-je, frapper à la porte du couvent; tu prieras, tu pleureras, jusqu'à ce qu'on veuille te recevoir; puis, une fois reçu, tu vas, comme un bienheureux, te promener tout le jour sous les arbres de la forêt, et, te plongeant dans l'amour de Dieu, tu te sanctifieras comme fit le bon saint Gent."

Ce ressouvenir de saint Gent, dont la légende me hantait, sur le coup m'arrêta.

"Et ta mère, me dis-je, à laquelle, misérable, tu n'as pas dit adieu, et qui, en apprenant que tu as disparu, va être au désespoir et, par monts et par vaux, te cherchera, la pauvre femme, en criant, désolée comme la mère de saint Gent.!"

Et alors, tournant bride, le coeur gros, hésitant, je gagnai vers Maillane, autant dire pour embrasser, avant de fuir le monde, mes parents encore une fois; mais, à mesure que j'avançais vers la maison paternelle, voilà, pauvre petit, que mes projets de cénobite et mes fières résolutions fondaient dans l'émotion de mon amour filial comme un peloton de neige à un feu de cheminée; et lorsque, au seuil du Mas, j'arrivai sur le tard et que ma mère, étonnée de me voir tomber là, me dit :

-- Mais pourquoi donc as-tu quitté le pensionnat avant d'être aux vacances?

-- Je languissais, fis-je en pleurant, tout honteux de ma fugue, et je ne veux plus y aller, chez ce gros monsieur Millet.

-- où l'on ne mange que des carottes!

Le lendemain, on me fit reconduire, par notre berger Rouquet, dans ma geôle abhorrée, en me promettant, cependant, de m'en libérer bientôt, après les vacances.

CHAPITRE VII

CHEZ M. DUPUY

Joseph Roumanille. — Notre liaison. — Les poètes du "Boui-Abaisso".
-- L'épuration de notre langue. -- Anselme Matbieu. — L'amour sur les toits. — Les processions avignonnaises. — Celle des Pénitents Blancs.
-- Le sergent Monnier. — L'achèvement des études.

Comme les chattes qui, souvent, changent leurs petits de place, ma mère, à la rentrée de cette année scolaire, m'amena chez M. Dupuy, Carpentrassien portant besicles, qui tenait, lui aussi, un pensionnat à Avignon, au quartier du Pont-Troué. Mais, ici, pour mes goûts de provençaliste en herbe, j'eus, comme on dit, le museau dans le sac.

M. Dupuy était le frère de ce Charles Dupuy, mort député de la Drôme, auteur du *Petit Papillon*, un des morceaux délicats de notre anthologie provençale moderne. Lui, le cadet Dupuy, rimait aussi en provençal, mais ne s'en vantait pas, et il avait raison.

Voici que, quelque temps après, il nous arriva de Nyons un jeune professeur à fine barbe noire, qui était de Saint-Remy. On l'appelait Joseph Roumanille. Comme nous étions pays, -- Mailane et Saint-Remy sont du même canton, -- et que nos parents, tous cultivateurs, se connaissaient de, longue date, nous fûmes bientôt liés. Néanmoins, j'ignorais que le Saint-Remyen s'occupait, lui aussi, de poésie provençale.

Et, le dimanche, on nous menait, pour la messe et les vêpres, à l'église des Carmes. Là, on nous faisait mettre derrière le maître-autel, dans les stalles du choeur, et, de nos voix jeunettes, nous y accompagnions les chantres du lutrin : parmi lesquels Denis Cassan, autre poète provençal, on ne peut plus populaire dans les veillées du quartier, et que nous voyions en surplis, avec son air falot, son flegme, sa tête chauve, entonner les antiennes et les hymnes. La rue où il demeurait porte, aujourd'hui, son nom.

Or, un dimanche, pendant que l'on chantait vêpres, il me vint dans l'idée de traduire en vers provençaux les *Psaumes de la Pénitence*, et, alors, en tapinois, dans mon livre entr'ouvert, j'écrivais à mesure, avec un bout de crayon, les quatrains de ma version :

Que l'isop bagne ma caro,
Sarai pur : lavas-me lèu
E vendrai pu blanc encaro
Que la tafo de la nèu.

Mais M. Roumanille, qui était le surveillant, vient par derrière, saisit le papier où j'écrivais, le lit, puis le fait lire au prudent M. Dupuy, -- qui fut, paraît-il, d'avis de ne pas me contrarier; et, après vêpres, quand, autour des remparts d'Avignon, nous allions à la promenade, il m'interpella en ces termes :

-- De cette façon, mon petit Mistral, tu t'amuses à faire des vers provençaux?

-- Oui, quelquefois, lui répondis-je.

Et Roumanille, d'une voix sympathique et bien timbrée, me récita les Deux Agneaux :

Entendès pas l'agnèu que bèlo?
Vès-lou que cour après l'enfant...

Coume fan bèn tout ço que fan!
E l'innoucènci, ccnnme es bello!

Et puis, le *Petit Joseph* :

Lou paire es ana rebrounda
E, pèr vendre lou jardinage,
La maire es anado au village,
E Jejè rèsto pèr garda.

Et puis *Paulon*, et puis le *Pauvre*, et *Madeleine et Louisette*, une vraie éclosion de fleurs d'avril, de fleurs de prés, fleurs annonciatrices du printemps félibréen qui me ravirent de plaisir et je m'écriai :

-- Voilà l'aube que mon âme attendait pour s'éveiller à la lumière!

J'avais bien, jusque-là, lu à bâtons rompus un peu de provençal; mais, ce qui m'ennuyait, c'était de voir notre langue, chez les écrivains modernes (à l'exception de Jasmin et du marquis de Lafare -- que je ne connaissais pas), employée, en général, comme on eût dit par dérision. Et Roumanille, beau premier, dans le parler populaire des Provençaux du jour, chantait, lui, dignement, sous une forme simple et fraîche, tous les sentiments du coeur.

En conséquence, et nonobstant une différence d'âge d'une douzaine d'années (Roumanille était né en 1818), lui, heureux de trouver un confident de sa Muse tout préparé pour le comprendre, moi, tressaillant d'entrer au sanctuaire de mon rêve, nous nous donnâmes la main, tels que des fils du même Dieu, et nous liâmes amitié sous une étoile si heureuse que, pendant un demi-siècle, nous avons marché ensemble pour la même oeuvre ethnique, sans que notre affection ou notre zèle se soient ralentis jamais.

Roumanille avait donné ses premiers vers au *Boui-A baisso*, un journal provençal que Joseph Désanat publiait à Marseule une fois par semaine et qui, pour les trouvères de cette époque-là, fut un foyer d'exposition. Car la langue du terroir n'a jamais manqué d'ouvriers; et principalement au temps du *Boui-A baisso* (1841-1846), il y eut devers Marseile un mouvement dialectal qui, n'aurait-il rien fait que maintenir l'usage d'écrire en provençal, mérite d'être salué.

De plus, nous devons reconnaître que des poètes populaires, tels que le valeureux Désanat de Tarascon, tels que Bellot, Chailan, Bénédit et Gelu, Gelu éminemment, qui ont à leur manière exprimé la gaillardise du gros rire marseillais, n'ont pas été depuis, pour ces sortes d'atellanes, remplacés ni dépassés. Et Camille Reybaud, un poète de Carpentras, mais poète de noble allure, dans une grande épître qu'il envoyait à Roumanille, tout en désespérant du sort du provençal délaissé par les imbéciles qui, disait-il :

Laissent, pour imiter les messieurs de la ville, -- aux sages pères-grands notre langue trop vile -- et nous font du français, qu'ils estropient à fond, -- de tous les patois le plus affreux peut-être.

Reybaud semblait pressentir la renaissance qui couvait; lorsqu'il faisait cet appel aux rédacteurs du *Boui-A baisso* :

Quittons-nous : mais avant de nous séparer, -- frères, contre l'oubli songeons de nous défendre; -- tous ensemble faisons quelque oeuvre colossale, -- quelque tour de Babel en brique provençale; -- au sommet, en chantant, gravez ensuite votre nom, -- car vous autres, amis, êtes dignes de renommée! -- Moi qu'un grain d'encens étourdit et enivre, -- qui chante pour chanter comme fait la cigale -- et qui n'apporterais, pour votre monument, -- qu'une pincée de gravier et de mauvais ciment, je creuserai pour ma muse un tombeau dans le sable; -- et quand vous aurez fini votre oeuvre impérissable, -- si, des hauteurs de votre ciel si bleu, vous regardez en bas, frères, vous ne me verrez plus.

Seulement, imbus de cette idée fausse que le parler du peuple n'était bon qu'à traiter des sujets bas ou drolatiques, ces messieurs n'avaient cure ni de le nettoyer, ni de le réhabiliter.

Depuis Louis XIV, les traditions usitées pour écrire notre langue s'étaient à peu près perdues. Les poètes méridionaux avaient, par insouciance ou plutôt par ignorance, accepté la graphie de la langue française. Et à ce système-là qui, n'étant pas fait pour lui, disgraciait en plein notre joli parler, chacun ajoutait ensuite ses fantaisies orthographiques à tel point que les dialectes de l'idiome d'Oc, à force d'être défigurés par l'écriture, paraissaient complètement étrangers les uns aux autres.

Roumanille, en lisant à la bibliothèque d'Avignon les manuscrits de Saboly, fut frappé du bon effet que produisait notre langue, orthographiée là selon le génie national et d'après les usages de nos vieux Troubadours. Il voulut bien, si jeune que je fusse, prendre mon sentiment pour rendre au provençal son orthographe naturelle; et, d'accord tous les deux sur le plan de réforme, on partit hardiment de là pour muer ou changer de peau. Nous sentions instinctivement que, pour l'oeuvre inconnue qui nous attendait au loin, il nous fallait un outil léger, un outil frais émoulu.

L'orthographe n'était pas tout. Par esprit d'imitation et par un préjugé bourgeois qui, malheureusement, descend toujours davantage, l'on s'était accoutumé à délaisser comme "grossiers" les mots les plus grenus du parler provençal. Par suite, les poètes précurseurs des félibres, même ceux en renom, employaient communément, sans aucun
sens critique, les formes corrompues, bâtardes, du patois francisé qui court les rues. Ayant donc Roumanille et moi, considéré qu'à tant faire que d'écrire nos vers dans le langage du peuple, il fallait

mettre en lumière, il fallait faire valoir l'énergie, la franchise, la richesse d'expression qui la caractérisent, nous convînmes d'écrire la langue purement et telle qu'on la parle dans les milieux affranchis des influences extérieures. C'est ainsi que les Roumains, comme nous le contait le poète Alexandri, lorsqu'ils voulurent relever leur langue nationale, que les classes bourgeoises avaient perdue ou corrompue, allèrent la rechercher dans les campagnes et les montagnes chez les paysans les moins cultivés.

Enfin, pour conformer le provençal écrit à la prononciation générale en Provence, on décida de supprimer quelques lettres finales ou étymologiques tombées en désuétude, telles que l'S du pluriel, le T des participes, l'R des infinitifs et le CH de quelques mots, tels que *fach, dich, puech* , etc.

Mais qu'on n'aille pas croire que ces innovations, bien qu'elles n'eussent de rapport qu'avec un cercle restreint des poètes "patois" comme on disait alors, se fussent introduites dans l'usage commun, sans combat ni résistance. D'Avignon à Marseille, tous ceux qui écrivaient ou rimaillaient dans la langue, contestés dans leur routine ou leur manière d'être, soudain se gendarmèrent contre les réformateurs. Une guerre de brochures et d'articles venimeux, entre les jeunes d'Avignon et nos contradicteurs, dura plus de vingt ans.

A Marseille, les amateurs de trivialités, les rimeurs à barbe blanche, les jaloux, les grognons, se réunissaient le soir dans l'arrière-boutique du bouquiniste Boy pour y gémir amèrement sur la suppression des S et aiguiser les armes contre les novateurs. Roumanille, vaillamment et toujours sur la brèche, lançait aux adversaires le feu grégeois que nous apprêtions, un peu l'un, un peu l'autre, dans le creuset du Gai-Savoir. Et comme nous avions pour nous, outre les bonnes raisons, la foi, l'enthousiasme, l'entrain de la jeunesse, avec quelque autre chose, nous finîmes par rester, ainsi que vous verrez plus tard, maîtres du champ de bataille.

....

Dans la cour, une après-midi où, avec les camarades, nous jouions aux trois sauts, entra et s'avança dans notre groupe un nouveau pensionnaire aux fines jambes, le nez à l'Henri IV, le chapeau sur l'oreille, l'air quelque peu vieillot et dans la bouche un bout de cigare éteint. Et les mains dans les poches de sa veste arrondie, sans plus de façons que s'il était des nôtres :

-- Eh bien! dit-il, que faisons-nous? Voulez-vous que j'essaye, moi, un peu, aux trois sauts?

Et aussitôt, sans plus de gêne, le voilà qui prend sa course, et léger comme un chat, il dépasse peut-être d'environ trois mains ouvertes la marque du plus fort qui venait de sauter.
Nous battîmes tous des mains et lui dîmes :

-- Collègue, d'où sors-tu comme cela?

-- Je sors, dit-il, de Châteauneuf, le pays du bon vin... Vous n'en avez jamais ouï parler, de Châteauneuf, de Châteauneuf-du-Pape?

-- Si, et quel est ton nom?

-- Mon nom? Anselme Mathieu.

A ces mots, le compagnon plongea ses deux mains dans ses poches, et il les sortit pleines de vieux bouts de cigares que, de façon courtoise, souriante et aisée, il nous offrit à tour de rôle.

Nous qui, pour la plupart, n'avions jamais osé fumer (sinon, comme les enfants, quelques racines de mûrier), nous prîmes sur-le-champ en grande considération le nouveau qui faisait si largement les choses et qui, à ce qu'il montrait, devait connaître la haute vie.

C'est ainsi qu'avec Mathieu, le gentil auteur de la *Farandole*, nous fîmes connaissance au pensionnat Dupuy. Une fois, je le racontai à notre ami Daudet, qui aimait beaucoup Mathieu. Et cela lui plut tant que, dans son roman de Jack, il a mis à l'actif de son petit prince nègre la susdite largesse des vieux bouts de cigare.

Avec Roumanille et Mathieu nous étions donc trois, *tres faciunt capitulum*, de ceux qui, un peu plus tard, devaient fonder le Félibrige. Mais le brave Mathieu (comment s'arrangeait-il?) on ne le voyait guère qu'à l'heure des repas ou de la récréation. Attendu qu'il avait l'air déjà d'un petit vieux, bien qu'il n'eût pas beaucoup plus de seize ans, et qu'il était quelque peu en retard dans ses études, il s'était fait donner une chambre sous les tuiles, sous prétexte de pouvoir y travailler plus librement, et là, dans sa soupente, où l'on voyait, sur les murs, des images clouées et, sur des
étagères, des figurines de Pradier, nudités en plâtre, tout le jour il rêvassait, fumait, faisait des vers et, la plupart du temps, accoudé sur sa fenêtre, regardait les gens passer dans la rue ou bien les passereaux apporter la becquée, dans leurs nids, à leurs petits. Puis il disait des gaudrioles à Mariette, la chambrière, envoyait des lorgnades à la demoiselle du maître et, lorsqu'il descendait nous voir, nous contait toutes sortes de fariboles de village.

Mais, où il ne riait pas, c'était lorsqu'il nous parlait de ses parchemins de noble.

-- Mes aïeux étaient marquis, disait-il d'une voix grave, marquis de Montredon. Lors de la Révolution, mon grand père quitta son titre ; et, après, se trouvant ruiné, il ne voulut plus le reprendre, parce qu'il ne pouvait plus le porter convenablement.

Il y eut toujours, du reste, dans la vie de Mathieu, quelque chose de romanesque, de nébuleux. Quelquefois, il disparaissait, comme les chats lorsqu'ils vont à Rome. Nous le hélions :

-- Mathieu!

Point de Mathieu... Où était-il? Là-haut sur les toits, qui courait dans les tuiles, pour aller à des rendez-vous qu'il avait, nous racontait-il, avec une fillette belle comme le jour!

Voici qu'au Pont-Troué, qui était notre quartier, le jour de la Fête-Dieu, nous regardions, comme d'usage, passer la procession, et Mathieu me dit :

-- Frédéric, veux-tu que je te fasse connaître mon amante?

-- Volontiers.

-- Eh bien! dit-il, vois-tu? Quand passera la troupe des choristes, ennuagées de blanc dans leurs voiles de tulle, tu remarqueras que toutes ont une fleur épinglée au milieu de la poitrine :

Fleur au milan
Cherche galant.

Mais tu en verras une, blonde comme un fil d'or, qui aura la fleur sur le côté :

Fleur au côté,
Galant trouvé.

-- Tiens, la voilà : c'est elle!

-- C'est ton amie?

-- Celle-là même.

-- Mon cher, c'est un soleil! Mais comment t'y es-tu pris pour faire la conquête d'une si fine demoiselle?

-- Je vais, dit-il, te le conter. C'est la fille du confiseur qui est à la Carretterie. J'y allais, de temps en temps, acheter des *boutons de guêtre* (pastilles à la menthe) ou des *crottes de rat* (pâte de réglisse); si bien qu'ayant fini par me familiariser avec l'aimable petite et m'étant fait connaître pour marquis de Montredon, un jour qu'elle était seule derrière son comptoir, je lui dis :

"-- Belle fille, si je vous connaissais pour aussi peu sensée que moi, je vous proposerais de faire une excursion...

"-- Où?

"-- Dans la lune, répondis-je.

"La fillette éclata de rire et, moi, je continuai :

"-- Voici la combinaison : vous monterez, mignonne, sur la terrasse qui se trouve au haut de votre maison, à l'heure que vous voudrez ou à celle où vous pourrez; et moi, qui mets mon coeur et ma fortune à vos pieds, je viendrai tous les jours, là, sous le ciel, vous conter fleurette.

Et ainsi s'est passée la chose... Au haut de la maison de ma belle, il y a, comme en beaucoup d'autres, une de ces plates-formes où l'on fait sécher le linge. Je n'ai donc, chaque jour, qu'à monter sur les toits et, de gouttière en gouttière, je vais trouver ma blondine, qui y étend ou plie sa petite lessive ; et puis là, les lèvres sur les lèvres, la main pressant la main, toujours courtoisement, comme entre dame et chevalier, nous sommes dans le paradis.

Voilà comme notre Anselme, futur *Félibre des Baisers*, en étudiant à l'aise le Bréviaire de l'Amour, passa tout doucement ses classes sur les toitures d'Avignon.

A propos des processions, et avant de quitter la cité pontificale, il faut dire un mot pourtant de ces pompes religieuses qui, dans notre jeune temps, pendant toute une quinzaine, mettaient Avignon en émoi. Notre-Dame-de-Dom qui est la métropole, et les quatre paroisses : Saint-Agricol, Saint-Pierre, Saint-Didier, Saint-Symphorien, rivalisaient à qui se montrerait plus belle.

Dès que le sacristain, agitant sa clochette, avait parcouru les rues dans lesquelles, sous le dais, le bon Dieu devait passer, on balayait, on arrosait, on apportait des rameaux verts et on attachait les tentures. Les riches, à leurs balcons, étendaient leurs tapisseries de soie brodée et damassée; les pauvres, à leurs fenêtres, exhibaient leurs couvertures piquées à petits carreaux, leurs couvre-pieds, leurs courtes-pointes. Au portail Maillanais et dans les bas quartiers, on couvrait les murs de draps de lit blancs, fleurant la lessive, et le pavé, d'une litière de buis.

Ensuite s'élevaient, de distance en distance, les reposoirs monumentaux, hauts comme des pyramides, chargés de candélabres et de
vases de fleurs. Les gens, devant leurs maisons, assis au frais sur des chaises, attendaient le cortège, en mangeant des petits pâtés. La jeunesse, les damoiseaux, les classes bourgeoise et artisane, se promenaient, se dandinaient, lorgnant les filles et leur jetant des roses, sous les tentes des rues qu'embaumait, tout le long, la fumée des encensoirs.

Lorsque enfin la procession, avec son suisse en tête, de rouge tout vêtu, avec ses théories de vierges voilées de blanc, ses congrégations, ses frères, ses moines, ses abbés, ses choeurs et ses musiques, s'égrenait lentement au battement des tambours, vous entendiez, au passage, le murmure des dévotes qui récitaient leur rosaire.

Puis, dans un grand silence, agenouillés ou inclinés, tous se prosternaient à la fois, et, là-bas, sous une pluie de fleurs de genêt blondes, l'officiant haussait le Saint-Sacrement splendide!

Mais ce qui frappait le plus, c'étaient les Pénitents, qui faisaient leurs sorties après le coucher du soleil, à la clarté des flambeaux. Les Pénitents Blancs, entre autres, lorsque, encapuchonnés de leurs capuces et cagoules, ils déifiaient pas à pas, comme des spectres, par la ville, portant à bras, les uns des tabernacles portatifs, les autres des reliquaires ou des bustes barbus, d'autres des brûle-parfums, ceux-ci un oeil énorme dans un triangle, ceux-là un grand serpent entortillé autour d'un arbre, vous auriez dit la procession indienne de Brahma.

Contemporaines de la Ligue et même du Schisme d'Occident, ces confréries, en général, avaient pour chefs et dignitaires les premiers nobles d'Avignon, et Aubanel le grand félibre, qui avait, toute sa vie, été Pénitent Blanc zélé, fut, à sa mort, enseveli dans son froc de confrère.

Nous avions, chez M. Dupuy, comme maître d'étude, un ancien sergent d'Afrique appelé M. Monnier, qui aurait bien été, nous disait-il, pénitent rouge, si une confrérie de cette couleur-là eût existé dans Avignon. Franc comme un vieux soldat, brusque et prompt à sacrer, il était, avec sa moustache et sa barbiche rêche, toujours, de pied en cap, ciré et astiqué.

Au Collège Royal, où nous apprenions l'histoire, il n'était jamais question de la politique du siècle. Mais le sergent Monnier, républicain enthousiaste, s'était, à cet égard, chargé de nous instruire. Pendant les récréations, il se promenait de long en large, tenant en main l'histoire de la Révolution. Et s'enflammant à la lecture, gesticulant, sacrant et pleurant d'enthousiasme :

"Que c'est beau! nous criait-il, que c'est beau! quels hommes! Camille Desmoulins, Mirabeau, Bailly, Vergniaud, Danton, Saint-Just, Boissy-d'Anglas! nous sommes des vermisseaux aujourd'hui, nom de Dieu, à côté des géants de la Convention nationale!"
-- "Quelque chose de beau, tes géants conventionnels!" lui répondait Roumanille, quand parfois il se trouvait là, -- "des coupeurs de têtes! des traîneurs de crucifix! des monstres dénaturés, qui se mangeaient les uns les autres et que, lorsqu'il les voulut, Bonaparte acheta comme pourceaux en foire!"
Et ainsi, chaque fois, de se houspiller tous deux, jusqu'à ce que le bon Mathieu, avec quelque calembredaine, vint les réconcilier.

Bref, un jour poussant l'autre, ce fut dans ce milieu bonasse et familier qu'au mois d'août de l'année 1847 je terminai mes études. Roumanille, pour accroître ses petits émoluments était entré comme prote à l'imprimerie Seguin; et, grâce à cet emploi, il imprimait là, à peu de frais, son premier recueil de vers, les *Pâquerettes*, dont il nous régalait délicieusement, lorsqu'il en voyait les épreuves; et gai comme un poulain, comme un jeune poulain qu'on élargit et met au vert, je m'en revins à notre Mas.

CHAPITRE VIII

COMMENT JE PASSAI BACHELIER

Le voyage de Nîmes. -- Le Petit Saint-Jean. -- Les jardiniers. -- Le Remontrant. -- L'explication du baccalauréat. -- Le retour aux champs. -- Les camarades du village. -- Les veillées. -- Les notaires de Mailiane. -- L'oncle Jérôme.

-- Eh bien, me dit mon père, cette fois, as-tu achevé?

-- J'ai achevé, répondis-je; seulement... il faudra que j'aille à Nîmes pour passer bachelier, un pas assez difficile qui ne me laisse pas sans quelque appréhension.

-- Marche, marche : nous autres, quand nous étions soldats, au siège de Figuières, nous en avons passé, mon fils, de plus mauvais.

Je me préparai donc pour le voyage de Nîmes, où, en ce temps, se faisaient les bacheliers. Ma mère me plia deux chemises repassées, avec mon habit des dimanches, dans un mouchoir à carreaux, piqué de quatre épingles, bien proprement. Mon père me donna, dans un petit sachet de toile, cent cinquante francs d'écus, en me disant :

-- Au moins prends garde de ne pas les perdre, ni de ne pas les gaspiller.

Et je partis du Mas pour la ville de Nîmes, mon petit paquet sous le bras, le chapeau sur l'oreille, un bâton de vigne à la main.

Quand j'arrivai à Nîmes je rencontrai un gros d'écoliers des environs qui venaient comme moi passer leur baccalauréat. Ils étaient, pour la plupart, accompagnés de leurs parents, beaux messieurs et belles dames, avec les poches pleines
de recommandations : l'un avait une lettre pour le recteur, un autre pour l'inspecteur, un autre pour le préfet, celui-là pour le grand-vicaire, et tous se rengorgeaient et faisaient sonner le talon, avec un petit air de dire : "Nous sommes sûrs de notre affaire."

Moi, petit campagnard, je n'étais pas plus gros qu'un pois, car je ne connaissais absolument personne; et tout mon recours, pauvret, était de dire à part quelque prière à saint Baudile, qui est le patron de Nîmes (j'avais, étant enfant, porté son cordon votif), pour qu'il mît dans le coeur des examinateurs un peu de bonté pour moi.

On nous enferma à l'Hôtel de Ville, dans une grande salle nue, et là un vieux professeur nous dicta, d'un ton nasillard, une version latine, après quoi, humant une prise, il nous dit :

-- Messieurs, vous avez une heure pour traduire en français la dictée que je vous ai faite... Maintenant, débrouillez-vous.

Et, dare-dare pleins d'ardeur, nous nous mîmes à l'oeuvre; à coups de dictionnaire, le grimoire latin fut épluché; puis à l'heure sonnante, notre vieux priseur de tabac ramassa les versions de tous et nous ouvrit la porte en disant :

-- A demain!

Ce fut la première épreuve.

Messieurs les écoliers s'éparpillèrent par la ville et je me trouvai seul, avec mon petit paquet et mon bâton de vigne en main, sur le pavé de Nîmes, à bayer autour des Arènes et de la Maison-Carrée.

"Il faut pourtant, me dis-je, penser à se loger", et je me mis en quête d'une auberge pas trop chère, mais néanmoins sortable; et, comme j'avais le temps, je fis dix fois peut-être, en guignant les enseignes, le tour de la ville de Nîmes. Mais les hôtels, avec leurs larbins en habit noir, qui, de cinquante pas, avalent l'air de me toiser, et les salamalecs et façons du grand monde, tout cela me tenait en crainte.

Comme je passais au faubourg, j'aperçus une enseigne avec cette inscription : *Au Petit Saint-Jean.*

Ce *Petit Saint-Jean* me remplit d'aise. Il me sembla soudain être en pays de connaissance. Saint-Jean est, en effet, un saint qui paraît de chez nous. Saint Jean amène la moisson, nous avons les feux de Saint-Jean, il y a l'herbe de Saint-Jean, les pommes de Saint-Jean... Et j'entrai au *Petit Saint-Jean* ... J'avais deviné juste.

Dans la cour de l'auberge, il y avait des charrettes bâchées, des camions dételés et des groupes de Provençales qui babillaient et riaient. Je me glissai dans la salle et m'assis à table.

La salle était déjà pleine, et la grande table aussi, rien que des jardiniers : maraîchers de Saint-Rémy, de Château-Renard, de Barbentane, qui se connaissaient tous, car ils venaient au marché une fois par semaine. Et de quoi parlait-on? Rien que du jardinage.

-- O Bénézet, combien as-tu vendu tes aubergines?

-- Mon cher, je n'ai pas réussi : il y en avait abondance : j'ai dû les laisser à vil prix.

-- Et la graine de porreau, qu'en dit-on?

-- Elle se vendra, paraît-il; il court des bruits de guerre et l'on m'a assuré qu'on en faisait de la poudre.

-- Et les haricots "quarantains"?

-- Ils ont claqué.

-- Et les oignons?

-- Enlevés sur place.

-- Et les courges?

-- Il faudra les donner aux cochons.

-- Et les melons, les carottes, les céleris, les pommes de terre?

Bref, une heure de temps, ce fut un brouhaha, rien que sur le jardinage.

Moi, je vidais mon assiette et je ne soufflais mot.

Lorsqu'ils eurent tout dit, mon vis-à-vis me fait :

-- Et vous, jeune homme, s'il n'y a pas indiscrétion, êtes-vous dans le jardinage? Vous n'en avez pas l'air.

-- Moi, non... je suis venu à Nîmes, répondis-je timide- ment, pour passer bachelier.

-- Bachelier! Batelier! fit toute la tablée. Comment a-t-il dit ça?

-- Eh! oui, hasarda l'un d'eux, je crois qu'il a dit "batelier" : il doit être venu, oui, c'est cela, pour passer le bac!... Pourtant il n'y a pas de Rhône à Nîmes!

-- Allons donc, tu as mal compris, fit un autre, ne vois-tu pas que c'est un conscrit, qui vient passer à la "batterie"?

Je me mis à rire, et, prenant la parole, j'expliquai de mon mieux ce que c'était qu'un *bachelier*.

-- Quand nous sortons des écoles, leur dis-je, que nos maîtres nous ont appris... tout : le français, le latin, le grec, l'histoire, la rhétorique, les mathématiques, la physique, la chimie, l'astronomie, la philosophie, que sais-je? tout ce que vous pouvez vous imaginer, alors on nous envoie à Nîmes, où des messieurs très savants nous font subir un examen...

-- Oui! comme quand nous allions, nous autres, au catéchisme, et qu'on nous demandait : *Êtes-vous chrétien* ?

-- C'est cela. Ces savants nous questionnent sur toutes sortes de mystères qu'il y a dans les livres; et, si nous répondons bien, ils nous nomment bacheliers, grâce à quoi nous pouvons être notaires, médecins, avocats, contrôleurs, juges, sous-préfets, tout ce que nous voudrez.

-- Et si vous répondez mal?

-- Ils nous renvoient au " banc des ânes"... On a fait aujourd'hui, parmi nous, le premier triage ; mais c'est demain matin que nous passerons à l'étamine.

-- Oh! coquin de bon sort! cria toute la tablée, nous voudrions bien y être, pour voir si vous passerez ou si vous resterez au trou... Et que va-t-on vous demander, par exemple, voyons?

-- Eh bien! on nous demandera, je suppose, les dates de toutes les batailles qui se sont livrées dans le monde depuis que les hommes se battent : les batailles des Juifs, les batailles des Grecs, les batailles des Romains, celles des Sarrasins, des Allemands, des Espagnols, des Français, des Anglais, des Polonais et des Hongrois... Non seulement les batailles, mais encore les noms des généraux qui commandaient, les noms des rois, des reines, de tous leurs ministres, de tous leurs enfants et même de leurs bâtards!

-- Oh! tonnerre de nom de nom ! mais quel intérêt y a-t-il à vous faire rappeler tout ce qui s'est passé du temps et depuis le temps que saint Joseph était garçon? Il ne semble pas possible que des hommes pareils s'occupent de telles vétilles! On voit bien là qu'ils n'ont pas autre chose à faire. S'il leur fallait, comme nous, aller tous les matins retourner la terre à la bêche, je ne crois pas qu'ils s'amusassent à parler des Sarrasins ou des bâtards du roi Hérode... Mais allons, continuez...

-- Non seulement les noms des rois, mais encore les noms de toutes les nations, de toutes les contrées, de toutes les montagnes et de toutes les rivières... et, à propos des rivières, il faut dire d'où elles sortent et où elles vont se jeter.

-- Que je vous interrompe, dit le Remontrant, un jardinier de Château-Renard qui parlait du gosier, ils doivent donc vous demander d'où sourd la Fontaine de Vaucluse? En voilà une d'eau! On conte qu'elle a sept branches, qui, toutes, portent bateau. Je me suis laissé dire qu'un berger dans le gouffre d'où elle sort de terre, laissa tomber son bâton, et qu'on le retrouva à sept bonnes lieues de là, dans une source de Saint Rémy... Est-ce vrai ou non?

-- Tout ça peut-être... Ensuite, il nous faut savoir les noms de toutes les mers qu'il y a sous la "chape du soleil".

-- Pardon, si je vous interromps! dit encore le Remontrant. Savez-vous comment il se fait que la mer soit salée?

-- Parce qu'elle contient du sulfate de magnésie, du chlorure...

-- Oh! que non! un poissonnier -- tenez, qui était du Martigue, -- m'assura que ça venait des bâtiments chargés de sel qui y ont fait naufrage depuis tant et tant d'années!

-- Si ça vous plaît, à moi aussi... On nous demande comment se forme la rosée, la pluie, la gelée blanche, l'orage, le tonnerre...

-- Pardon, si je vous interromps! reprit le Remontrant; pour la pluie, nous savons bien que les nuages, dans des outres, vont la chercher à la mer. Mais, la foudre, est-ce vrai qu'elle est ronde comme un panier?

-- Cela dépend, lui répliquai-je. On nous demande aussi l'origine du vent, et ce qu'il fait de chemin à l'heure, à la minute, à la seconde...

-- Que je vous interrompe! fit encore le Remontrant, vous devez donc savoir, jeune homme, d'où sort le mistral? J'ai toujours entendu dire qu'il sortait d'un rocher troué et que, si on bouchait le trou, il ne soufflerait jamais plus, le sacré mangeur de fange! C'en serait une, celle-là, d'invention!

-- Le gouvernement s'y oppose, dit un Barbentanais; si n'était le mistral, la Provence serait le jardin de la France! Et qui nous tiendrait? Nous serions trop riches.

Je repris:

-- On nous interroge sur le règne animal, sur les oiseaux, sur les poissons, jusque sur les dragons.

-- Attendez, attendez, cria le Remontrant, les mains levées, et la Tarasque? n'en parlent-ils pas, les livres? Certains prétendent que ce n'est qu'une fable; pourtant j'ai vu sa tanière, moi, à Tarascon, derrière le Château, le long du Rhône. On sait d'ailleurs parfaitement qu'elle est enterrée sous la Croix-Couverte.

Et je repris pour en finir:

-- On nous questionne, bref, sur le nombre, la grosseur et la distance des étoiles, combien de milliers de lieues séparent la terre du soleil.

-- Celle-là ne passe pas, cria le Palamard de Noves, qui est-ce qui va là-haut pour mesurer les lieues? Vous ne voyez donc pas que les savants se moquent de nous : qu'ils voudraient nous faire accroire que les pigeonneaux tètent? Une jolie science que de vouloir compter les lieues du soleil à la lune : qu'est-ce que cela peut bien nous faire? Ah! si vous me parliez de connaître la lune pour semer le céleri, ou bien d'ôter les poux des fèves ou de guérir le mal des porcs, je vous dirais : voilà une science, mais tout ce que nous conte ce garçon, c'est des fariboles.

-- Tais-toi donc, va, gros bouc, cria toute la bande, ce jeune dégourdi en a plus oublié peut-être que tout ce que tu peux savoir... C'est égal, mes amis, il faut une fameuse tête pour pouvoir y serrer tout ce qu'il nous a dit!

-- Pauvre petit, disaient de moi les jeunes filles, regardez comme il est pâlot! On voit bien que la lecture, allez, ça ne fait pas du bien. S'il avait passé son temps à la queue de la charrue, il aurait assurément plus de couleur que ça... Puis, à quoi sert d'en savoir tant?

-- Moi, fit alors le Rond, je n'ai été, en fait d'école, qu'à celle de M. Bêta! Je ne sais ni A ni B. Mais je vous certifie que s'il m'avait fallu faire entrer dans le "coco" la cent millième part de ce qu'on leur demande pour passer bachelier, on aurait pu, voyez-vous, prendre la mailloche et les coins et me taper sur la caboche. Inutile! les coins se seraient épointés.

-- Eh bien! les camarades, conclut le Remontrant, savez-vous ce qu'il faut faire? Quand nous allons à quelque fête, où l'on fait courir les taureaux, soit qu'il y ait de belles luttes il nous arrive souvent de rester un jour de plus pour voir qui enlèvera le prix ou la cocarde... Nous sommes à Nîmes : voilà un gars de Maillane qui, demain matin, va passer bachelier. Au lieu de partir ce soir, messieurs, couchons à Nîmes et demain nous saurons au moins si notre Maillanais a passé bachelier.

-- Ça va! dirent les autres, de toutes les façons la journée est perdue : allons, il faut voir la fin.

Le lendemain matin, le coeur passablement ému, je retournai a l'Hôtel de Ville avec tous les candidats qui devaient se présenter. Mais déjà pas mal d'entre eux n'étaient pas si fiers que la veille. Dans une grande salle devant une grande table chargée d'écritoires, de papiers et de livres, il y avait, assis gravement sur leurs chaises, cinq professeurs, en robes jaunes, cinq fameux professeurs venus exprès de Montpellier avec le chaperon bordé d'hermine sur l'épaule et la toque sur la tête. C'était la Faculté des Lettres, et voyez le hasard : un d'eux était M. Saint-René Taillandier, qui devait quelques ans après devenir le patron, le chaleureux patron de notre langue provençale. Mais à cette époque, nous ne nous connaissions pas et l'illustre professeur ne se doutait certes pas que le petit campagnard qui bredouillait devant lui deviendrait quelque jour un de ses bons amis.

Je jouai de bonheur : je fus reçu, et je m'en allai par la ville, comme porté par les anges. Mais, comme il faisait chaud, je me rappelle que j'avais soif; et, en passant devant les cafés, avec ma houssine en l'air, je pantelais de voir, blanchissante dans les verres, la bonne bière écumeuse. Mais j'étais si craintif et si novice dans la vie, que je n'avais jamais mis les pieds dans un café, et je n'osais pas y entrer!

Que faisais-je pour lors? je parcourais les rues de Nîmes, flambant, resplendissant, si bien que tous me regardaient et que d'aucuns, même, disaient :

-- Celui-là est bachelier!

Et quand je rencontrai une borne fontaine, je m'abreuvais à son eau fraîche et le roi de Paris n'était pas mon cousin.

Mais le plus beau, ensuite, fut au *Petit Saint-Jean* . Nos braves jardiniers m'attendaient impatients, et me voyant venir, rayonnant à fondre les brumes, ils s'écrièrent :

-- Il a passé!

Les hommes, les femmes, les filles, tout le monde sortit, et en veux-tu des embrassades et des poignées de main! On eût dit que la manne venait de leur tomber.

Alors, le Remontrant (celui qui parlait du gosier) demanda la parole. Ses yeux étaient humides et il dit :

-- Maillanais, allez, nous sommes bien contents! vous leur avez fait voir, à ces petits messieurs, que de la terre, il ne sort pas que des fourmis, il en sort aussi des hommes.
Allons, petites, en avant et un tour de farandole.

Et nous nous prîmes par les mains et, dans la cour du *Petit Saint-Jean* , un bon moment nous farandolâmes. Puis on s'en fut dîner, nous mangeâmes une brandade, on but et on chanta jusqu'à l'heure du départ.

Il y a de cela cinquante-huit ans passés. Toutes les fois que je vais à Nîmes et que je vois de loin l'enseigne du *Petit Saint-Jean* , ce moment de ma jeunesse reparaît à mes yeux dans toute sa clarté -- et je pense avec plaisir à ces braves gens qui, pour la première fois, me firent connaître la bonhomie du peuple et la popularité.

Enfin me voilà libre dans mon Mas paternel et dans ma belle plaine de froment et de fruits, à la vue pacifique de mes Alpiles bleues, avec leur Caume au loin, leurs Calancs, leurs Baux, leurs Mourres, si connus, si familiers, le Rocher-Troué, le Monceau-de-Blé, le Mamelon-Bâti, la Grosse-Femme! me voilà libre de revoir, quand venait le dimanche, ces compagnons de mon jeune âge si regrettés, si enviés, quand j'étais dans la geôle. Avec quel plaisir, quels enthousiasmes, en nous promenant farauds, sur le cours, après vêpres, nous nous contions ce qui nous était arrivé, depuis qu'on ne s'était vu : Raphel à la course des hommes avait remporté le prix; Noël avait enlevé la cocarde à un taureau; Gion, à la charrette qu'on fait courir à la Saint-Eloi avait mis la plus belle des mules de Maillane; Tanin s'était loué pour le mois de semailles au grand Mas Merlata et Paulet avait riboté, pendant trois jours et trois nuits, à la foire de Beaucaire.

Et tous avaient ensuite (pour le moins) une amie, ou, pour mieux dire, une promise, avec laquelle ils coquetaient depuis leur première communion. Quelques-uns même avaient l'entrée, c'est-à-dire, le droit d'aller, le dimanche au soir faire un brin de veillée à la maison de leur belle.

Moi qu'avaient dépaysé mes sept années d'école, j'étais hélas! le seul à garder les manteaux, et, quand nous rencontrions les volées de fillettes qui, se tenant par le bras, nous barraient la rue, je remarquai qu'avec moi elles n'étaient pas à l'aise comme avec les camarades. Elles et eux, se comprenant sur la moindre des choses, faisaient leurs gognettes de rien; mais moi j'étais pour elles devenu un "monsieur" et si à l'une d'elles j'avais conté fleurette, elle n'eût à coup sûr pas voulu croire à mes paroles.

De plus, ces gars, élevés dans un cercle d'idées toutes primaires,
avaient des admirations toujours renouvelées pour des choses qui moi
ne disaient que peu ou rien : par exemple, une emblavure qui avait
décuplé ou rendu douze pour un, un haquet dont les roues battaient
ferme sur l'essieu, un mulet qui tirait fort, une charrette bien
chargée, ou un fumier
bien empilé.

Et alors je me rabattais, l'hiver, sur les veillées où j'eus
l'occasion ainsi d'écouter nos derniers conteurs : entre autres le
Bramaire, un ancien grenadier de l'armée d'Italie, qui mangeait
toutes vivantes les cigales et les rainettes, si bien que ces
bestioles lui chantaient dans le ventre. Il me semble l'entendre,
lorsqu'il voulait réveiller les auditeurs qui sommeillaient :

   -- *Cric!* -- *Crac!*
   -- *De la m... dans ton sac,*
   Du butin dans le mien!

un souvenir de la caserne ou du temps où, en campagne, on était campé
sous la tente.

Un autre qui en savait, des sornettes, à ne plus finir, c'était le
vieux Dévot auquel je suis heureux de payer ici ma dette car, si
simple qu'elle fût, je lui dois la donnée de mon poème de *Nerto* . Et
à propos de ces veillées, nous allons en toucher un mot. Aujourd'hui
dans nos villages, les paysans, après souper, vont au café faire leur
partie de billard, de manille ou d'un jeu de cartes quelconque, et,
des veillées anciennes, c'est à peine s'il en reste une espèce de
semblant chez quelques artisans qui travaillent à la lampe, tels que
les menuisiers ou bien les cordonniers.

Mais en ce temps, la mode de ces réunions joyeuses était loin d'être
perdue : et elles se tenaient en général dans les étables ou dans les
bergeries, parce que là avec le bétail, on se trouvait plus

chaudement. L'usage était que chaque veilleur ou habitué de la veillée fournît la chandelle à son tour, et il fallait que la chandelle durât deux soirées, de sorte que, quand les assistants la voyaient à moitié usée, ils se levaient et allaient au lit.

Seulement pour que la chandelle s'usât moins rapidement, on mettait sur le lumignon, savez-vous quoi? un grain de sel; on la posait debout sur le fond d'une portoire ou d'un cuvier renversé, et les femmes qui filaient ou qui berçaient leurs petits (car les mères apportaient les berceaux à la veillée) avec leurs hommes et leurs enfants s'asseyaient tout autour, sur la litière ou sur des billots. Lorsqu'il n'y avait pas de sièges, les fileuses, une devant l'autre, la quenouille au côté (quenouille de roseau renflée et coiffée de chanvre), tournaient lentement autour du veilloir, afin d'éclairer leur fil, et l'on y disait des contes, interrompus souvent par un ébrouement des bestiaux, un bêlement ou un braiment. Parmi ces contes
de veillée, celui que je vais vous dire se répétait fréquemment, parce qu'un de mes oncles, le bon M. Jérôme, y avait joué un rôle et que c'était un conte vrai.

Vers 1820 ou 25, peu importe la date, à Maillane mourut un certain Claudillon; et comme il n'avait pas d'enfants, sa maison resta close pendant cinq ou six mois. Pourtant un locataire à la fin vint l'habiter et les fenêtres se rouvrirent.

Mais, quelques jours après, il courut dans Maillane une rumeur étrange : la maison de Claudillon était hantée. Le nouvel habitant et sa femme entendaient ravauder et far- fouiller toute la nuit : un bruit particulier, comme si on remuait du papier, du parchemin. Dès qu'on allumait la lampe, on n'entendait plus rien; et dès qu'on l'éteignait, recommençait de plus belle le froissement mystérieux. Ils eurent beau, les locataires, fureter, virer, tourner dans tous les coins de la maison, nettoyer le buffet, regarder sous le lit, sous l'escalier, sous les planches de l'évier, ils ne virent rien qui pût expliquer peu ou prou le remuement nocturne, et ce bruit tous les jours renaissait dans la nuit; à ce point vous dirai-je que ces gens prirent peur et déménagèrent en disant aux voisins : "Y couche qui voudra, dans la maison de Claudillon : les revenants la hantent." Et ils partirent.

Les voisins assez effrayés voulurent voir aussi ce qui se passait là; et les plus courageux, armés de fourches et de fusils, vinrent tour à tour coucher dans la maison de Claudillon. Mais sitôt la lampe éteinte, le maudit remuement avait lieu de nouveau; les parchemins se maniaient -- et on ne pouvait jamais voir d'où provenait le bruit.

Les veilleurs, en se signant, disaient bien les paroles qu'on adresse aux revenants pour les exorciser :

-- *Si tu es bonne âme, parle-moi!*
-- *Si tu es mauvaise, disparais!*

Cela ne leur faisait pas plus qu'une pâtée de son aux chats, et le bruit s'entendait toujours la même chose ; et au four, au moulin, aux lavoirs à la veillée, on ne parlait que des revenants.

-- Si l'on pouvait, disaient les gens, savoir qui est-ce qui revient, en faisant prier pour elle, la pauvre âme, bien sûr, entrerait en repos.

-- Eh! fit la grosse Alarde, qui voulez-vous que ce soit? ce ne peut être que Claudillon... Le pauvre Claudillon, n ayant pas laissé d'enfants, n'aura pas eu de service, et l'âme du défunt certainement doit être en peine.

-- C'est cela, conclut-on, Claudillon doit être en peine.

Et aussitôt les femmes, entre voisines et liard à liard ramassèrent de quoi faire dire une messe au pauvre Claudillon. Le prêtre dit la messe ; il fit pour Claudillon les prières voulues, et quelques Maillanais de bonne volonté retournèrent voir, la nuit, s'il y avait toujours hantise.

Hantise de plus en plus : c'était un remuement de papiers, de parchemins, qui faisait dresser les cheveux! et chacun ajoutait la sienne : au haut de l'escalier on avait trouvé une botte, une botte toute cirée : d'autres avaient aperçu, par le trou de l'évier, un spectre entouré de flammes qui descendait de la cheminée ! Isabeau la boisselière conta que le matin, en faisant la chasse aux puces, elle trouvait sur son corps des bleus -- qui sont des pinçons des morts; et Nanon de la Veuve assurait que, la nuit, on l'avait tirée par les pieds.

Les hommes, le dimanche, près du puits de la Place, s'entretenaient tous de la chose et disaient:

-- Claudillon, le pauvre Claudillon, était pourtant un brave homme : il n'est pas croyable que ce soit lui.

-- Mais alors qui serait-ce?

Le grand Charles, un pince-sans-rire que tout le monde respectait, car il les dominait tous, autant par la stature de son corps de géant, que par l'aplomb de sa parole, dit après avoir toussé :

-- N'est-ce pas clair? Du moment qu'on remue des papiers, ce doit être des notaires.

Tout le monde s'écria :

-- Le grand Charles a raison, ce doit être des notaires puisqu'ils remuent des papiers : -- et tenez, ajouta le vieux Maître Ferrut, je m'en souviens maintenant, cette maison s'était vendue, dans ma jeunesse, au tribunal; elle venait d'un héritage où l'on avait plaidé, vingt ans peut-être, à Tarascon; et tant grattèrent les notaires, les avocats, les procureurs, que ma, foi, tout se mangea... Parbleu, ces gens doivent brûler comme des chaufferettes; et rien d'étonnant qu'ils reviennent fureter dans les actes et les écrits qu'ils ont passés.

-- Ce sont des notaires! ce sont des notaires! L'on n'entendait plus que cela dans les rues de Maillane. Les Maillanais n'en dormaient plus et, lorsqu'ils en parlaient, en avaient la chair de poule.

-- Ha! nous le verrons bien, si ce sont des notaires! dit flegmatiquement M. Jérôme le moulinier de soie.

Feu mon oncle Jérôme avait servi dans les Dragons où il fut brigadier, au temps de Bonaparte, et il portait fièrement au haut du nez, la glorieuse balafre d'un beau coup de bancal qu'un hussard allemand, à la bataille d'Austerlitz, ne lui donna pas pour rire. Acculé près d'un mur, il s'était défendu seul contre vingt cavaliers qui le sabraient, jusqu'à ce qu'il tombât, la face coupée en deux par un revers de lame. Ce fait lui avait valu une pension de sept sous par jour, dont il avait tout juste pour le tabac qu'il prisait.

Il était, cet oncle Jérôme, le plus fameux chasseur à la pipée que j'aie connu. Peu lui importaient les affaires, la famille, le négoce : quand venait la saison, tous les matins, il partait en chasse. Sa pincette dans une main, portant sur les épaules la grande cage de verdure sous laquelle il se cachait, lorsqu'il traversait des chaumes, on aurait dit un arbre en marche. Et il ne revenait jamais sans avoir attrapé trois ou quatre douzaines de culs-blancs ronds de graisse, dont il se régalait avec M. Chabert, ancien chirurgien de l'armée d'Espagne, qui avait vu Madrid avec le roi Joseph. On débouchait alors le vin de Frigolet et, nargue du souci, ils buvaient à la santé des Espagnoles et des Hongroises.

Mais bref, M. Jérôme chargea ses pistolets et, tranquille comme quand il allait à la pipée, il vint, à la nuit close, se blottir dans la maison du pauvre Claudillon. Muni d'une lanterne sourde, qu'il recouvrit de son manteau, il s'étendit là sur deux chaises, attendant que les "notaires" remuassent leurs papiers.

Tout à coup, frou-frou! cra-cra! voilà les papiers qui se froissent, et que voit-il? deux rats, deux gros rats qui s'enfuient là-haut sous la soupente.

Car dans cette maison, comme on en voit dans beaucoup d'autres, il y avait, pour recouvrir l'escalier, une soupente.

M. Jérôme monta sur une chaise, et sur le plancher du réduit trouva tout bonnement des feuilles de vigne sèches.

Le pauvre Claudillon, avant que de mourir, avait, parait-il, rentré ses raisins et les avait étendus sur les ais de la soupente, en un lit de feuilles de vigne. Lorsqu'il fut mort, les rats mangèrent les raisins et, les raisins finis, ces lurons, toutes les nuits, venaient fureter sous les feuilles, pour y ronger les grains qu'il pouvait y avoir encore.

Mon oncle enleva les feuilles et s'en revint coucher. Le lendemain matin, lorsqu'il alla sur la place :

-- Eh bien! monsieur Jérôme, lui dirent les paysans, vous avez l'air quelque peu pâle! les notaires sont revenus?

M. Jérôme répondit :

-- Vos notaires, c'était un couple de rats qui remuaient des feuilles au-dessus de la soupente, des feuilles de vigne sèches.

Un immense éclat de rire prit les bons Maillanais; et, depuis ce jour-là, les gens de mon village n'ont plus cru aux revenants.

CHAPITRE IX

LA RÉPUBLIQUE DE 1848

La vieille Riquelle. -- Mon père nous raconte l'ancienne Révolution. -- La déesse Raison. -- Le père du banquier Millaud. -- Les républicains de Provence. -- Le Thym. -- Le carnaval. -- Les remontrances paternelles. -- M. Durand-Maillane. -- Les machines agricoles. -- Les moissons d'autrefois. -- Les trois beaux moissonneurs.

Cet hiver-là, les gens étant unis, tranquilles et contents, car les récoltes ne se vendaient pas trop mal et l'on ne parlait plus, grâce à Dieu, de politique, il s'était organisé, dans notre pays de Maillane, en manière d'amusement, des représentations de tragédies et de comédies; et je l'ai déjà dit, avec toute l'ardeur de mes dix-sept ans, j'y jouais mon petit rôle. Mais sur ces entrefaites, vers la fin de février, adieu la paix bénie! éclata la Révolution de 1848.

A l'entrée du village, dans une maisonnette de pisé, dont une treille ombrageait la porte, demeurait à cette époque une bonne vieille femme qu'on appelait Riquelle. Habillée à la mode des Arlésiennes d'autrefois, elle portait une grande coiffe aplatie sur la tête et sur cette coiffe un chapeau à larges bords, plat et en feutre noir. De plus, un bandeau de gaze, espèce de voilette blonde attachée sous le menton, lui encadrait les joues. Elle vivait de sa quenouille et de ses quelques coins de terre. Mais proprette, soignée et diserte en paroles, on voyait qu'elle avait dû être jadis une élégante.

Lorsque à sept ou huit ans, avec mon sachet sur le dos, je venais à l'école, je passais tous les jours devant la maison de Riquelle; et la vieille qui filait, assise vers sa porte, sur son petit banc de pierre, m'appelait et me disait :

-- N'avez-vous point, à votre Mas, des pommes rouges?

-- Je ne sais pas, lui répondais-je.

-- Quand tu viendras encore, mignon, apporte-m'en quelqu'une.

Et j'oubliais toujours de faire la commission, et toujours dame Riquelle, en me voyant passer, me parlait de ces pommes, si bien qu'à la fin je dis à mon père :

-- Il y a la vieille Riquelle qui toujours me demande de lui porter des *pommes rouges*.

-- La sacrée vieille masque! me grommela mon père, lorsqu'elle t'en parlera encore, dis-lui : "Elles ne sont pas mûres, ni à présent, ni de longtemps."

Et ensuite quand la vieille me réclama ses pommes rouges :

-- Mon père, lui criai-je, m'a dit qu'elles n'étaient pas mûres, ni à présent, ni de longtemps.

Et Riquelle, à partir de là, ne me parla plus de ses pommes.

Mais le lendemain du jour où l'on connut dans nos campagnes les journées de février et la proclamation de la République, à Paris, en venant au village pour savoir les nouvelles, la première personne que je vis en arrivant fut la dame Riquelle. Et debout sur son seuil, requinquée, animée, avec une topaze qui scintillait à son doigt, elle me dit :

-- Les pommes rouges sont donc mûres cette fois! on dit qu'on va planter les arbres de la liberté? Nous allons en manger, mignon, de ces bonnes pommes du paradis terrestre...
O sainte Marianne, moi qui croyais ne plus te voir! Frédéric, mon enfant, fais-toi républicain!

-- Mais lui dis-je, Rîquelle, la belle bague que vous avez!

-- Ha! fit-elle, tu peux le dire, qu'elle est belle, cette bague ! Tiens, je ne l'avais plus mise depuis que Bonaparte était parti pour l'île d'Elbe... C'est un ami que nous avions, un ami de la famille, qui me l'avait donnée, dans le temps (ah! quel temps) où nous dansions la Carmagnole...

Et, se prenant les jupes comme pour faire un pas de danse, la vieille dans sa maison rentra en crevant de rire.

Mais, de retour au Mas, je racontai, tout en soupant, les nouvelles de Paris, et puis, comme en riant je rapportais le propos de la vieille Riquelle, mon père gravement prit la parole et dit :

-- La République, je l'ai vue une fois. Il est à souhaiter que celle-ci ne fasse pas des choses atroces comme l'autre. On tua Louis XVI et la reine son épouse : et de belles princesses, des prêtres, des religieuses, de braves gens de toutes sortes, on en fit mourir en France, qui sait combien? Les autres rois, coalisés, nous déclarèrent la guerre. Pour défendre la République, il y eut la réquisition et la levée en masse. Tout partit : les boiteux, les mal conformés, les borgnes, allèrent au dépôt faire de la charpie. Je me souviens du passage des bandes d'Allobroges qui descendaient vers Toulon: "Qui vive? -- "Alloboge!" L'un d'eux saisit mon frère, qui n'avait que douze ans, et sur sa nuque levant son sabre nu : Crie *Vive la*

République ! lui fit-il, ou tu es mort!" Le pauvre enfant cria, mais son sang se tourna et il en mourut. Les nobles, les bons prêtres, tous ceux qui étaient suspects, furent obligés d'émigrer pour échapper à la guillotine; l'abbé Riousset déguisé en berger, gagna le Piémont avec les troupeaux de M. de Lubières. Nous autres, nous sauvâmes M. Victorin Cartier, dont nous avions le bien à ferme. C'était le capiscol de Saint-Marthe à Tarascon. Trois mois nous le gardâmes caché dans un caveau que nous avions creusé sous les futailles; et quand venaient au Mas les officiers municipaux ou les gendarmes du district, pour compter les agneaux que nous avions au bercail, les pains que nous avions sous la claie ou dans la huche (en vertu de la loi dite du maximum), vite ma pauvre mère faisait frire à la poêle une grosse omelette au lard. Une fois qu'ils avaient mangé et bu leur soûl, ils oubliaient (ou faisaient semblant) de faire leurs perquisitions, et ils repartaient portant des branches de laurier pour fêter les victoires des armées républicaines. Les pigeonniers furent démolis, on pilla les châteaux, on brisa les croix, on fondit les cloches. Dans les églises on éleva des montagnes de terre, où l'on planta des pins, des genévriers, des chênes nains. Dans la nôtre, à Maillane, était tenu le club; et si vous négligiez d'aller aux réunions civiques, vous étiez dénoncés, notés comme suspects. Le curé, qui était un poltron et un pleutre, dit un jour du haut de la chaire (je m'en souviens, car j'y étais) : "Citoyens, jusqu'à présent, tout ce que nous vous contions, ce n'était que mensonges." Il fit frémir d'indignation; et s'ils n'avaient pas eu peur, les gens, les uns des autres, on l'aurait lapidé. C'est le même qui dit une autre fois, à la fin de son prône : "Je vous avertis, mes frères, que si vous aviez connaissance de quelque émigré caché, vous êtes nus en conscience, et sous cas de péché mortel, de venir le dénoncer tout de suite à la commune." Enfin, on avait aboli les, fêtes et les dimanches, et chaque dixième jour, qu'on appelait le *décadi*, on adorait en grande pompe la déesse RAISON. Or, savez-vous qui était la déesse à Maillane?

-- Non, répondîmes-nous.

-- C'était la vieille Riquelle.

-- Est-ce possible! criâmes-nous.

-- Riquelle, poursuivit mon vénérable père, était la fille du cordonnier Jacques Riquel qui, au temps de la Terreur, fut le maire de Maillane.

Oh! la garce! A cette époque, elle avait dix-huit ans peut-être, et fraîche et belle fille, des plus jolies du pays. Nous étions de la même jeunesse; son père mêmement m'avait fait des souliers, des souliers en museau de tanche, que je portai à l'armée lorsque je m'engageai... Eh bien! si je vous disais que je l'ai vue, Riquelle, habillée en déesse, la cuisse demi-nue, un sein décolleté, le bonnet rouge sur la tête, et assise en ce costume sur l'autel de l'église!

A la table, en soupant, vers la fin de février de 1848, voilà ce que racontait maître François, mon père.

Maintenant vous allez voir.

Quand je publiai *Mireille* environ onze ans après, me trouvant à Paris, je fus invité par le banquier Millaud, celui qui fonda *le Petit Journal*, à un des grands dîners que l'aimable Mécène offrait, chaque semaine, aux artistes, savants et gens de lettres en renom. Nous étions une cinquantaine; et Mme Millaud, une juive superbe, avait d'un côté Méry et moi de l'autre, ce me semble. Sur la fin du repas, un vieillard mis simplement, avec une longue veste, et coiffé d'une calotte, du haut bout de la table me cria en provençal :

-- Monsieur Mistral, vous êtes de Maillane?

-- C'est le père, me dit-on, du banquier qui nous reçoit.

Et, la table étant trop longue pour pouvoir converser, je me levai et vins causer avec le bon vieillard.

-- Vous êtes de Maillane? reprit-il.

-- Oui, répondis-je.

-- Connaissez-vous la fille du nommé Jacques Riquel, qui a été jadis maire de votre commune?

-- Si je la connais! Riquelle la déesse? mais nous sommes bons amis.

-- Eh bien! dit le vieillard, quand nous venions à Maillane, pour vendre nos poulains, car en ce temps nous vendions des chevaux, des mulets, je vous parle de cinquante ans au moins...

-- Et par hasard, lui fis-je alors, ne serait-ce pas vous, monsieur Millaud, qui lui auriez fait cadeau d'une bague de topaze?

-- Comment, cette Riquelle, repartit le vieux juif tout en branlant la tête et notant émoustillé, vous a parlé de cela? Ah! mon brave monsieur, qui nous a vus et qui nous voit...

A ce moment, le banquier Millaud, qui s'était levé de table, vint, ainsi qu'il faisait après tous ses repas, s'incliner devant son père qui, lui imposant les mains à la façon des patriarches, lui donna sa bénédiction.

Pour en revenir à moi, en dépit des récits entendus dans ma famille, cette irruption de liberté, de nouveauté qui crève les digues lorsque arrive une révolution, m'avait, il faut bien le dire, trouvé tout flambant neuf et prêt à suivre l'élan. Aux premières proclamations signées et illustrées du nom de Lamartine, mon lyrisme bondit en un chant incandescent que les petits journaux d'Arles et d'Avignon donnèrent :

Réveillez-vous, enfants de la Gironde,
Et tressaillez dans vos sépulcres froids :
La liberté va rajeunir le monde...
Guerre éternelle entre nous et les rois!

Un enthousiasme fou m'avait enivré soudain pour ces idées libérales, humanitaires, que je voyais dans leur fleur : et mon républicanisme, tout en scandalisant les royalistes de Maillane, qui me traitèrent de "peau retournée" faisait la félicité des républicains du lieu qui, étant le petit nombre, étaient fiers et ravis de me voir avec eux chanter la
Marseillaise.

Or, chez ces hommes-là, descendants pour la plupart des démagogues populaires qu'à la Révolution on nommait "les braillards" tous les vieux préjugés, rancunes et rengaines de l'ancienne République s'étaient, de père en fils, transmis comme un levain.

Une fois, que j'essayais de leur faire comprendre les rêves généreux de la République nouvelle, sans cacher mon horreur pour les crimes qui firent, au temps de la première, périr tant d'innocents :

-- Innocents, me cria d'une voix de tonnerre le vieux Pantès, mais vous ignorez donc que les aristocrates avaient juré, les monstres, de jouer aux boules avec les têtes des patriotes?

Et, me voyant sourire, le vieux Brulé me dit :

-- Connaissez-vous l'histoire du château de Tarascon?

-- Quelle histoire? répondis-je.

-- L'histoire de la fois où le représentant Cadroy vint donner l'impulsion aux contre-révolutionnaires... Écoutez-la et vous saurez

le motif de ce refrain que les Blancs, de temps à autre, nous
chantent sur la moustache :

De bric ou de broc
Ils feront le saut
De la fenêtre
De Tarascon,
Dedans le Rhône:
Nous n'en voulons plus
De ces gueux-là,
De Ces gueux
De sans-culottes

Vous savez, ou vous ignorez, qu'à la chute de Robespierre, les modérés tombèrent sur les bons patriotes et en remplirent les prisons. A Tarascon ils firent monter les prisonniers, tout nus comme des vers, au sommet du château, et de là, ils les forçaient, à coups de baïonnettes, de sauter dans le Rhône par la fenêtre qui s'y trouve. C'est alors qu'un nommé Liautard, de Graveson, qui est encore en vie, étant resté le dernier pour faire le plongeon, profita d'un moment où on l'avait laissé seul, dépouilla sa chemise, qu'il jeta avec les autres, et alla se cacher dans un tuyau de cheminée, de sorte que les brigands, lorsqu'ils revinrent de là-haut et qu'ils comptèrent les chemises, crurent avoir tout noyé, et vidèrent les lieux. Liautard, la nuit venue, gagna le haut du château; puis par une corde qu'il avait faite avec les vêtements des autres, ils descendit aussi bas qu'il put, puis plongea dans le Rhône, qu'il traversa à la nage, et s'en vint à Beaucaire frapper chez un ami qui lui donna l'hospitalité.

-- Et le pauvre Balarin, disait le Bouteillon (un petit homme rageur qui sans cesse cognait sur le casaquin des prêtres), le pauvre Balarin qui pêchait à la ligne en 1815 là-bas dans la Font-Mourguette, et qu'ils assassinèrent parce qu'il ne voulait pas crier : "Vive le roi!"

-- Et, faisait le gros Tardieu, le monsieur du Mas Blanc, qui, vers la même époque, fut abattu d'un coup de fusil tiré à travers la porte!

-- Et Trestaillon! avançait l'un.

-- Et le Pointu! ajoutait l'autre.

Telles étaient les invectives qui, d'un côté comme de l'autre, avec la république étaient revenues sur l'eau. Et, ici comme ailleurs, cela ramena la brouille et les divisions intestines. Les Rouges commencèrent de porter la ceinture et la cravate rouge, et les Blancs les portèrent vertes. Les premiers se fleurirent avec des bouquets de thym, emblème de la Montagne; les seconds arborèrent les fleurs de lis royales. Les républicains plantaient des arbres de la liberté; la nuit, les royalistes les sciaient par le pied. Puis vinrent les bagarres, puis les coups de couteau; et bref, ce brave peuple, ces Provençaux de même race qui, un mois avant, jouaient, plaisantaient, banquetaient ensemble, maintenant, pour des vétilles qui n'aboutissaient à rien, se seraient mangé le foie.

Par suite, les jeunes gens, c'est-à-dire tous ceux de la même conscription, nous nous séparâmes en deux partis; et chaque fois, hélas! que le dimanche au soir, après avoir bu un coup, on s'entre-croisait à la farandole, pour rien on en venait aux mains.

Aux derniers jours du carnaval, les garçons ont coutume de faire le tour des fermes pour quêter des oeufs, du petit salé, et ramasser de quoi manger quelques omelettes. Ils font ces tournées-là en dansant la moresque, avec un tambour ou un tambourin, et en chantant d'ordinaire des couplets comme ceux-ci :

Mettez la main, dame, au clayon:
De chaque main un petit fromage !
Mettez la main dans le saloir,

Donnez un morceau de jarret!
Mettez la main au panier d'oeufs,
Donnez-en trois ou six ou neuf

Mais nous, cette année-là, en faisant la quête aux oeufs, comme des niais que nous étions, nous ne chantions que la politique. Les Blancs disaient:

Si Henri V venait demain,
Oh! que de fêtes, oh! que de fêtes;
Si Henri V venait demain,
Oh! que de fêtes nous ferions.

Et les Rouges répondaient :

Henri V est aux îles
Qui pèle de l'osier,
Pour en coiffer les filles
Amies du vert et blanc.

Quand nous eûmes, le soir, dans notre coterie, mangé l'omelette au lard et vidé nombre de bouteilles, nous sortîmes du cabaret, comme on le fait dans les villages, en manches de chemise avec la serviette au cou; et au son du tambour, les falots à la main, nous dansâmes la Carmagnole en chantant la chanson qui avait alors la vogue :

La fleur du thym, ô mes amis,
Va embaumer notre pays:
Plantons le thym, plantons le thym,
Républicains, il reprendra!
Faisons, faisons la farandole
Et la montagne fleurira.

Puis nous brûlâmes Carême-prenant, nous criâmes : "Vive Marianne!" en faisant flotter nos ceintures rouges, bref, nous fîmes grand tapage.

Le lendemain en me levant, et je ne fus pas trop matinal ce jour-là, mon père qui m'attendait, sérieux, solennel, comme aux grandes circonstances, me dit :

-- Viens par ici, Frédéric, j'ai à te parler.

Je me songeai : Aïe! aïe! aïe! Cette fois nous y voici, aux bouillons de la lessive!

Et sortant de la maison, lui devant, moi derrière, -- le suivant sans souffler mot, -- il me mena vers un fossé qui était à environ cent pas de la ferme, et m'ayant fait asseoir auprès de lui sur le talus, il commença :

-- Que m'a-t-on dit? qu'hier, tu as fait bande avec ces polissons qui braillent "Vive Marianne", que tu dansas la Carmagnole! que vous fîtes flotter vos ceintures rouges en l'air! Ah! mon fils tu es jeune! C'est avec cette danse et c'est avec ces cris que les révolutionnaires fêtaient l'échafaud. Non content d'avoir fait mettre sur les journaux une chanson où tu méprises les rois... Mais que t'ont fait, voyons, ces pauvres rois?

A cette question, je le confesse, je me trouvai entrepris pour répondre et mon père continuant:

-- M. Durand-Maillane, dit-il, un gros savant, puisqu'il avait présidé la fameuse Convention, mais aussi sage que savant, ne la voulut pas signer, pourtant, la mort du roi; et un jour qu'il causait avec Pélissier le jeune, qui était son neveu (nous étions voisins de mas et mon père, maître Antoine, se trouvait avec eux), un jour, dis-je, qu'il causait avec son neveu Pélissier, conventionnel aussi, et que celui-ci se vantait d'avoir voté la mort : "Tu es jeune, Pélissier, tu es jeune, lui dit M. Durand-Maillane, et quelque jour tu le verras, le peuple va payer par des millions de têtes celles de son roi!" Ce qui ne fut que trop vérifié, hélas! que trop vérifié par vingt années de rude guerre.

-- Mais, répondis-je, cette République-ci ne veut pas faire de mal; on vient d'abolir la mort en matière politique. Au gouvernement provisoire figurent les premiers de France, l'astronome Arago, le grand poète Lamartine, et les prêtres bénissent les arbres de la liberté... D'ailleurs, mon père, si vous me permettez de vous le demander, n'est-il pas vrai qu'avant 1789 les seigneurs opprimaient un peu trop les manants?

-- Oui, fit mon brave père, je ne conteste pas qu'il y eut des abus, de gros abus... Je vais t'en citer un exemple : Un jour, je n'avais pas plus de quatorze ans, peut-être, je venais de Saint-Remy, conduisant une charretée de paille roulée en trousses, et, par le mistral qui soufflait, je n'entendais pas la voix d'un monsieur dans sa voiture qui venait derrière moi et qui criait paraît-il, pour me faire garer. Ce personnage, qui était, ma foi, un prêtre noble (on l'appelait M. de Verclos) finit par passer ma charrette et, sitôt vis-à-vis de moi, il me cingla un coup de fouet à travers le visage, qui me met tout en sang. Il y avait, tout près de là, quelques paysans qui bêchaient : leur indignation fut telle que, mon ami de Dieu, malgré que la noblesse fût alors sacrée pour tous, à coups de mottes, ils l'assaillirent, tant qu'il fut à leur portée. Ah! je ne dis pas non, il y en avait de mauvais, parmi ces "Ci- devant" et la Révolution, à ses premiers débuts, nous avait assez séduits... Seulement, peu à peu, les choses se gâtèrent et, comme toujours, les bons payèrent pour les méchants.

Cela suffit pour vous montrer l'effet produit sur moi, et dans nos villages par les événements de 1848. Dès l'abord, on aurait dit que le chemin était uni. Pour les représenter, dans l'Assemblée Nationale, les Provençaux, pleins de sagesse, avaient parmi les bons envoyé les meilleurs : des hommes comme Berryer, Lamartine,

Lamennais, Béranger, Lacordaire, Garnier-Pagès, Marie et un portefaix poète qui avait nom Astouin. Mais les perturbateurs, les sectaires endiablés, bientôt empoisonnèrent tout. Les Journées de Juin avec leurs tueries, leurs massacres, épouvantèrent la nation. Les modérés se refroidirent, les enragés s'envenimèrent; et sur mes jeunes rêves de république platonique une brume se répandit. Heureusement qu'une éclaircie versait, à cette époque, ses rayons autour de moi. C'était le libre espace de la grande nature, c'était l'ordre, la paix de la vie rustique; c'était, comme disaient les poètes de Rome, le triomphe de Cérès au moment de la moisson.

Aujourd'hui que les machines ont envahi l'agriculture, le travail de la terre va perdant, de plus en plus, son coloris idyllique, sa noble allure d'art sacré. Maintenant, les moissons venues, vous voyez des espèces d'araignées monstrueuses, des crabes gigantesques appelés "moissonneuses" qui agitent leurs griffes au travers de la plaine, qui scient les épis avec des coutelas, qui lient les javelles avec des fils de fer; puis, les moissons tombées, d'autres monstres à vapeur, des sortes de tarasques, les "batteuses" nous arrivent, qui dans leurs trémies engloutissent les gerbes, en froissent les épis, en hachent la paille, en criblent le grain. Tout cela à l'américaine, tristement, hâtivement, sans allégresse ni chansons, autour d'un fourneau de houille embrasée, au milieu de la poussière, de la fumée horrible, avec l'appréhension, si l'on ne prend pas garde, de se faire broyer ou trancher quelque membre. C'est le Progrès, la herse terriblement fatale, contre laquelle il n'y a rien à faire ni à dire : fruit amer de la science, de l'arbre de la science du bien comme du mal.

Mais au temps dont je parle on avait conservé encore tous les us, tout l'apparat de la tradition antique.

Dès que les blés à demi-mûrs prenaient la couleur d'abricot, un messager partait de la commune d'Arles, et parcourant les montagnes, de village en village, il criait à son de trompe: "On fait savoir qu'en Arles les blés vont être mûrs."

Aussitôt, les Gavots, se groupant trois par trois, avec leurs femmes, avec leurs filles, leurs mulets ou leurs ânes, y descendaient en bandes pour faire les moissons. Un couple de moissonneurs, avec un jeune gars ou une jeune fille pour mettre en gerbes les javelles, composaient une solque. Les hommes se louaient par chiourmes de tant de solques, selon la contenance des champs qu'ils prenaient à forfait. En tête de la chiounne marchait le capoulié, qui faisait la trouée dans les pièces de blé; le balle organisait la marche du travail.

Comme au temps de Cincinnatus, de Caton et de Virgile, on moissonnait
à la faucille *falce recurva*, les doigts de la main gauche protégés par des doigtiers en tuyaux de roseau ou canne de Provence, pour ne pas se blesser en coupant le froment. A Arles, vers la Saint-Jean, sur la place des Hommes on voyait des milliers de ces tâcherons de moisson, les uns debout, avec leur faucille attachée dans un carquois qu'ils nommaient la *badoque* et pendue derrière le dos, les autres couchés à terre en attendant qu'on les louât.

Dans la montagne, un homme qui n'avait jamais fait les moissons en terre d'Arles avait, dit-on, de la peine pour trouver à se marier, et c'est sur cet usage que roule l'épopée des *Charbonniers*, de Félix Gras.

Une année portant l'autre, nous louions dans notre Mas sept ou huit solques. Le beau remue-ménage, quand ce monde arrivait! Toutes sortes d'ustensiles spéciaux à la moisson étaient tirés de leurs réduits : les barillets en bois de saule, les énormes terrines, les grands pots de brocs à vin, toute une artillerie de poterie grossière qui se fabriquait à Apt. C'était une fête incessante, une fête surtout lorsqu'ils faisaient la chanson des *Gavots* du Ventoux. :

L'autre mercredi à Sault
Nous fûmes huit cents solques.

Les moissonneurs, au point du jour, après le *capoulié* qui leur ouvrait la voie dans les grandes emblavures où l'aiguail luisait sur les épis d'or, joyeux s'alignaient, dégainant leurs lames, et javelles de choir! Les lieuses, dont plus d'une le plus souvent était charmante, se courbaient sur les gerbes en jasant et riant que c'était plaisir de voir. Et puis, lorsque au levant, dans le ciel couleur de rose, le soleil paraissait avec sa gerbe de rayons, de rayons resplendissants, le *capoulié*, levant sa faucille dans l'air, s'écriait: "Un de plus!" et tous, de la faucille ayant fait le salut à l'astre éblouissant, en avant: sous le geste harmonieux de leurs bras nus, le blé tombait à pleine poigne. De temps en temps le *baïle*, se retournant vers la chiourme, criait: "La *truie* vient-elle? et la *truie* (c'était le nom du dernier de la bande) répondait: "La truie vient". Enfin, après quatre heures de vaillante poussée, le *capoulié* s'écriait: "Lave!" Tous se redressaient, s'essuyaient le front du revers de la main, allaient à quelque source laver le tranchant des faucilles et, au milieu des chaumes, s'asseyant sur les gerbes et répétant ce gai dicton :

Bénédicité de Crau,
Bon bissac et bon baril,

ils prenaient leur premier repas.

C'était moi qui, avec notre mulet Babache, leur apportais les vivres, dans les cabas de sparterie. Les moissonneurs faisaient leurs cinq repas par jour: vers sept heures, le déjeuner, avec un anchois rougeâtre qu'on écrasait sur le pain, sur le pain qu'on trempait dans le vinaigre et l'huile, le tout accompagné d'oignon, violemment piquant aux lèvres; vers dix heures le *grand-boire*, consistant en un oeuf dur et un morceau de fromage; à une heure, le dîner, soupe et légumes cuits à l'eau; vers quatre heures le goûter, une grosse

salade avec croûton frotté d'ail; et le soir le souper, chair de porc
ou de brebis, ou bien omelette d'oignon appelé *moissonienne*. Au
champ et tour à tour, ils buvaient au baril, que le *capoulié*
penchait, en le tenant sur un bâton appuyé par un bout sur l'épaule
du buveur. Ils avaient une tasse à trois ou un gobelet de fer-blanc,
c'est-à-dire un par *solque*. De même, pour manger, ils n'avaient à
trois qu'un plat, où chacun d'eux tirait avec sa cuiller de bois.

Cela me remémore le vieux Maître Igoulen, un de nos moissonneurs, de
Saint-Saturnin-lès-Apt, qui croyait qu'une sorcière lui avait "ôté
l'eau" et qui, depuis trente ans, n'avait plus goûté à l'eau ni pu
manger rien de bouilli. Il ne vivait que de pain, de salade,
d'oignon, de fromage et de vin pur. Lorsqu'on lui demandait la raison
pour laquelle il se privait de l'ordinaire, le vieillard se taisait,
mais voici le récit que faisaient ses compagnons.

Un jour, dans sa jeunesse, que sous une tonnelle Igoulen en compagnie
mangeait au cabaret, passa sur la route une bohémienne, et lui, pour
plaisanter, levant son verre plein de vin: "A la santé, grand'mère,
lui cria-t-il, à la santé!" "Grand bien te fasse, répondit la
bohémienne, et, mon petit, prie Dieu de ne jamais abhorrer l'eau".

C'était un sort que la sorcière venait de lui jeter.

Ce fut fini; à partir de là, Igoulen jamais plus ne put ingurgiter
l'eau. Ce cas d'impression morale, que j'ai vu de mes yeux, peut
s'ajouter, ce me semble, aux faits les plus curieux que la science
aujourd'hui explique par la suggestion.

En arrière des moissonneurs venaient enfin les glaneuses, ramassant
les épis laissés parmi les chaumes. A Arles on en voyait des troupes
qui, un mois consécutif, parcouraient le terroir. Elles couchaient
dans les champs, sous de petites tentes appelées *tibaneou* qui leur
servaient de moustiquaires, et le tiers de leurs glanes, selon
l'usage d'Arles, était pour l'hôpital.

Lecteur, voilà les gens, braves enfants de la nature, qui, je puis te
le dire, ont été mes modèles et mes maîtres en poésie. C'est avec
eux, c'est là, au beau milieu des grands soleils, qu'étendu sous un
saule, nous apprîmes, lecteurs, à jouer du chalumeau dans un poème en
quatre chants, ayant pour titre *Les Moissons*, dont faisait partie
le lai de
Margaï, qui est dans nos *Iles d'Or*. Cet essai de géorgiques, qui
commençait ainsi :

Le mois de juin et les blés qui blondissent
Et le grand-boire et la moisson joyeuse,
Et de Saint Jean les feux qui étincellent,
Voilà de quoi parleront mes chansons,

finissait par une allusion, dans la manière de Virgile, à la
révolution de 1848.

Muse, avec toi, depuis la Madeleine,
Si en cachette nous chantons en accord,
Depuis le monde a fait pleine culbute:
Et cependant que noyés dans la paix,
Le long des ruisseaux nous mêlions nos voix
Les rois roulaient pêle-mêle du trône
Sous les assauts des peuples trop ployés
Et, misérables, les peuples se hachaient
Ainsi que les épis de blé sur l'aire.

Mais ce n'était pas là encore la justesse de ton que nous cherchions.
Voilà pourquoi ce poème ne s'est jamais publié. Une simple légende,
que nos bons moissonneurs redisaient tous les ans et qui trouve ici
sa place comme la pierre à la bague, valait mieux, à coup sûr, que ce
millier de vers.

Les froments, cette année-là, contait maître Igoulen, avaient mûri
presque tous à la fois, courant le risque d'être hachés par une

grêle, égrenés par le mistral ou brouïs par le brouillard, et les hommes, cette année-là, se trouvaient rares.

Et voilà qu'un fermier, un gros fermier avare, sur la porte de sa ferme était debout, inquiet, les bras croisés, et dans l'attente.

-- Non, je ne plaindrais pas, disait-il, un écu par jour, un bel écu et la nourriture, à qui se viendrait louer.

Mais à ces mots le jour se lève, et voici que trois hommes s'avancent vers le Mas, trois robustes moissonneurs: l'un à la barbe blonde, l'un à la barbe blanche, l'un à la barbe noire. L'aube les accompagne en les auréolant.

-- Maître, dit le *capoulié* (celui de la barbe blonde), Dieu vous donne le bonjour: nous sommes trois *gavots* de la montagne, et nous avons appris que vous aviez du blé mûr, du blé en quantité: maître, si vous voulez nous donner de l'ouvrage, à la journée ou à la tâche, nous sommes prêts à travailler.

-- Mes blés ne pressent guère, le maître répondit; mais pourtant, pour ne pas vous refuser l'ouvrage, je vous baille, si vous voulez, trente sous et la vie. C'est bien assez par le temps qui court.

Or c'était le bon Dieu, saint Pierre avec saint Jean.

A l'approche des sept heures, le petit valet de la ferme vient, avec l'ânesse blanche, leur apporter le déjeuner et, de retour au Mas :

-- Valet, lui dit le maître, que font les moissonneurs?

-- Maître, je les trouvai, couchés sur le talus du champ, qui aiguisaient leurs faucilles; mais ils n'avaient pas coupè un épi.

A l'approche des dix heures, le petit valet de la ferme vient, avec l'ânesse blanche, leur apporter le *grand-boire* et, de retour au

Mas:

-- Valet, lui dit le maître, que font les moissonneurs?

-- Maître, je les trouvai, couchés sur le talus du champ, qui aiguisaient leurs faucilles; mais ils n'avaient pas coupé un épi.

A l'approche de midi, le petit valet de la ferme vient, avec l'ânesse blanche, leur apporter le dîner, et de retour au Mas:

-- Valet, lui dit le maître, que font les moissonneurs?

-- Maître, je les trouvai, couchés sur le talus du champ, qui aiguisaient leurs faucilles; mais ils n'avaient pas coupé un épi.

A l'approche des quatre heures, le petit valet de la ferme vient, avec l'ânesse blanche, leur apporter le goûter, et de retour au Mas:

-- Valet, lui dit le maître, que font les moissonneurs?

-- Maître, je les trouvai, couchés sur le talus du champ, qui aiguisaient leurs faucilles; mais ils n'avaient pas coupé un épi.

-- Ce sont là, dit le maître, ce sont de ces fainéants qui cherchent du travail et prient Dieu de n'en point trouver. Pourtant il faut aller voir.

Et cela dit, l'avare, pas à pas, vient à son champ, se cache dans un fossé et observe ses hommes.

Mais alors le bon Dieu fait ainsi à saint Pierre:

-- Pierre, bats du feu.

-- J'y vais, Seigneur, répond saint Pierre.

Et saint Pierre de sa veste tire la clé du paradis, applique à un caillou quelques fibres d'arbre creux et bat du feu avec la clé.

Puis le bon Dieu fait à saint Jean:

-- Souffle, Jean!

-- J'y vais, Seigneur, répond saint Jean.

Et saint Jean souffle aussitôt les étincelles dans le blé avec sa bouche; et d'une rive à l'autre un tourbillon de flamme, un gros nuage de fumée enveloppe le champ. Bientôt la flamme tombe, la fumée se dissipe, et mille gerbes tout à coup apparaissent, coupées comme il faut, comme il faut liées, et comme il faut aussi en gerbiers entassées.

Et cela fait, le groupe remet aux carquois les faucilles et au Mas lentement s'en revient pour souper, et tout en soupant:

— Maître, dit le chef des moissonneurs, nous avons terminé le champ... Demain pour moissonner, où voulez-vous que nous allions?

-- *Capoulié*, répondît le maître avaricieux, mes blés, dont j'ai fait le tour, ne sont pas mûrs de reste. Voici votre payement; je ne puis plus vous occuper.

Et alors les trois hommes, les trois beaux moissonneurs, disent au maître: adieu! Et chargeant leurs faucilles rengainées derrière le dos, s'en vont tranquilles en leur chemin: le bon Dieu au milieu, saint Pierre à droite, saint Jean à gauche, et les derniers rayons du soleil qui se couche les accompagnent au loin, au loin.

Le lendemain le maître de grand matin se lève et joyeusement se dit en lui-même:

-- N'importe! hier j'ai gagné ma journée en allant épier ces trois hommes sorciers; maintenant j'en sais autant qu'eux.

Et appelant ses deux valets, dont un avait nom Jean et l'autre Pierre, il les conduit à la plus grande des emblavures de la ferme. Sitôt arrivés au champ, le maître dit à Pierre :
-- Pierre, toi, bats du feu.
-- Maître, j'y vais, répliqua Pierre.

Et Pierre de ses braies tire alors son couteau, applique à un silex quelques fibres d'arbre creux et le couteau bat du feu. Mais le maître dit à Jean:

-- Souffle, Jean!

-- Maître, j'y vais, répliqua Jean.

Et Jean avec sa bouche souffle au blé les étincelles... Aïe! aïe! aïe ! la flamme en langues, une flamme affolée, enveloppe la moisson; les épis s'allument, les chaumes pétillent, le grain se charbonne; et penaud, l'exploiteur, quand la fumée s'est dissipée, ne voit, au lieu de gerbes, que braise et poussier noir!

# CHAPITRE X

A AIX-EN-PROVENCE

Mlle Louise. -- L'amour dans les cyprès. -- La ville d'Aix. -- L'école de droit -- L'ami Mathieu vient me rejoindre. -- La blanchisseuse de la Torse. -- La baronne idéale. -- L'anthologie *Les Provençales*.

Cette année-là (1848), après les vendanges, mes parents, qui me voyaient baver à la chouette ou à la lune, si l'on veut, m'envoyèrent à Aix pour étudier le droit, car ils avaient compris, les braves gens, que mon diplôme de bachelier ès lettres n'était pas un brevet suffisant de sagesse ni de science non plus. Mais, avant de partir pour la cité Sextienne, une aventure m'arriva, sympathique et touchante, que je veux conter ici.

Dans un Mas rapproché du nôtre était venue s'établir une famille de la ville où il y avait des demoiselles que nous rencontrions parfois en allant à la messe. Vers la fin de l'été, ces jeunes filles, avec leur mère, nous firent une visite; et ma mère, avenante, leur offrit le "caillé" Car nous avions, au Mas, un beau troupeau de brebis et du lait en abondance. C'était ma mère elle-même qui mettait la présure au lait, dès qu'on venait de le traire, et elle-même qui, quand le lait était pris, faisait les petits fromages, ces jonchées du pays d'Arles que Belaud de la Belaudière, le poète provençal de l'époque des Valoîs, trouvait si bonnes :

A la ville des Baux, pour un florin vaillant,
Vous avez un tablier plein de fromages
Qui fondent au gosier comme sucre fin.

Ma mère, chaque jour, telle que les bergères chantées par Virgile, portant sur la hanche la terrine pleine, venait dans le cellier avec son écumoire, et là, tirant du pot à beaux flocons le caillé blanc, elle en emplissait les formes percées de trous et rondes; et, après les jonchées faites, elle les laissait proprement s'égoutter sur du jonc, que je me plaisais moi-même à aller couper au bord des eaux.

Et voilà que nous mangeâmes, avec ces demoiselles, une jatte de caillé. Et l'une d'elles, qui paraissait de mon âge, et qui, par son visage, rappelait ces médailles qu'on trouve à Saint-Remy, au ravin des Antiques, avait de grands yeux noirs, des yeux langoureux, qui toujours me regardaient. On l'appelait Louise.

Nous allâmes voir les paons, qui, dans l'aire, étalaient leur queue en arc-en-ciel, les abeilles et leurs ruches alignées à l'abri du vent, les agneaux qui bêlaient enfermés dans le bercail, le puits avec sa treille portée par des piliers de pierre; enfin tout ce qui, au Mas, pouvait les intéresser. Louise, elle, semblait marcher dans l'extase.

Quand nous fûmes au jardin, dans le temps que ma mère causait avec la sienne et cueillait à ses soeurs quelques poires beurrées, nous nous étions, nous deux, assis sur le parapet de notre vieux Puits à roue.

-- Il faut, soudain me fit Mlle Louise, que je vous dise ceci: ne vous souvient-il pas, monsieur, d'une petite robe, une robe de mousseline, que votre mère vous porta, quand vous étiez en pension à Saint-Michel-de-Frigolet?

-- Mais oui, pour jouer un rôle dans les *Enfants d'Édouard* .

-- Eh bien! cette robe, monsieur, c'était ma robe.

-- Mais ne vous l'a-t-on pas rendue? répondis-je comme un sot.

-- Eh! si, dit-elle, un peu confuse... Je vous ai parlé de cela, moi, comme d'autre chose.

Et sa mère l'appela.

-- Louise!

La jouvencelle me tendit sa main glacée; et, comme il se faisait tard, elles partirent pour leur Mas.

Huit jours après, vers le coucher du soleil, voici encore à notre seuil Louise, cette fois accompagnée seulement d'une amie.

-- Bonsoir, fit-elle. Nous venions vous acheter quelques livres de ces poires beurrées que vous nous fites goûter, l'autre jour, à votre jardin.

-- Asseyez-vous, mesdemoiselles, ma mère leur dit.

-- Oh! non! répondit Louise, nous sommes pressées, car il va être bientôt nuit.

Et je les accompagnai, moi tout seul cette fois, pour aller cueillir les poires.

L'amie de Louise, qui était de Saint-Remy (on l'appelait Courrade), était une belle fille à chevelure brune, abondante, annelée sous un ruban arlésien, que la pauvre demoiselle, si gentille qu'elle fût, eut l'imprudence d'amener avec elle pour compagne.

Au jardin, arrivés à l'arbre, pendant que j'abaissais une branche un peu haute, Courrade, rengorgeant son corsage bombé et levant ses bras nus, ses bras ronds, hors de ses manches, se mit à cueillir. Mais Louise, toute pâle, lui dit :

-- Courrade, cueille, toi, et choisis les plus mûres.

Et, comme si elle voulait me dire quelque chose, s'écartant avec moi, qui étais déjà troublé (sans trop savoir par laquelle), nous allâmes pas à pas dans un kiosque de cyprès, où était un banc de pierre. Là, moi dans l'embarras, elle me buvant des yeux, nous nous assîmes l'un près de l'autre.

-- Frédéric, me dit-elle, l'autre jour je vous parlais d'une robe qu'à l'âge de onze ans je vous avais prêtée pour jouer la tragédie à Saint-Michel-de-Frigolet... Vous avez lu, n'est- ce pas, l'histoire de Déjanire et d'Hercule?

-- Oui, fis-je en riant, et aussi de la tunique que la belle Déjanire donna au pauvre Hercule et qui lui brûla le sang.

-- Ah! dit la jeune fille, aujourd'hui c'est bien le rebours : car cette petite robe de mousseline blanche que vous aviez touchée, que vous aviez vêtue..., quand je la mis encore, je vous aimai à partir de là... Et ne m'en veuillez pas de cet aveu, qui doit vous paraître étrange, qui doit vous paraître fou! Ah! ne m'en veuillez pas, continua-t-elle en pleurant, car ce feu divin, ce feu qui me vient de la robe fatale, ce feu, ô Frédéric, qui me consume depuis lors, je l'avais jusqu'à présent, depuis sept années peut-être, tenu caché dans mon coeur!

Moi, couvrant de baisers sa petite main fiévreuse, je voulus aussitôt répondre en l'embrassant. Mais, doucement, elle me repoussa.

-- Non, dit-elle, Frédéric, nous ne pouvons savoir si le poème, dont j'ai fait le premier chant, aura jamais une suite... Je vous laisse. Pensez à ce que je vous ai dit, et, comme je suis de celles qui ne se dédisent pas, quelle que soit la réponse, vous avez en moi une âme qui s'est donnée pour toujours.

Elle se leva et, courant vers Courrade sa compagne :

-- Viens vite, lui dit-elle, allons peser et payer les poires.

Et nous rentrâmes. Elles réglèrent, s'en allèrent; et moi, le coeur houleux, enchanté et troublé de cette apparition de vierges -- dont je trouvais chacune séduisante à sa façon, - longtemps sous les derniers rayons du jour failli; longtemps entre les arbres, je regardai là-bas s'envoler les tourterelles.

Mais, tout émoustillé, tout heureux que je fusse, bientôt, en me sondant, je me vis dans l'imbroglio. Le *Pervigilium Veneris* a beau dire:

Qu'il aime demain, celui qui n'aima jamais:
Et celui qui aima, qu'il aime encore demain,

l'amour ne se commande pas. Cette vaillante jeune fille, armée seulement de sa grâce et de sa virginité, pouvait bien, dans sa passion, croire remporter la victoire; elle pouvait, charmante qu'elle était, et charmée elle-même par son long rêve d'amour, croire, conformément au vers de Dante,

Amor ch'a null' amato amor perdona ,

qu'un jeune homme, isolé comme moi dans un Mas, à la fleur de l'âge, devait tressaillir d'emblée à son premier roucoulement. Mais l'amour étant le don et l'abandon de tout notre être, n'est-il pas vrai que l'âme qui se sent poursuivie pour être capturée fait comme l'oiseau qui fuit l'appelant? N'est-il pas vrai, aussi, que le nageur, au moment de plonger dans un gouffre d'eau profonde, a toujours une passe d'instinctive appréhension?

Toujours est-il que, devant la chaîne de fleurs, devant les roses embaumées qui s'épanouissaient pour moi, j'allais avec réserve; tandis que vers l'autre, vers la confidente qui, toute à son devoir d'amie dévouée, semblait éviter mon abord, mon regard, je me sentais porté involontairement. Car, à cet âge, s'il faut tout dire, je m'étais formé une idée, et de l'amante et de l'amour, toute particulière. Oui, je m'étais imaginé que, tôt ou tard, au pays d'Arles je rencontrerais, quelque part, une superbe campagnarde, portant comme une reine le costume arlésien, galopant sur sa cavale, un trident à la main, dans les *ferrades* de la Crau, et qui, longtemps priée par mes chansons d'amour, se serait, un beau jour, laissé conduire à notre Mas, pour y régner comme ma mère sur un peuple de pâtres, de *gardians*, de laboureurs et de *magnanarelles*. Il semblait que, déjà, je rêvais de ma Mireille; et la vision de ce type de beauté plantureuse qui, déjà, couvait en moi, sans qu'il me fût possible ni permis de l'avouer, portait grand préjudice à la pauvre Louise, un peu trop demoiselle au compte de ma rêverie.

Et alors, entre elle et moi, s'engagea une correspondance ou, plutôt, un échange d'amour et d'amitié qui dura plus de trois ans (tout le temps que je fus à Aix): moi, galamment, abondant vers son faible, pour la sevrer, peu à peu, si je pouvais; elle, de plus en plus endolorie et ferme, me jetant de lettre en lettre ses adieux désespérés... De ces lettres, voici la dernière que je reçus. Je la reproduis telle quelle :

"Je n'ai aimé qu'une fois, et je mourrai, je le jure, avec le nom de Frédéric gravé seul dans mon coeur. Que de nuits blanches j'ai passées en songeant à mon mauvais sort! Mais, hier, en lisant tes consolations vaines, je me fis tant de violence pour retenir mes pleurs que le coeur me défaillit. Le médecin dit que j'avais la fièvre, que c'était de l'agitation nerveuse, qu'il me fallait le repos.

"-- La fièvre! m'écriai-je; ah! que ce fût la bonne!

"Et, déjà, je me sentais heureuse de mourir pour aller t'attendre là-bas où ta lettre me donne rendez-vous... Mais écoute, Frédéric, puisqu'il en est ainsi, lorsqu'on te dira, et va, ce n'est pas pour longtemps, lorsqu'on t'annoncera que j'aurai quitté la terre, donne-moi, je t'en prie, une larme et un regret. Il y a deux ans, je te fis une promesse : c'était de demander tous les jours à Dieu qu'il te rendit heureux, parfaitement heureux... Eh bien ! je n'y ai jamais manqué, et j'y serai fidèle, jusqu'à mon dernier soupir. Mais toi, ô Frédéric, je te le demande en grâce: lorsqu'en te promenant tu verras des feuilles jaunes rouler sur ton passage, pense un peu à ma vie, flétrie par les larmes, séchée par la douleur; et si tu vois un ruisseau qui murmure doucement, écoute sa plainte: il te dira comme je t'aimais; et si quelque oisillon t'effleure de son aile, prête l'oreille à son gazouillis, et il te dira, pauvrette! que je suis toujours avec toi... O Frédéric!
je t'en prie, n'oublie jamais Louise!"

Voilà l'adieu suprême que, scellé de son sang, m'envoya la jeune vierge -- avec une médaille de la Vierge Marie, qu'elle avait couverte de ses baisers -- dans un petit porte- feuille de velours cramoisi, sur la couverture duquel elle avait brodé, avec ses cheveux châtains, mes initiales au milieu d'un rameau de lierre.

Je me ferai la touffe de lierre,
Je t'embrasserai.

Pauvre et chère Louise! A quelque temps de là, elle prit le voile de nonne et mourut peu d'années après. Moi, encore tout ému, au bout d'un si long temps, par la mélancolie de cet amour étiolé, défleuri avant l'heure, je te consacre, ô Louise, ce souvenir de pitié et je l'offre à tes mânes errant peut-être autour de moi!

La ville d'Aix (*cap de justice* , comme on disait jadis), où nous étions venu pour étudier le "droit écrit" en raison de son passé de capitale de Provence et de cité parlementaire, a un renom de gravité et de tenue hautaine qui sembleraient faire contraste avec l'allure provençale. Le grand air que lui donnent les beaux ombrages de son Cours, ses fontaines monumentales et ses hôtels nobiliaires, puis la quantité d'avocats, de magistrats, de professeurs, de gens de robe de tout ordre, qu'on y rencontre dans les rues, ne contribuent pas peu à l'aspect solennel, pour ne pas dire froid, qui la caractérise. Mais, de mon temps du moins, cela n'était qu'en surface, et, dans ces Cadets d'Aix, il y avait, s'il me souvient, une humeur familière, une gaieté de race, qui tenaient, auriez-vous dit, des traditions laissées par le bon roi René.

Vous aviez des conseillers, des présidents de cour, qui, pour se divertir, dans leurs salons, dans leurs bastides, touchaient le tambourin. Des hommes graves, comme le docteur d'Astros, frère du cardinal, lisaient à l'Académie des compositions de leur cru en joyeux parler de Provence : manière comme une autre de maintenir le culte de l'âme nationale et qui, dans Aix, n'eut jamais cesse. Car le comte Portais, un des grands jurisconsultes du Code Napoléon, n'avait-il pas écrit une comédie provençale? Et M. Diouloufet, un bibliothécaire de l'Athènes du Midi, comme Aix s'intitule parfois, n'avait-il pas, sous Louis XVIII, chanté en provençal les *magnans* ou vers à soie? M. Mignet, l'historien, l'académicien illustre, venait tous les ans à Aix pour jouer à la boule. Il avait même formulé la maxime suivante :

"Rien n'est plus propre à refaire un homme que de vivre au clair soleil, parler provençal, manger de la brandade et faire tous les matins une partie de boules."

M. Borély, un ancien procureur général, entrait dans la ville, à cheval, guêtré comme un riche toucheur, conduisant fièrement un troupeau de porcs anglais. Et de lui les gens disaient:

-- N'est pas porcher celui qui conduit ses porcs lui-même.

Le lendemain de la Noël, nous allions à Saint-Sauveur entendre les *Plaintes de saint Étienne*, récitées en provençal (comme on le fait encore) par un chanoine du Chapitre et, dans cette cathédrale, on exécutait, le jour des Rois (comme on y exécute encore), avec une admirable pompe, le Noël *De matin ai rescountra lou trin*.

Au Saint-Esprit, les dames se plaisaient à venir entendre les prônes provençaux de l'abbé Émery, et celles du grand monde, pour ne pas laisser perdre les galantes coutumes, quand venait le carnaval et le temps des soirées, se faisaient dodiner dans des chaises à porteurs, accompagnées de torches qu'on éteignait, en arrivant, à l'éteignoir des vestibules.

Point rare qu'il y eût, au courant de l'hiver, quelque esclandre mondain, tel que l'enlèvement d'une superbe juive avec M. de Castillon, qui avait su dépenser royalement une fortune, lorsqu'il fut *Prince d'amour* aux jeux de la Fête-Dieu.

A propos de ces jeux, nous eûmes l'occasion, dans notre séjour à Aix, de les voir sortir, je crois, pour une des dernières fois: *le Roi de la Basoche*, *l'Abbé de la Jeunesse*, les *Tirassons*, les *Diables*, le *Guet*, la *Reine de Saba*, les *Chevaux-Frus* en particulier, avec leur rigaudon que Bizet a cueilli pour l'*Arlésienne*, de Daudet :

Madame de Limagne
Fait danser les Chevaux-Frus;
Elle leur donne des châtaignes,
Ils disent qu'ils n'en veulent plus;
Et danse, ô gueux! Et danse, ô gueux!
Madame de Limagne
Fait danser les Chevaux-Frus.

Cette résurrection du passé provençal, avec ses vieilles joies naïves (et surannées, hélas !), nous impressionna vivement, comme vous pourriez le voir au chant dixième de *Calendal*, où elles sont décrites, telles que nous les vîmes.

Or, figurez-vous qu'à Aix, quelques mois seulement après mon arrivée, faisant ma promenade une après-midi sur le Cours, oh! charmante surprise, je vis se profiler, près de la Fontaine-Chaude, le nez de mon ami Anselme Mathieu, de Châteauneuf.

-- Ça n'est pas une blague, me fit Mathieu en me voyant, avec son flegme habituel; cette eau, mon cher, est vraiment chaude, et c'est bien le cas de dire : "Celle-là fume."

-- Mais depuis quand à Aix? lui dis-je en lui serrant la main.

-- Depuis, fit-il, attends..., depuis avant-hier au soir.

-- Et quel bon vent t'amène?

-- Ma foi, répondit-il, je me suis dît : Puisque Mistral est allé faire à Aix son droit, il faut y aller aussi et tu feras le tien."

-- C'est bien pensé, lui dis-je, et tu peux croire, Anselme, que j'en suis ravi, sais-tu? Mais as-tu passé bachelier?

-- Oui, dit-il en riant, j'ai passé, comme la piquette sur le marc de vendange.

-- C'est que, mon pauvre Anselme, pour être admis aux grades de la Faculté de Droit, je crois qu'il faut avoir son baccalauréat ès lettres.

-- Bon enfant ! riposta le gentil ami Mathieu, supposons qu'on ne veuille pas me diplômer comme les autres, pourra-t—on m'empêcher de prendre ma licence, voyons, en droit d'amour?... Tiens, pas plus tard que tantôt, en allant me promener dans une espèce de vallon qu'on appelle la Torse, j'ai fait la connaissance d'une jeune blanchisseuse, un peu brune, c'est vrai, mais ayant bouche rouge, quenottes de petit chien qui ne demandent qu'à mordre, deux frisons folletant hors de sa coiffe blanche, la nuque nue, le nez en l'air, les bras joliment potelés...

-- Allons, grivois, il me paraît que tu ne l'as pas mal lorgnée.

-- Non, dit-il, Frédéric, il ne faudrait pas croire que moi, un rejeton des marquis de Montredon, si peu sensé que je sois, j'aille m'amouracher d'un minois de lavoir. Mais vois-tu je ne sais pas si tu es comme moi: quand je fais la rencontre de quelque friand museau, serait-ce un museau de chatte je ne puis m'empêcher de me retourner pour voir. Bref, en causant avec la petite, nous sommes convenus qu'elle me blanchirait mon linge et qu'elle viendrait le prendre la semaine prochaine.

-- Mathieu, tu es un gueusard, un friponneau, tu sens le roussi...

-- Non, mon ami, tu n'y es pas, laisse donc que j'achève. Ayant ainsi traité avec ma blanchisseuse, comme, tout en causant, je vis, à travers l'écume qui lui giclait entre les doigts, qu'elle froissait et chiffonnait une chemise de dentelle: "Diable, quel linge fin! dis-je à la jeune fille, cette chemise-là n'est pas faite pour couvrir les fruits d'automne d'une gaupe!" "Il s'en faut! répondit-elle. Ça, c'est la chemisette d'une des plus belles dames de la rue des Nobles: une baronne de trente ans, mariée, la pauvrette, à un vieux barbon d'homme qui est juge à la cour et jaloux comme un Turc." "Mais elle doit transir d'ennui!" "Transir? ah! tant et tant qu'elle est toujours à son balcon, comme en attente du galant, tenez, qui viendra la distraire." "Et on l'appelle?" "Mais monsieur vous en voulez trop savoir... Moi, voyez-vous je lave la lessive qu'on me donne, mais je ne me mêle pas de ce qui après tout, ne me regarde pas." Il ne m'a pas été possible d'en tirer plus pour le moment...

Mais ajouta Matthieu, lorsqu'elle viendra chercher mon blanchissage dans ma chambre, vois-tu, dussé-je bien lui faire deux et trois caresses, il faut qu'elle soit fine si elle n'ouvre pas la bouche.

-- Et après, quand tu sauras le nom de la baronne?

-- Eh ! mon cher, j'ai du pain sur la planche pour trois ans! Cependant que vous autres, les pauvres étudiants en droit vous allez vous morfondre à éplucher le Code, moi, tel que les troubadours de l'antique Provence, je vais, sous le balcon de ma belle baronne, étudier à loisir les douces *Lois d'Amour*.

Et, comme je vous le livre, telles furent, les trois ans que nous restâmes à Aix, et la tâche et l'étude du chevalier Mathieu.

Oh! les belles excursions, là-bas, au pont de l'Arc, sur la grand'route de Marseille, dans la poussière jusqu'à mi-jambe et les parties au Tholonet, -- où nous allions humer le vin cuit de Langesse; et les duels entre étudiants, dans le vallon des Infernets, avec les pistolets chargés de crottes de chèvre; et ce joli voyage qu'avec la diligence nous fîmes à Toulon, en passant par le bois de Cuge et à travers les gorges d'Ollioules!

Un peu plus, un peu moins, nous faisions ce qu'avaient fait, mon Dieu! les étudiants du temps des papes d'Avignon et du temps de la reine Jeanne. Écoutez ce qu'en écrivait, du temps de François 1er, le poète macaronique Antonius de Arena :

> *Genti gallantes sunt omnes Instudiantes*
> *Et bellas garsas semper amare soient;*
> *Et semper, semper sunt de bragantibus ipsi;*
> *Inter mignonos gloria prima manet:*
> *Banquetant, bragant, faciunt miracula plura,*
> *Et de bonitate sunt sine fine boni.*

(De gentillessiis Instudiantium.)

Tandis qu'au Gai-Savoir, dans la noble cité des comtes de Provence, nous nous initions ainsi, Roumanille, plus sage, publiait en Avignon, dans un journal de guerre appelé la *Commun,* ces dialogues pleins de sens, de saveur, de vaillance, tels que le *Thym, Un Rouge et un Blanc*, les *Prêtres*, qui mettaient en valeur et popularisaient la prose provençale.
Puis, avec la décision, avec l'autorité que lui donnait déjà le succès de ses *Pâquerettes* et de ses hardis pamphlets, au rez-de-chaussée de son journal, il convoquait, tant vieux que jeunes, les trouvères de ce temps; et de ce ralliement sortait une anthologie, les *Provençales*, qu'un professeur éminent, M. Saint-René Taillandier, alors à Montpellier, présentait au public dans une introduction chaleureuse et savante (Avignon, librairie Séguin, 1852).

Ce précoce recueil contenait des poésies du vieux docteur d'Astros et de Gaut, d'Aix; des Marseillais Aubert, Bellot, Bénédit, Bourrelly et de Barthélemy (celui de la *Némésis* ,); des Avignonnais Boudin, Cassan, Giéra; du Beaucairois Bonnet; du Tarasconais Gautier; de Reybaud, de Dupuy, qui étaient de Carpentras; de Castil-Blaze, de Cavaillon; de Crousillat,de Salon; de Garcin, "fils ardent du maréchal d'Alleins" (mentionné dans *Mireille*) ; de Mathieu, de Châteauneuf; de Chalvet, de Nyons; et d'autres; puis un groupe du Languedoc: Moquin-Tondon, Peyrottes, Lafare-Alais; et une pièce de Jasmin.

Mais les morceaux les plus nombreux étaient de Roumanille, alors en pleine production et duquel Sainte-Beuve avait salué les Crèches comme "dignes de Klopstock". Théodore Aubanel, dans ses vingt-deux ans, donnait là, lui aussi, ses premiers coups de maître: *le 9 Thermidor, les Faucheurs, A la Toussaint* . Moi, enfin, enflammé de la plus belle ardeur, j'y allais de mes dix pièces (*Amertume, le*

Mistral, Une Course de Taureaux) et d'un *Bonjour à Tous* qui disait, pour noter notre point de départ :

> *Nous trouvâmes dans les berges*
> *Revêtue d'un méchant haillon,*
> *La langue provençale:*
> *En allant paître les brebis,*
> *La chaleur avait bruni sa peau,*
> *La pauvre n'avait que ses longs cheveux*
> *Pour couvrir ses épaules.*
> *Et voilà que des jeunes hommes,*
> *En vaguant par là*
> *Et la voyant si belle,*
> *Se sentirent émus.*
> *Qu'ils soient donc les bienvenus,*
> *Car ils l'ont vêtue dûment*
> *Comme une demoiselle.*

Mais revenons aux amours de Mathieu avec la baronne d'Aix, dont je n'ai pas terminé l'histoire.

Chaque fois que je rencontrais mon étudiant "en lois d'amour", je l'interpellais ainsi:

-- Eh bien!, Mathieu, où en sommes-nous?

-- Nous en sommes, me répondit-il un jour, que Lélette (c'était le nom de la blanchisseuse) a fini par m'indiquer l'hôtel de la baronne; que j'ai passé et repassé, mon ami, tant de fois sous les cariatides de son balcon, que, rendons grâce à Dieu, j'ai été remarqué... et la dame, une beauté comme tu n'en vis oncques, la dame enjôlée, charmée de son cavalier servant, a daigné, l'autre soir, me laisser tomber du ciel, tiens, une fleur d'oeillet.

Et, disant cela, Mathieu m'exhibait une fleur fanée et, faisant les yeux tendres, lançait à la volée un baiser dans l'azur. Un mois, deux mois passèrent, je ne rencontrais plus Mathieu. Je dis:

-- Allons le voir.

Je monte donc à sa chambrette -- et qu'est-ce que je trouve? Mon Anselme, qui, le pied sur une chaise, me fait:

-- Arrive vite, que je te conte mon accident... Figure-t-on, mon bon, que j'avais trouvé le joint, une nuit sur les onze heures, pour entrer dans le jardin de ma divine baronne. Tout était arrangé. Lélette, ma brave blanchisseuse, nous prêtait la main... et je pensais grimper, par un de ces rosiers qui, tu sais? fleurissent en treillage, jusqu'à une fenêtre où devait ma souveraine tendre le bras à mes baisers. J'escaladais déjà. Le coeur, tu peux m'en croire, me battait fortement... O ciel! tout à coup la fenêtre s'entr'ouvre doucement; les liteaux de la jalousie se haussent: une main, Frédéric, une main... (ah! je le connus vite, ce n'était pas celle de la baronne) me secoue sur le nez la cendre d'une pipe! Comme tu peux imaginer, je n'attendis pas mon reste... Je glisse à terre, je m'enfuis, je franchis le mur du jardin, et, patatras! morbleu, je me foule le pied!

Vous pouvez penser si nous rîmes à nous démonter la mâchoire!

-- Mais, au moins, tu as fait venir un médecin?

-- Oh! ça ne vaut pas la peine, dit-il... La mère de Lélette se trouve une conjuratrice (tu les connais peut-être elles tiennent un bouchon vers la porte d'Italie). Elles m'ont fait tremper le pied dans un baquet de saumure. La vieille, en marmottant quelques exécrations, m'y a fait trois signes de croix avec son gros orteil, puis on me l'a serré de bandes...
Et, maintenant, j'attends, en lisant les *Pâquerettes* de l'ami

Roumanille, que Dieu y mette sa sainte main... Mais le temps ne me dure pas: car Lélette m'apporte, deux fois par jour, mon ordinaire; et, à défaut de grives, comme dit le proverbe, on mange des merlettes.

Or ça, l'ami Mathieu, futur (et bien nommé) *Félibre des Baisers* , qui fut toute sa vie le plus beau songe-fêtes que j'aie jamais connu, avait-il rêvassé l'histoire que je viens de dire? Je n'ai jamais pu l'éclaircir, et j'ai raconté la chose telle qu'il me la narra.

CHAPITRE XI

LA RENTRÉE AU MAS

L'éclosion de Mireille. -- L'origine de ce nom. -- Le cousin Tourette. -- Le moulin à l'huile. -- Le bûcheron Siboul. -- L'herborisateur Xavier. -- Le coup d'Etat (1851). -- L'excursion dans les astres, -- Le Congrès des Trouvères: Jean Reboul. -- Le Romévage d'Aix : Brizeux, Zola.

Une fois "licencié", ma foi, comme tant d'autres (et, vous avez pu le voir, je ne me surmenai pas trop), fier comme un jeune coq qui a trouvé un ver de terre, j'arrivai au Mas à l'heure où on allait souper sur la table de pierre, au frais, sous la tonnelle, aux derniers rayons du jour.

-- Bonsoir toute la compagnie!

-- Dieu te le donne, Frédéric!

-- Père, mère tout va bien... A ce coup, c'est bien fini!

-- Et belle délivrance! ajouta Madeleine, la jeune Piémontaise qui était servante au Mas.

Et lorsque, encore debout, devant tous les laboureurs, j'eus rendu compte de ma dernière suée, mon vénérable père, sans autre observation, me dit seulement ceci:

-- Maintenant, mon beau gars, moi j'ai fait mon devoir. Tu en sais beaucoup plus que ce qu'on m'en a appris... C'est à toi de choisir la voie qui te convient: je te laisse libre.

-- Grand merci! répondis-je.

Et là même, -- à cette heure, j'avais mes vingt et un ans, -- le pied sur le seuil du Mas paternel, les yeux vers les Alpilles, en moi et de moi-même, je pris la résolution: premièrement, de relever, de raviver en Provence le sentiment de race que je voyais s'annihiler sous l'éducation fausse et antinaturelle de toutes les écoles; secondement, de provoquer cette résurrection par la restauration de la langue naturelle et historique du pays, à laquelle les écoles font toutes une guerre à mort; troisièmement, de rendre la vogue au provençal par l'influx et la flamme de la divine poésie.

Tout cela, vaguement, bourdonnait en mon âme; mais je le sentais comme je vous dis. Et plein de ce remous, de ce bouillonnement de sève provençale, qui me gonflait le coeur, libre d'inclination envers toute maîtrise ou influence littéraire, fort de l'indépendance qui me donnait des ailes, assuré que plus rien ne viendrait me déranger, un soir, par les semailles, à la vue des laboureurs qui suivaient la charrue dans la raie, j'entamai, gloire à Dieu! le premier chant de *Mireille* .

Ce poème, enfant d'amour, fit son éclosion paisible, peu à peu, à loisir, au souffle du vent large, à la chaleur du soleil ou aux rafales du mistral, en même temps que je prenais la surveillance de la ferme, sous la direction de mon père qui, à quatre-vingts ans, était devenu aveugle.

Me plaire à moi, d'abord, puis à quelques amis de ma première jeunesse, -- comme je l'ai rappelé dans un des chants de *Mireille* :

O doux amis de ma jeunesse,
Aérez mon chemin de votre sainte haleine ,

c'était tout ce que je voulais. Nous ne pensions pas à Paris, dans ces temps d'innocence. Pourvu qu'Arles -- que j 'avais à mon horizon, comme Virgile avait Mantoue -- reconnût, un jour, sa poésie dans la mienne, c'était mon ambition lointaine. Voilà pourquoi, songeant aux campagnards de Crau et de Camargue, je pouvais dire:

Nous ne chantons que pour vous, pâtres et gens des Mas.

De plan, en vérité, je n'en avais qu'un à grands traits, et seulement dans ma tête. Voici:

Je m'étais proposé de faire naître une passion entre deux beaux enfants de la nature provençale, de conditions différentes, puis de laisser à terre courir le peloton, comme dans l'imprévu de la vie réelle, au gré des vents!

Mireille, ce nom fortuné qui porte en lui sa poésie, devait fatalement être celui de mon héroïne: car je l'avais, depuis le berceau, entendu dans la maison, mais rien que dans notre maison. Quand la pauvre Nanon, mon aïeule maternelle, voulait gracieuser quelqu'une de ses filles:

-- C'est Mireille, disait-elle, c'est la belle Mireille, c'est Mireille, mes amours.

Et ma mère, en plaisantant, disait parfois de quelque fillette:

-- Tenez! la voyez-vous, Mireille mes amours!

Mais, quand je questionnais sur Mireille, personne n'en savait davantage: une histoire perdue, dont il ne subsistait que le nom de l'héroïne et un rayon de beauté dans une brume d'amour. C'était assez pour porter bonheur à un qui, peut-être, -- sait-on? -- fut, par cette intuition lui appartient aux poètes, la reconstitution d'un roman véritable.

Le Mas du Juge, à cette époque, était un vrai foyer de poésie limpide, biblique et idyllique. N'était-il pas vivant, chantant autour de moi, ce poème de Provence avec son fond d'azur et son encadrement d'Alpille? L'on n'avait qu'à sortir pour s'en trouver tout ébloui. Ne voyais-je pas Mireille passer, non seulement dans mes rêves de jeune homme, mais encore en personne, tantôt dans ces gentilles fillettes de Maillane qui venaient, pour les vers à soie, cueillir la feuille des mûriers, tantôt dans l'allégresse de ces sarcleuses, ces faneuses, vendangeuses, oliveuses, qui allaient et venaient, leur poitrine entrouvertes, leur coiffe cravatée de blanc, dans les blés, dans les foins, dans les oliviers et dans les vignes?

Les acteurs de mon drame, mes laboureurs, mes moissonneurs, mes bouviers et mes pâtres, ne circulaient-ils pas, du point de l'aube au crépuscule, devant mon jeune enthousiasme? Vouliez-vous un plus beau vieillard, plus patriarcal, plus digue d'être le prototype de mon maître Ramon, que le vieux François Mistral, celui que tout le monde et ma mère elle-même n'appelaient que le "maître"? Pauvre père! Quelquefois, quand le travail était pressant, il fallait donner aide, soit pour rentrer les foins, soit pour dériver l'eau de notre puits à roue, il criait dehors:

-- Où est Frédéric?

Bien qu'à ce moment-là je fusse allongé sous un saule, paressant à la recherche de quelque rime en fuite, ma pauvre mère répondait:

-- Il écrit.

Et aussitôt, la voix rude du brave homme s'apaisait en disant:

-- Ne le dérange pas.

Car, pour lui, qui n'avait lu que l'Écriture Sainte et *Don Quichotte* en sa jeunesse, écrire était vraiment un office religieux, Et il montre bien ce respect pour le mystère de la plume, le début d'un récitatif, usité jadis chez nous, et dont nous reparlerons au sujet du mot *Félibre* :

Monseigneur saint Anselme lisait et écrivait.
Un jour, de sa sainte écriture,
Il est monté au haut du ciel.

Un autre personnage qui eut, sans le savoir, le don d'intéresser ma Muse épique, c'était le cousin Tourrette, du village de Mouriès: une espèce de colosse, membru et éclopé, avec de grosses guêtres de cuir sur les souliers et connu à la ronde, dans les plaines de Crau, sous le nom du *Major*, ayant, en 1815, été tambour-major des gardes nationaux qui, sous le commandement du duc d'Angoulême, voulaient arrêter Napoléon, à son retour de l'île d'Elbe. Il avait, dans sa jeunesse, dissipé son bien au jeu; et dans ses vieux jours, réduit aux abois, il venait, tous les hivers, passer une quinzaine avec nous autres, au Mas. Lorsqu'il repartait, mon père lui donnait, dans un sac, quelques boisseaux de blé. L'été, il parcourait la Crau et la Camargue, allant aider aux bergers, lorsqu'on tondait les troupeaux, aux fermiers pour le dépiquage, aux faucheurs de marais pour engerber les roseaux ou, enfin, aux sauniers pour mettre le sel en meules. Aussi connaissait-il la terre d'Arles et ses travaux, assurément, comme personne. Il savait le nom des Mas, des pâturages, des chefs de bergers, des haras de chevaux et de taureaux sauvages, ainsi que de leurs gardiens. Et il parlait de tout avec une faconde, un pittoresque, une noblesse
d'expressions provençales, qu'il y avait plaisir d'entendre. Pour dire, par exemple, que le comte de Mailly était riche, fort riche en propriétés bâties:

-- Il possède, disait-il, sept arpents de toitures.

Les filles qui s'engagent pour la cueillette des olives -- à Mouriés, elles sont nombreuses -- le louaient pour leur dire des contes à la veillée. Elles lui donnaient, je crois, un sou chacune par veillée. Il les faisait tordre de rire, car il savait tous les contes, plus ou moins croustilleux, qui, d'une bouche à l'autre, se transmettent dans le peuple, tels que: *Jean de la Vache, Jean de la Mule, Jean de l'Ours, le Doreur*, etc.

Une fois que la neige commençait à tomber :

-- Allons, disions-nous, le cousin apparaîtra bientôt.

Et il ne manquait jamais.

-- Bonjour, cousin!

-- Cousin, bonjour!

Et voilà. La main touchée et son bâton déposé, humblement, derrière la porte, et s'attablait, mangeait une belle tartine de fromage pétri et entamait, ensuite, le sujet de l'olivaison, Et il contait que les meules, en son bourg de Mouriès, ne pouvaient tenir pied à la récolte des olives. Et il disait:

-- Comme on est bien, l'hiver, lorsqu'il fait froid, dans ces moulins à huile! Ecarquillé sur le marc tout chaud, on regarde, à la clarté des caleils à quatre mèches, les presseurs d'huile moitié nus qui, lestes comme chats, poussent tous à la barre, au commandement du chef:

-- Allons, ce coup! Encore un coup! Encore un bon coup! Houp! que tout claque! Là!

Étant, le cousin Tourrette, comme tous les songeurs, tant soit peu fainéant, il avait, toute sa vie, rêvé de trouver une place où il y eût peu de travail.

-- Je voudrais, nous disait-il, la place de compteur de mornes, à Marseille par exemple, dans un de ces grands magasins où, lorsqu'on les débarque, un homme, étant assis, peut, en comptant les douzaines, gagner (me suis-je laissé dire) ses douze cents francs par an.

Mon pauvre vieux Major! Il mourut comme tant d'autres, sans avoir vu réaliser sa rêverie sur les mornes.

Je n'oublierai pas non plus, parmi mes collaborateurs, ou, tant vaut dire, mes fauteurs de la poésie de *Mireille*, le bûcheron Siboul : un brave homme de Montfrin, habillé de velours, qui venait tous les ans, à la fin de l'automne, avec sa grande serpe, tailler joliment nos bourrées de saule. Pendant qu'il découpait et appareillait ses rondins, que d'observations justes il me faisait sur le Rhône, sur ses courants, ses tourbillons, sur ses lagunes, sur ses baies, sur ses graviers et sur ses îles, puis sur les animaux qui fréquentent ses digues, les loutres qui gîtent dans les arbres creux, les bièvres qui coupent des troncs comme la cuisse, et sur les pendulines qui, dans les Ségonnaux, suspendent leurs nids aux peupliers blancs, et sur les coupeurs d'osier et les vanniers de Valiabrègue!

Enfin, le voisin Xavier, un paysan herboriste, qui me disait les noms en langue provençale et les vertus des simples et de toutes les herbes de Saint-Jean et de Saint-Roch. Si bien que mon bagage de botanique littéraire, c'est ainsi que je le formai... Heureusement! car m'est avis, sans vouloir les mépriser, que nos professeurs des écoles, tant les hautes que les basses, auraient été, bien sûr, entrepris pour me montrer ce qu'était un chardon ou un laiteron.

Comme une bombe, dans l'entrefaite de ce prodrome de *Mireille*, éclata la nouvelle du coup d'État du 2 décembre 1851.

Quoique je ne fusse pas de ces fanatiques chez qui la République tient lieu de religion, de justice et de patrie, quoique les Jacobins, par leur intolérance, par leur manie du niveau, par la sécheresse, la brutalité de leur matérialisme, m'eussent découragé et blessé plus d'une fois, le crime d'un gouvernant qui déchirait la loi jurée par lui m'indigna. Il m'indigna, car il fauchait toutes mes illusions sur les fédérations futures dont la République en France pouvait être le couvain.

Quelques-uns des collègues de l'École de Droit allèrent se mettre à la tête des bandes d'insurgés qui se soulevaient dans le Var au nom de la Constitution; mais le grand nombre, en Provence comme ailleurs, les uns par dégoût de la turbulence des partis, les autres éberlués par le reflet du premier Empire, applaudirent, il est vrai, au changement de régime. Qui pouvait deviner que l'Empire nouveau dût s'effondrer dans une effroyable guerre et l'écroulement national ?

Pour conclure, je vais citer ce qui me fut dit un jour, après 1870 par Taxile Delord, républicain pourtant et député de Vaucluse, un jour qu'en Avignon, sur la place de l'Horloge, nous nous promenions ensemble:

-- La gaffe, disait-il, la plus prodigieuse qui se soit jamais faite dans le parti avancé, fut la Révolution de 1848. Nous avions au gouvernement une belle famille, française, nationale, libérale entre toutes et compromise même avec la Révolution, sous les auspices de laquelle on pouvait obtenir, sans trouble, toutes les libertés que le progrès comporte... Et nous l'avons bannie. Pourquoi? Pour faire place à ce bas empire qui a mis la France en débâcle!

Quoi qu'il en soit, en conséquence, je laissai de côté -- et pour toujours -- la politique inflammatoire, comme ces embarras qu'on abandonne en route pour marcher plus léger, et à toi, ma Provence, et à toi, poésie, qui ne m'avez jamais donné que pure joie, je me livrai tout entier.

Et voici que, rentré dans la contemplation, un soir, me promenant en quête de mes rimes, car mes vers, tant que j'en ai fait, je les ai trouvés tous par voies et par chemins, je rencontrai un vieux qui gardait les brebis. Il avait nom "le galant jean". Le ciel était étoilé, la chouette miaulait, et le dialogue suivant (que vous avez lu peut-être, traduit par l'ami Daudet) eut lieu dans cette rencontre.

LE BERGER

Vous voilà bien écarté, monsieur Frédéric?

MOI

Je vais prendre un peu l'air, maître Jean.

LE BERGER

Vous allez faire un tour dans les astres?

MOI

Maître Jean, vous l'avez dit. Je suis tellement soûl, désabusé et écoeuré des choses de la terre que je voudrais, cette nuit, m'enlever et me perdre dans le royaume des étoiles.

LE BERGER

Tel que vous me voyez, j'y fais, moi, une excursion presque toutes les nuits, et je vous certifie que le voyage est des plus beaux.

MOI

Mais comment faire pour y aller, dans cet abîme de lumière?

LE BERGER

Si vous voulez me suivre, pendant que les brebis mangent, tout doucement, monsieur, je vous y conduirai et vous ferai tout voir.

MOI

Galant Jean, je vous prends au mot.

LE BERGER

Tenez, montons par cette voie qui blanchit du nord au sud: c'est le chemin de Saint Jacques. Il va de France droit sur l'Espagne. Quand l'empereur Charlemagne faisait la guerre aux Sarrasins, le grand saint Jacques de Galice le marqua devant lui pour lui indiquer la route.

MOI

C'est ce que les païens désignaient par Voie Lactée.

LE BERGER

C'est possible; moi je vous dis ce que j'ai toujours ouï dire... Voyez-vous ce beau chariot, avec ces quatre roues qui éblouissent tout le nord? C'est le Chariot des Ames. Les trois étoiles qui précèdent sont les trois bêtes de l'attelage; et la toute petite qui va prés de la troisième, nous l'appelons le Charretier.

MOI

C'est ce que dans les livres on nomme la Grande Ourse.

LE BERGER

Comme il vous plaira... Voyez, voyez tout à l'entour les étoiles qui tombent: ce sont de pauvres âmes qui viennent d'entrer au Paradis. Signons-nous, monsieur Frédéric.

MOI

Beaux anges (comme on dit), que Dieu vous accompagne!

LE BERGER

Mais tenez, un bel astre est celui qui resplendit pas loin du Chariot, là-haut: c'est le Bouvier du ciel.

MOI

Que dans l'astronomie on dénomme Arcturus.

LE BERGER

Peu importe. Maintenant regardez là sur le nord, l'étoile qui scintille à peine: c'est l'étoile Marine, autrement dit la Tramontane. Elle est toujours visible et sert de signal aux marins-- lesquels se voient perdus, lorsqu'ils perdent la Tramontane.

MOI

L'étoile Polaire, comme on l'appelle aussi, se trouve donc dans la Petite Ourse; et comme la bise vient de là, les marins de Provence, comme ceux d'Italie, disent qu'ils vont à l'Ourse, lorsqu'ils vont contre le vent.

LE BERGER

Tournons la tête, nous verrons clignoter la Poussînière ou le Pouillier, si vous préférez.

MOI

Que les savants nomment Pléiades et les Gascons Charrette des Chiens.

LE BERGER

C'est cela. Un peu plus bas resplendissent les Enseigres, -- qui, spécialement, marquent les heures aux bergers. D'aucuns les nomment les Trois Rois, d'autres les Trois Bourdons ou le Râteau ou le Faux Manche.

MOI

Précisément, c'est Orion et la ceinture d'Orion.

LE BERGER

Très bien. Encore plus bas, toujours vers le midi, brille Jean de Milan.

MOI

Sirius, si je ne me trompe.

LE BERGER

Jean de Milan est le flambeau des astres. Jean de Milan, un jour, avec les Enseignes et la Poussinière, avait été, dit-on, convié à une noce. (La noce de la belle Maguelone, dont nous parlerons tantôt.) La Poussinière, matinale, partit, paraît-il, la première et prit le chemin haut. Les Enseignes, trois filles sémillantes, ayant coupé plus bas, finirent par l'atteindre. Jean de Milan, resté endormi, prit, lorsqu'il se leva, le raccourci et, pour les arrêter, leur lança son bâton à la volée... Ce qui fait que le Faux Manche est appelé depuis le Bâton de Jean de Milan.

MOI

Et celle qui, au loin, vient de montrer le nez et qui rase la montagne?

LE BERGER

C'est le Boiteux. Lui aussi était de la noce. Mais comme il boite, pauvre diable, il n'avance que lentement. Il se lève tard du reste et se couche de bonne heure.

MOI

Et celle qui descend, là-bas, sur le ponant, étincelante comme une épousée?

LE BERGER

Eh bien ! c'est elle! l'étoile du Berger, l'Étoile du Matin, qui nous éclaire à l'aube, quand nous lâchons le troupeau, et le soir, quand nous le rentrons: c'est elle, l'étoile reine, la belle étoile, Maguelone, la belle Maguelone, sans cesse poursuivie par Pierre de Provence, avec lequel a lieu, tous les sept ans son mariage.

MOI

La conjonction, je crois, de Vénus et de Jupiter ou de Saturne quelquefois.

LE BERGER

A votre goût... mais tiens, Labrit! Pendant que nous causions, les brebis se sont dispersées, taï! taï! ramène-les! Oh! le mauvais coquin de chien, une vraie rosse... Il faut que j'y aille moi-même. Allons, monsieur Frédéric, vous, prenez garde de ne pas vous égarer!

MOI

Bonsoir! Galant Jean.

Retournons aussi, comme le pâtre, à nos moutons. A partir des *Provençales*, recueil poétique où avaient collaboré les trouvères vieux et jeunes de cette époque-là, quelques-uns, dont j'étais, engagèrent entre eux une correspondance au sujet de la langue et de nos productions. De ces rapports, de plus en plus ardents, naquit l'idée d'un congrès de poètes
provençaux. Et, sur la convocation de Roumanille et de Gaut qui avaient écrit ensemble dans le journal *Lou Boui-Abaisse*, la réunion eut lien le 29 août 1852, à Arles, dans une salle de l'ancien archevêché, sous la présidence de l'aimable docteur d'Astros, doyen d'âge des trouvères. Ce fut là qu'entre tous nous fîmes connaissance, Aubanel, Aubert, Bourrelly, Cassan, Crousillat, Désanat, Garcin, Gaut, Gelu, Giéra, Mathieu, Roumanille, moi et d'autres. Grâce au bon Carpentrassien, Bonaventure Laurent, nos portraits eurent les honneurs de l'*Illustration* (18 septembre 1852).

Roumanille, en invitant M. Moquin-Tandon, professeur à la faculté des sciences de Toulouse et spirituel poète en son parler montpelliérain, l'avait chargé d'amener Jasmin à Arles. Mais, quand Moquin-Tandon écrivit à l'auteur de *Marthe la folle*, savez-vous ce que répondit l'illustre poète gascon: "Puisque vous allez à Arles, dites-leur qu'ils auront beau se réunir quarante et cent, jamais ils ne feront le bruit que j'ai fait tout seul."

-- Voilà Jasmin de pied en cap, me disait Roumanille.

Cette réponse le reproduit beaucoup plus fidèlement que le bronze élevé à Agen, en son honneur. Il était ce que l'on appelle, Jasmin, un fier bougre.

D'ailleurs, le perruquier d'Agen, en dépit de son génie, fut toujours aussi maussade pour ceux qui, comme lui, voulaient chanter dans notre langue. Roumanille, puisque nous y sommes, quelques années auparavant, lui avait envoyé ses *Pâquerettes*, avec la dédicace de Madeleine, une des poésies les meilleures du recueil. Jasmin ne daigna pas remercier le Provençal. Mais ayant, le Gascon, vers 1848, passé par Avignon, où il donna un concert avec Mlle Roaldès, qui jouait de la harpe, Roumanile, après la séance, vint avec quelques autres saluer le poète qui avait fait couler les larmes en déclamant ses *Souvenirs* :

-- *Où vas-tu grand-père? -- Mon fils à l'hôpital...*
C'est là que meurent les Jasmins.

-- Qui êtes-vous donc? fit l'Agenais au poète de Saint-Remy.

-- Un de vos admirateurs, Joseph Roumanille.

-- Roumanille? Je me souviens de ce nom... Mais je croyais qu'il fût celui d'un auteur mort.

-- Monsieur, vous le voyez, répondit l'auteur des *Pâquerettes* , qui ne laissa jamais personne lui marcher sur le pied, je suis assez jeune encore pour pouvoir, s'il plaît à Dieu, faire un jour votre épitaphe.

Qui fut bien plus gracieux pour la réunion d'Arles, ce fut ce bon Reboul, qui nous écrivit ceci: "Que Dieu bénisse votre table... Que vos luttes soient des fêtes, que les rivaux soient des amis! Celui qui fit les cieux a fait celui de notre pays si grand et si bleu qu'il y a de l'espace pour toutes les étoiles."

Et cet autre Nîmois, Jules Canonge, qui disait: "Mes amis, si vous aviez un jour à défendre notre cause, n'oubliez pas qu'en Arles se fit votre assemblée première et que vous fûtes étoilés dans la cité noble et fière qui a pour armes et pour devise: *l'épée et l'ire du lion.*"

Je ne me souviens pas de ce que je dis ou chantai là, mais je sais seulement qu'en voyant le jour renaître, j'étais dans le ravissement;

et, Roumanille l'a dit dans son discours de Montmajour, en 1889. Il paraît que, songeur, plongé dans ma pensée, dans mes yeux de jeune homme "resplendissaient déjà les sept rayons de l'Étoile".

Le Congrès d'Arles avait trop bien réussi pour ne pas se renouveler. L'année suivante, 21 août 1853, sous l'impulsion de Gaut, le jovial poète d'Aix, à Aix se tint une assemblée (le Festival des Trouvères) deux fois nombreuse comme l'assemblée d'Arles. C'est là que Brizeux, le grand barde breton, nous adressa le salut et les souhaits où il disait:

Le rameau d'olivier couronnera vos têtes,
Moi je n'ai que la lande en fleurs:
L'un symbole riant de la paix et des fêtes
L'autre symbole des douleurs.

Unissons-les, amis; les fils qui vont nous suivre
De ces fleurs n'ornent plus leurs fronts:
Aucun ne redira le son qui nous enivre,
Quand nous, fidèles, nous mourrons...

Mais peut-elle mourir la brise fraîche et douce?
L'aquilon l'emporte en son vol,
Et puis elle revient légère sur la mousse
Meurt-il le chant du rossignol?

Non, tu ranimeras l'idiome sonore,
Belle Provence, à son déclin;
Sur ma tombe longtemps doit soupirer encore
La voix errante de Merlin.

Outre ceux que j'ai cités comme figurant au Congrès d'Arles, voici les noms nouveaux qui émergèrent au Congrès d'Aix : Léon Alègre, l'abbé Aubert, Autheman, Bellot, Brunet, Chalvet, l'abbé Emery, Laidet, Mathieu Lacroix, l'abbé Lambert, Lejourdan, Peyrottes,

Ricard-Bérard, Tavan, Vidal etc., avec trois trouveresses, Mlles Reine Garde, Léonide Constans et Hortense Rolland.

Une séance littéraire, devant tout le beau monde d'Aix, se tint, après midi, dans la grande salle de la mairie, courtoisement ornée des couleurs de Provence et des blasons de toutes les cités provençales. Et sur une bannière en velours cramoisi étaient inscrits les noms des principaux poètes provençaux des derniers siècles. Le maire d'Aix, maire et député, était alors M. Rigaud, le même qui plus tard donna une traduction de *Mirèio* en vers français.

Après l'ouverture faite par un choeur de chanteurs,

> *Trouvères de Provence,*
> *Pour nous tous quel beau jour!*
> *Voici la Renaissance*
> *Du parler du Midi,*

dont Jean-Baptiste Gaut avait fait les paroles, le président d'Astros discourut gentiment en langue provençale; puis, tour à tour, chacun y alla de son morceau. Roumanille, très applaudi, récita un de ses contes et chanta la *Jeune Aveugle* ; Aubanel dévida sa pièce des *Jumeaux* , et moi *la Fin du Moissonneur* . Mais le plus grand succès fut pour la chansonnette du paysan Tavan, *les Frisons de Mariette* , et pour le maçon Lacroix, qui fit tous frissonner avec sa *Pauvre Martine* .

Emile Zola, alors écolier au collège d'Aix, assistait à cette séance et, quarante ans après, voici ce qu'il disait dans le discours qu'il prononça à la félibrée de Sceaux (1892) :

"J'avais quinze ou seize ans, et je me revois, écolier échappé du collège, assistant à Aix, dans la grande salle de l'Hôtel de Ville, à une fête poétique un peu semblable à celle que j'ai l'honneur de présider aujourd'hui. Il y avait là Mistral déclamant la *Mort du*

Moissonneur, Roumanille et Aubanel sans doute, d'autres encore, tous ceux qui, quelques années plus tard, allaient être les félibres et qui n'étaient alors que les troubadours."

Enfin, au banquet du soir, où l'on en dit, conta et chanta de toutes sortes, nous eûmes le plaisir d'élever nos verres à la santé du vieux Bellot, qui s'était, dans Marseille et toute la Provence, fait une renommée, méritée assurément, de poète drolatique, et qui, ébahi de voir ce débordement de sève, nous répondait tristement :

Je ne suis qu'un gâcheur;
J'ai dans ma pauvre vie, noirci bien du papier:
Gaut, Mistral, Crousillat, qui, eux, n'ont pas la flemme,
De notre provençal débrouilleront l'écheveau.

CHAPITRE XII

FONT-SÉGUGNE

Le groupe avignonnais. -- La fête de sainte Agathe. -- Le père de Roumanille. -- Crousiflat de Salon, -- Le chanoine Aubanel. -- La famille Giéra. -- Les amours d'Aubanel et de Zani. -- Le banquet de Font-Ségugne. -- L'institution du Félibrige. — L'oraison de saint Anselme. -- Le premier chant des félibres.

Nous étions, dans la contrée, un groupe de jeunes, étroitement unis, et qui nous accordions on ne peut mieux pour cette oeuvre de renaissance provençale. Nous y allions de tout coeur.

Presque tous les dimanches, tantôt dans Avignon, tantôt aux plaines de Maillane ou aux Jardins de Saint-Rémy, tantôt sur les hauteurs de Châteauneuf-de-Gadagne ou de Châteauneuf-du-Pape, nous nous réunissions pour nos parties intimes, régals de jeunesse, banquets de Provence, exquis en poésie bien plus qu'en mets, ivres d'enthousiasme et de ferveur, plus que de vin. C'est là que Roumanille nous chantait ses Noëls, là qu'il nous lisait les *Songeuses*, toutes fraîches, et *la Part du Bon Dieu* encore flambant neuve; c'est là que, croyant, mais sans cesse rongeant le frein de ses croyances, Aubanel récitait *le Massacre des Innocents* ; c'était là que *Mireille* venait, de loin en loin, dévider ses strophes nouvellement surgies.

A Maillane, lors de la Sainte-Agathe, qui est la fête de l'endroit, les "poètes" (comme on nous appelait déjà) arrivaient tous les ans pour y passer trois jours, comme les bohémiens. La vierge Agathe était Sicilienne : on la martyrisa en lui tranchant les seins. On dit même qu'à Arles, dans le trésor de Saint-Trophime, est conservé un plat d'agate qui, selon la tradition, aurait contenu les seins de la jeune bienheureuse. Mais d'où pouvait venir aux Arlésiens et aux Maillanais cette dévotion pour une sainte de Catane? Je me l'expliquerais de la façon suivante:

Un seigneur de Maillane, originaire d'Arles, Guillaume des Porcellets, fut, d'après l'histoire, le seul Français épargné aux Vêpres Siciliennes, en considération de sa droiture et de sa vertu. Ne nous aurait-il pas, lui ou ses descendants, apporté le culte de la vierge catanaise? Toujours est-il qu'en Sicile, sainte Agathe est invoquée contre les feux de l'Etna et à Maillane contre la foudre et l'incendie. Un honneur recherché par nos jeunes Maillanaises, c'est, avant leur mariage, d'être trois ans *prieuresses* (comme on dirait prêtresses) de l'autel de sainte Agathe, et voici qui est bien joli: la veille de la fête, les couples, la jeunesse, avant d'ouvrir les danses, viennent, avec leurs musiciens, donner une sérénade devant l'église, à sainte Agathe.

Avec les galants du pays, nous venions, nous aussi, derrière les ménétriers, à la clarté des falots errants et au bruit des pétards, serpenteaux et fusées, offrir à la patronne de Maillane nos hommages... Et, à propos de ces saints honorés sur l'autel, dans les villes et les villages, de-ci de-là, au Nord comme au Midi, depuis des siècles et des siècles, je me suis demandé, parfois: Qu'est-ce, à côté de cela, notre gloire mondaine de poètes, d'artistes, de savants, de guerriers, à peine connus de quelques admirateurs? Victor Hugo lui-même n'aura jamais le culte du moindre saint du calendrier, ne serait-ce que saint Gent qui, depuis sept cents ans, voit, toutes les années, des milliers de fidèles venir le supplier dans sa vallée perdue! Et aussi, un jour qu'à sa table (les flatteurs avaient posé cette question:

-- Y a-t-il, en ce monde, gloire supérieure à celle du poète?

-- Celle du saint, répondit l'auteur des *Contemplations*.

Lors de la Sainte-Agathe, nous allions donc au bal voir danser l'ami Mathieu avec Gango, Villette et Lali, mes belles cousines. Nous allions, dans le pré du moulin, voir les luttes s'ouvrir, au battement du tambour:

> *Qui voudra lutter, qu'il se présente...*
> *Qui voudra lutter...*
> *Qu'il vienne au pré!*

les luttes d'hommes et d'éphèbes où l'ancien lutteur Jésette, qui était surveillant du jeu, tournait et retournait autour des lutteurs, butés l'un contre l'autre, nus, les jarrets tendus, et d'une voix sévère leur rappelait parfois le précepte: *défense de déchirer les chairs...*

-- O Jésette... vous souvient-il de quand vous fîtes mordre la poussière à Quéquine?

-- Et de quand je terrassai Bel-Arbre d'Aramon, nous répondait le vieil athlète, enchanté de redire ses victoires d'antan. On m'appelait, savez-vous comme? Le Petit Maillanais ou, autrement, le Flexible. Nul jamais ne put dire qu'il m'avait renversé et, pourtant, j'eus à lutter avec le fameux Meissonnier, l'hercule avignonnais qui tombait tout le monde; avec Rabasson, avec Creste d'Apt... Mais nous ne pûmes rien nous faire.

A Saint-Remy, nous descendions chez les parents de Roumanille, Jean-Denis et Pierrette, de vaillants maraîchers qui exploitaient un jardin vers le Portail-du-Trou. Nous y dînions en plein air, à l'ombre claire d'une treille, dans les assiettes peintes qui sortaient en notre honneur, avec les cuillers d'étain et les fourchettes de fer; et Zine et Antoinette, les soeurs de notre ami, deux brunettes dans la vingtaine, nous servaient, souriantes, la blanquette d'agneau qu'elles venaient d'apprêter.

Un rude homme, tout de même, ce vieux Jean-Denis, le père de Roumanille. Il avait, étant soldat de Bonaparte (ainsi qu'assez dédaigneux il dénommait l'empereur), vu la bataille de Waterloo et racontait volontiers qu'il y avait gagné la croix.

-- Mais, avec la défaite, disait-il, on n'y pensa plus.

Aussi, lorsque son fils, au temps de Mac-Mahon, reçut la décoration, Jean-Denis, fièrement, se contenta de dire:

-- Le père l'avait gagnée, c'est le garçon qui l'a.

Et voici l'épitaphe que Roumanille écrivit sur la tombe de ses parents, au cimetière de Saint-Remy :

A JEAN-DENIS ROUMANILLE
JARDINIER, HOMME DE BIEN ET DE VALEUR (1791-1875)
A PIERRETTE PIQUET, SON ÉPOUSE,
BONNE, PIEUSE ET FORTE (1793-1895.
ILS VÉCURENT CHRÉTIENNEMENT ET MOURURENT
TRANQUILLES, DEVANT DIEU SOIENT-ILS!

Crousillat, de Salon, un dévot de la langue et des Muses de Crau, était assez souvent de ces réunions d'amis et c'est au lendemain d'une lecture poétique qu'il me gratifia du sonnet que je transcris:

J'entendis un écho de ta pure harmonie,
Le jour que nous pûmes, chez Roumanille,
Cinq trouvères joyeux, francs de cérémonie,
Manger, choquer le verre, chanter, rire en famille.

Mais quand finiras-tu de tresser ton panier,
Quand de nous attifer ta belle jeune fille?
Que je m'écrie content et jamais façonnier
Ta Mireille, ô Mistral, est une merveille!...

Si donc, comme le vent dont le nom te convient,
Fort est le souffle saint qui t'inspire, jeune homme,
Allons, au monde avide épanche les accents:

A tes flambants accords les monts vont s'émouvoir
Les arbres tressaillir, les torrents s'arrêter,
Comme aux sons modulés sur les lyres antiques.

On allait, en Avignon, à la maison d'Aubanel, dans la rue Saint-Marc (qui, aujourd'hui, porte le nom du glorieux félibre): un hôtel à tourelles, ancien palais cardinalice, qu'on a démoli depuis pour percer une rue neuve. En entrant dans le vestibule, on voyait, avec sa vis, une presse de bois semblable à un pressoir qui, depuis deux cents ans, servait pour imprimer les livres paroissiaux et scolaires du Comtat. Là, nous nous installions, un peu intimidés par le parfum d'église qui était dans les murs, mais surtout par Jeanneton, la vieille cuisinière, qui avait toujours l'air de grommeler:

-- Les voilà encore!

Cependant, la bonhomie du père d'Aubanel, imprimeur officiel de notre Saint-Père le Pape, et la jovialité de son oncle le chanoine nous avaient bientôt mis à l'aise. Et venu le moment où l'on choque le verre, le bon vieux prêtre racontait.

-- Une nuit, disait-il, quelqu'un vint m'appeler pour porter l'extrême-onction à une malheureuse de ces mauvaises maisons du préau
de la Madeleine. Quand j'eus administré la pauvre agonisante, et que nous redescendions avec le sacristain, les dames, alignées le long de

l'escalier, décolletées et accoutrées d'oripeaux de carnaval, me saluèrent au passage, la tête penchée, d'un air si contrit qu'on leur aurait donné, selon l'expression populaire, l'absolution sans les confesser. Et la mère catin, tout en m'accompagnant, m'alléguait des prétextes pour excuser sa vie... Moi, sans répondre, je dévalais les degrés; mais dès qu'elle m'eut ouvert la porte du logis, je me retourne et je lui fais:

-- Vieille brehaigne! s'il n'y avait point de matrones, il n'y aurait pas tant de gueuses!

Chez Brunet, chez Mathieu (dont nous parlerons plus tard) nous faisions aussi nos frairies. Mais l'endroit bienheureux, l'endroit prédestiné, c'était, ensuite, Font-Ségugne, bastide de plaisance près du village de Gadagne, où nous conviait la famille Giéra: il y avait la mère, aimable et digne dame; l'aîné qu'on appelait Paul, notaire à Avignon, passionné pour la Gaie-Science; le cadet Jules, qui rêvait la rénovation du monde par l'oeuvre des
Pénitents Blancs; enfin, deux demoiselles charmantes et accortes: Clarisse et Joséphine, douceur et joie de ce nid.

Font-Ségugne, au penchant du plateau de Camp-Cabel; regarde le Ventoux, au loin, et la gorge de Vaucluse qui se voit à quelques lieues. Le domaine prend son nom d'une petite source qui y coule au pied du castel. Un délicieux bouquet de chênes, d'acacias et de platanes le tient abrité du vent et de l'ardeur du soleil.

"Font-Ségugne, dit Tavan (le félibre de Gadagne), est encore l'endroit où viennent, le dimanche, les amoureux du village. Là, ils ont l'ombre, le silence, la fraîcheur, les
cachettes; il y a là des viviers avec leurs bancs de pierre que le lierre enveloppe; il y a des sentiers qui montent, qui descendent, tortueux, dans le bosquet; il y a belle vue; il y a chants d'oiseaux, murmure de feuillage, gazouillis de fontaine. Partout, sur le gazon,

vous pouvez vous asseoir, rêver d'amour, si l'on est seul et, si l'on est deux, aimer."

Voilà où nous venions nous récréer comme perdreaux, Roumanille Giéra,
Mathieu, Brunet, Tavan, Crousillat, moi et autres, Aubanel plus que tous, retenu sous le charme par les yeux de Zani (Jenny Manivet de son vrai nom), Zani l'Avignonnaise, une amie et compagne des demoiselles du castel.

"Avec sa taille mince et sa robe de laine,-- couleur de la grenade, -- avec son front si lisse et ses grands yeux si beaux, -- avec ses longs cheveux noirs et son brun visage, -- je la verrai tantôt, la jeune vierge, -- qui me dira: "Bonsoir." O Zani, venez vite!"

C'est le portrait qu'Aubanel, dans son *Livre de l'Amour*, en fit lui-même... Mais, à présent, écoutons-le, lorsque, après que Zani eut pris le voile, il se rappelle
Font-Ségugne :

"Voici l'été, les nuits sont claires. -- A Châteauneuf, le soir est beau. -- Dans les bosquets la lune encore-- monte la nuit sur Camp-Cabel. -- T'en souvient-il? Parmi les pierres, -- avec ta face d'Espagnole, -- quand tu courais comme une folle, -- quand nous courions comme des fous -- au plus sombre et qu'on avait peur?

"Et par ta taille déliée -- je te prenais: que c'était doux! -- Au chant des bêtes du bocage, -- nous dansions alors tous les deux. -- Grillons, rossignols et rainettes --
disaient, chacun, leurs chansonnettes; -- tu y ajoutais ta voix claire... -- Belle amie, où sont, maintenant, -- tant de branles et de chansons?

"Mais, à la fin? las de courir, -- las de rire, las de danser, -- nous nous asseyions sous les chênes -- un moment pour nous reposer;

-- tes longs cheveux qui s'épandaient. -- mon amoureuse main aimait
-- à les reprendre; et toi, bonne, tu me laissais faire, tout doux,
-- comme une mère son enfant."

Et les vers écrits par lui, au châtelet de Font-Ségugne, sur les murs de la chambre où sa Zani couchait.

"O chambrette, chambrette, -- bien sûr que tu es petite, mais que de souvenirs! -- Quand je passe ton seuil, je me dis: "Elles viennent!" -- Il me semble vous voir, ô belles jouvencelles, -- toi, pauvre Julia, toi, ma chère Zani! -- Et pourtant, c'en est fait! -- Ah! vous ne viendrez plus dormir dans la chambrette! -- Julia, tu es morte! Zani, tu es nonnain!"

Vouliez-vous, pour berceau d'un rêve glorieux, pour l'épanouissement d'une fleur d'idéal, un lieu plus favorable que cette cour d'amour discrète, au belvédère d'un coteau, au milieu des lointains azurés et sereins, avec une volée de jeunes qui adoraient le Beau sous les trois espèces: Poésie, Amour, Provence, identiques pour eux, et quelques demoiselles gracieuses, rieuses, pour leur faire compagnie!

Il fut écrit au ciel qu'un dimanche fleuri, le 21 mai 1854, en pleine primevère de la vie et de l'an, sept poètes devaient se rencontrer au castel de Font-Ségugne: Paul Giéra, un esprit railleur qui signait Glaup (par anagramme de Paul G.); Roumanille, un propagandiste qui, sans en avoir l'air, attisait incessamment le feu sacré autour de lui; Aubanel, que Roumanille avait conquis à notre langue et qui, au soleil d'amour, ouvrait en ce moment le frais corail de sa *grenade* ; Mathieu, ennuagé dans les visions de la Provence redevenue, comme jadis, chevaleresque et amoureuse; Brunet, avec sa face de Christ de Galilée, rêvant son utopie de Paradis terrestre; le paysan Tavan qui, ployé sur la houe, chantonnait au soleil comme le grillon sur la glèbe; et Frédéric, tout prêt à jeter au mistral, comme les pâtres des montagnes, le cri de race pour héler, et tout prêt à planter le gonfalon sur le Ventoux...

A table, on reparla, comme c'était l'habitude, de ce qu'il faudrait pour tirer notre idiome de l'abandon où il gisait depuis que, trahissant l'honneur de la Provence, les classes dirigeantes l'avaient réduit, hélas! à la domesticité. Et alors, considérant que, des deux derniers Congrès, celui d'Arles et celui d'Aix, il n'était rien sorti qui fît prévoir un accord pour la réhabilitation de la langue provençale; qu'au contraire, les réformes, proposées par les jeunes de l'Ecole avignonnaise, s'étaient vues, chez beaucoup, mal accueillies et mal voulues, les Sept de Font-Ségugne délibérèrent, unanimes, de faire bande à part et, prenant le but en main, de le jeter où ils voulaient.

-- Seulement, observa Glaup, puisque nous faisons corps neuf, il nous faut un nom nouveau. Car, entre rimeurs, vous le voyez, bien qu'ils ne trouvent rien du tout, ils se disent tous *trouvères*. D'autre part, il y a aussi le mot de *troubadour*. Mais, usité pour désigner les poètes d'une époque, ce nom est décati par l'abus qu'on en a fait. Et à renouveau enseigne nouvelle!

Je pris alors la parole.

-- Mes amis, dis-je, à Maillane, il existe dans le peuple, un vieux récitatif qui s'est transmis de bouche en bouche et qui contient, je crois, le mot prédestiné.

Et je commençai :

"Monseigneur saint Anselme lisait et écrivait. -- Un jour de sa sainte écriture, -- il est monté au haut du ciel. -- Près de l'Enfant Jésus, son fils très précieux, -- il a trouvé la Vierge assise -- et aussitôt l'a saluée. -- Soyez le bienvenu, neveu! a dit la Vierge. -- Belle compagne, a dit son enfant, qu'avez-vous? -- J'ai souffert sept douleurs amères -- que je désire vous conter.

"La première douleur que je souffris pour vous, ô mon fils précieux, -- c'est lorsque, allant ouïr messe de relevailles, au temple je me présentai, -- qu'entre les mains de saint Siméon je vous mis. -- Ce fut un couteau de douleur -- qui me trancha le coeur, qui me traversa l'âme, - ainsi qu'à vous, -- ô mon fils précieux!

"La seconde douleur que je souffris pour vous, etc. -- La troisième douleur que je souffris pour vous, etc. -- La quatrième douleur que je souffris pour vous, -- ô mon fils précieux! -- c'est quand je vous perdis, -- que de trois jours, trois nuits, je ne vous trouvai plus, -- car vous étiez dans le temple, -- où vous vous disputiez, avec les scribes de la loi, -- avec les sept *félibres* de la Loi (1)."

-- Les sept félibres de la Loi, mais c'est nous autres, écria la tablée. Va pour *félibre*.

Et Glaup ayant versé dans les verres taillés une bouteille de châteauneuf qui avait sept ans de cave, dit solennellement:

-- A la santé des félibres! Et, puisque nous voici en train de baptiser, adaptons au vocable de notre Renaissance tous les dérivés qui doivent en naître. Je vous propose donc d'appeler *félibrerie* toute école de félibres qui comptera au moins sept membres, en mémoire, messieurs, de la pléiade d'Avignon.

-- Et moi, dit Roumanille, je vous propose, s'il vous plaît, le joli mot *félibriser* pour dire "se réunir, comme nous faisons, entre félibres".

(1) Ce poème populaire se dit aussi en Catalogne. Voici la traduction du Catalan correspondant au provençal que nous venons de citer: Le troisième (couteau) fut quand vous eûtes, -- près de trois jours, perdu votre Fils; -- vous le trouvâtes dans le temple, -- disputant avec des savants, -- prêchant sous les voûtes -- la céleste doctrine.

-- Moi, dit Mathieu, j'ajoute le terme *félibrée* pour dire "une frairie de poètes provençaux".

-- Moi, dit Tavan, je crois que le mot *félibréen* n'exprimerait pas mal ce qui concerne les félibres.

-- Moi je dédie, fit Aubanel, le nom de *félibresse* aux dames qui chanteront en langue de Provence.

-- Moi, je trouve, dit Brunet, que le mot *félibrillon* siérait aux enfants des félibres.

-- Moi, dit Mistral, je clos par ce mot national: *félibrige, félibrige* ! qui désignera l'oeuvre et l'association.

Et, alors, Glaup reprit:

-- Ce n'est pas tout, collègues! nous sommes les félibres de la loi... Mais, la Loi, qui la fait?

-- Moi, dis-je, et je vous jure que, devrais-je y mettre vingt ans de ma vie, je veux, pour faire voir que notre langue est une langue, rédiger les articles de loi qui la régissent.

Drôle de chose! elle a l'air d'un conte et, pourtant, c'est de là, de cet engagement pris un jour de fête, un jour de poésie et d'ivresse idéale, que sortit cette énorme et
absorbante tâche du *Trésor du Félibrige* ou dictionnaire de la langue provençale, où se sont fondus vingt ans d'une carrière de poète.

Et qui en douterait n'aura qu'à lire le prologue de Glaup (P. Giéra) dans *l'Almanach Provençal* de 1885, où cela est clairement consigné comme suit:

"Quand nous aurons toute prête la Loi qu'un félibre prépare et qui dit, beaucoup mieux que vous ne sauriez le croire, pourquoi ceci, pourquoi cela, les opposants devront se taire."

C'est dans cette séance, mémorable à juste titre et passée, aujourd'hui, à l'état de légende, qu'on décida la publication, sous forme d'almanach, d'un petit recueil annuel qui serait le fanion de notre poésie, l'étendard de notre idée, le trait d'union entre félibres, la communication du Félibrige avec le peuple.

Puis, tout cela réglé, l'on s'aperçut, ma foi, que le 21 de mai, date de notre réunion, était le jour de sainte Estelle; et, tels que les rois Mages, reconnaissant par là l'influx mystérieux de quelque haute conjoncture, nous saluâmes l'Étoile qui présidait au berceau de notre rédemption.

L'*Almanach Provençal pour le Bel An de Dieu 1855* parut la même année avec ses cent douze pages. A la première, en belle place, tel qu'un trophée de victoire, notre *Chant des Félibres* exposait le programme de ce réveil de sève et de joie populaire:

--Nous sommes des amis, des frères,
Étant les chanteurs du pays!
Tout jeune enfant aime sa mère,
Tout oisillon aime son nid:
Notre ciel bleu, notre terroir
Sont, pour nous autres, un paradis.

Tous des amis, joyeux et libres,
De la Provence tous épris,
C'est nous qui sommes les félibres,
Les gais félibres provençaux!

En provençal ce que l'on pense
Vient sur les lèvres aisément.

O douce langue de Provence,
Voilà pourquoi nous t'aimerons!
Sur les galets de la Durance
Nous le jurons tous aujourd'hui!

Tous des amis, etc...

Les fauvettes n'oublient jamais
Ce que leur gazouilla leur père,
Le rossignol ne l'oublie guère,
Ce que son père lui chanta;
Et le langage de nos mères,
Pourrions-nous l'oublier, nous autres?

Tous des amis, etc...

Cependant que les jouvencelles
Dansent au bruit du tambourin,
Le dimanche, à l'ombre légère,
A l'ombre d'un figuier, d'un pin,
Nous aimons à goûter ensemble,
A humer le vin d'un flacon.

Tous des amis, etc...

Alors, quand le moût de la Nerthe
Dans le verre sautille et rit,
De la chanson qu'il a trouvée
Dès qu'un félibre lance un mot,
Toutes les bouches sont ouvertes
Et nous chantons tous à la loi.

Tous des amis, etc...

Des jeunes filles sémillantes
Nous aimons le rire enfantin;
Et, si quelqu'une nous agrée,
Dans nos vers de galanterie
Elle est chantée et rechantée
Avec des mots plus que jolis.

Tous des amis, etc.

Quand les moissons seront venues,
Si la poêle frit quelquefois,
Quand vous foulerez vos vendanges,
Si le suc du raisin foisonne
Et que vous ayez besoin d'aide,
Pour aider, nous y courrons tous.

Tous des amis, etc...

Nous conduisons les farandoles;
A la Saint-Éloi, nous trinquons;
S'il faut lutter, à bas la veste;
De saint Jean nous sautons le feu;
A la Noël, la grande fête,
Ensemble nous posons la Bûche.

Tous des amis, etc...

Dans le moulin lorsqu'on détrite
Les sacs d'olives, s'il vous faut
Des lurons pour pousser la barre,
Venez, nous sommes toujours prêts
Vous aurez là des gouailleurs comme
Il n'en est pas dix nulle part.

Tous des amis, etc...

Vienne la rôtie des châtaignes
Aux veillées de la Saint-Martin,

Si vous aimez les contes bleus,
Appelez-nous, voisins, voisines:
Nous vous en dirons des brochées
Dont vous rirez jusqu'au matin.

Tous des amis, etc...

A votre fête patronale
Faut-il des prieurs, nous voici...
Et vous, pimpantes mariées,
Voulez-vous un joyeux couplet?
Conviez-nous: pour vous, mignonnes,
Nous en avons des cents au choix!

Tous des amis, etc...

Quand vous égorgerez la truie,
Ne manquez pas de faire signe!
Serait-ce par un jour de pluie,
Pour la saigner on lie la queue:
Un bon morceau de la fressure,
Rien de pareil pour bien dîner.

Tous des amis, etc...

Dans le travail le peuple ahane:
Ce fut, hélas! toujours ainsi...
Eh! s'il fallait toujours se taire,
Il y aurait de quoi crever!
Il en faut pour le faire rire,
Et il en faut pour lui chanter!

Tous des amis, joyeux et libres,
De la Provence tous épris,
C'est nous qui sommes les félibres,
Les gais félibres provençaux!

Le Félibrige, vous le voyez, était loin d'engendrer mélancolie et pessimisme. Tout s'y faisait de gaieté de coeur, sans arrière-pensée de profit ni de gloire. Les collaborateurs des premiers almanachs avaient tous pris des pseudonymes: le Félibre des Jardins (Roumanille), le Félibre de la Grenade (Aubanel), le Félibre des Baisers (Mathieu), le Félibre Enjoué (Glaup, Paul Giéra), le Félibre du Mas on bien de Belle-Viste (Mistral), le Félibre de l'Armée (Tavan, pris par la conscription), le Félibre de l'Arc-en-Ciel (G. Brunet, quiétait peintre); tous ceux, ensuite, qui vinrent peu à peu grossir le bataillon : le Félibre de Verre (D. Cassan), le Félibre des Glands (T. Poussel), le Félibre de la Sainte-Braise (E. Garcin), le Félibre de Lusène (Crousillat, de Salon), le Félibre de l'Ail (J.-B. Martin, surnommé le Grec), le Félibre des Melons (V. Martin, de Cavaillon), la Félibresse du Caulon (fille du précédent), le Félibre Sentimental (B. Laurens), le Félibre des Chartes (Achard, archiviste de Vaucluse), le Félibre du Pontias (B. Chalvet, de Nyons), le Félibre de Maguelone (Moquin-Tandon), le Félibre de la Tour-Magne (Roumieux, de Nîmes), le Félibre de la Mer (M. Bourrelly), le Félibre des Crayons (l'abbé Cotton) et le Félibre Myope (premier nom du *Cascarelet*, qui a signé, plus tard, les facéties et contes naïfs de Roumanille et de Mistral).

CHAPITRE XIII

L'ALMANACH PROVENÇAL

Le bon pèlerin. -- Jarjaye au paradis. -- La Grenouille de Narbonne.
-- La Montelaise -- L'homme populaire.

L'*Almanach Provençal* , bien venu des paysans, goûté par les patriotes, estimé par les lettrés, recherché par les artistes, gagna rapidement la faveur du public; et son tirage, qui fut, la première année, de cinq cents exemplaires, monta vite à douze cents, à trois mille, à cinq mille, à sept mille, à dix mille, qui est le chiffre moyen depuis quinze ou vingt ans.

Comme il s'agit d'une oeuvre de famille et de veillée, ce chiffre représente, je ne crois guère me tromper, cinquante mille lecteurs. Impossible de dire le soin, le zèle, l'amour-propre que Roumanille et moi avions mis sans relâche à ce cher petit livre, pendant les quarante premières années. Et sans parler ici des innombrables poésies qui s'y sont publiées, sans parler de ses *Chroniques* , où est contenue, peut-on dire, l'histoire du Félibrige, la quantité de contes, de légendes, de sornettes, de facéties et de gaudrioles, tous recueillis dans le terroir, qui s'y sont ramassés, font de cette entreprise une collection unique. Toute la tradition, toute la raillerie, tout l'esprit de notre race se trouvent serrés là dedans; et si le peuple provençal, un jour, pouvait disparaître, sa façon d'être et de penser se retrouverait telle quelle dans l'almanach des félibres.

Roumanille a publié, dans un volume à part (*Li Conte Prouvençau et li Cascareleto*), la fleur des contes et gais devis qu'il égrena à profusion dans notre almanach populaire. Nous aurions pu en faire autant; mais nous nous contenterons de donner, en spécimen de notre prose d'almanach, quelques-uns des morceaux qui eurent le plus de succès et qui ont été, du reste, traduits et répandus par Alphonse Daudet, Paul Arène, E. Blavet, et autres bons amis.

LE BON PÈLERIN

Légende provençale.

I

Maître Archimbaud avait près de cent ans. Il avait été jadis un rude homme de guerre; mais à présent, tout éclopé et perclus par la vieillesse, il tenait le lit toujours et ne pouvait plus bouger.

Le vieux maître Archimbaud avait trois fils. Un matin, il appela l'aîné et lui dit :

-- Viens ici, Archimbalet! En me retournant dans mon lit et rêvassant, car, va, au fond d'un lit, on a le temps de réfléchir je me suis remémoré que, dans une bataille, me rencontrant un jour en danger de périr je promis à Dieu de faire le voyage de Rome... Aïe! je suis Vieux comme terre et ne puis plus aller en guerre! Je voudrais bien, mon fils, que tu fisses à ma place ce pèlerinage-là, car il me peine de mourir sans avoir accompli mon voeu.

L'aîné répondit:

-- Que diable allez-vous donc vous mettre en tête, un pèlerinage à Rome et je ne sais où encore! Père, mangez, buvez, et puis dans votre lit, autant qu'il vous plaira, dites des patenôtres! Nous avons, nous, autre chose à faire.

Maître Archimbaud, le lendemain matin, appelle son fils cadet;

-- Cadet, écoute, lui fait-il: en rêvassant et en calculant, car, vois-tu, au fond d'un lit on a le loisir de rêver, je me suis souvenu que, dans une tuerie, me trouvant un jour en danger mortel, je me vouai à Dieu pour le grand voyage de Rome... Aïe! je suis vieux comme terre! je ne puis plus aller en guerre! et je voudrais qu'à ma place tu ailles faire, toi, le pèlerinage promis.

Le cadet répondit:

-- Père, dans quinze jours va venir le beau temps! Il faudra labourer les chaumes, il faut cultiver les vignes, il faut faucher les foins... Notre aîné doit conduire le troupeau dans la montagne; le jeune est un enfant... Qui commandera, si je m'en vais à Rome fainéanter par les chemins? Père, mangez, dormez, et laissez-nous tranquilles.

Le bon maître Archimbaud, le lendemain matin appelle le plus jeune:

-- Espérit, mon enfant, approche, lui fait-il. J'ai promis au bon Dieu de faire un pèlerinage à Rome... Mais je suis vieux comme terre! Je ne puis plus aller en guerre... Je t'y enverrais bien à ma place, pauvret! Mais tu es un peu jeune, tu ne sais pas la route; Rome est très loin, mon Dieu! et s'il t'arrivait malheur...

-- Mon père, j'irai, répondit le jeune. Mais la mère cria: Je ne veux pas que tu y ailles! Ce vieux radoteur avec sa guerre, avec sa Rome, finit par donner sur les nerfs: non content de grogner, de se plaindre, de geindre, toute l'année durant, il enverrait maintenant ce bel enfant se perdre!

-- Mère, dit le jeune, la volonté d'un père est un ordre de Dieu! Quand Dieu commande, il faut partir.

Et Espérit, sans dire plus, alla tirer du vin dans une petite gourde, mit un pain dans sa besace avec quelques oignons, chaussa ses souliers neufs, chercha dans le bûcher un bon bâton de chêne, jeta son manteau sur l'épaule, embrassa son vieux père, qui lui donna force conseils, fit ses adieux à toute sa parenté et partit.

II

Mais avant de se mettre en voie, il alla dévotement ouïr la sainte messe; et n'est-ce pas merveille qu'en sortant de l'église, il trouva sur le seuil un beau jeune homme qui lui adressa ces mots:

-- Ami, n'allez-vous pas à Rome?

-- Mais oui, dit Espérit.

-- Et moi aussi, camarade; si cela vous plaisait, nous pourrions faire route ensemble.

-- Volontiers, mon bel ami.

Or cet aimable jouvenceau était un ange envoyé par Dieu.

Espérit avec l'ange prirent donc la voie romaine; et ainsi tout gaiement, tantôt au soleil, tantôt à l'aiguail, en mendiant leur pain et chantant des cantiques, la petite gourde au bout du bâton, enfin ils arrivèrent à la cité de Rome.

Une fois reposés, ils firent leurs dévotions à la grande église de Saint-Pierre, visitèrent tour à tour les basiliques, les chapelles,

les oratoires, les sanctuaires, et tous les piliers sacrés, baisèrent
les reliques des apôtres Pierre et Paul, des vierges, des martyrs et
de la vraie Croix; bref avant de repartir, ils furent voir le pape,
qui leur donna sa bénédiction.

Et alors Espérit avec son compagnon allèrent se coucher sous le
porche de Saint-Pierre et Espérit s'endormit.

Or, voici qu'en dormant le pèlerin vit en songe ses frères et sa mère
qui brûlaient en enfer, et il se vit lui-même avec son père dans la
gloire éternelle des paradis de Dieu.

-- Hélas! pour lors, s'écria-t-il, je voudrais bien, mon Dieu,
retirer du feu ma mère, ma pauvre mère et mes frères!

Et Dieu lui répondit:

-- Tes frères, c'est impossible, car ils ont désobéi mon
commandement; mais ta mère, peut-être, si tu peux, avant sa mort, lui
faire faire trois charités.

Et Espérit se réveilla. L'ange avait disparu. Il eut beau l'attendre,
le chercher, le demander, il ne le retrouva plus et il dut tout seul
s'en retourner à Rome.

Il se dirigea donc vers le rivage de la mer, ramassa des coquillages,
en garnit son habit ainsi que son chapeau, et de là, lentement, par
voies et par chemins, par vallées et par montagnes, il regagna le
pays en mendiant et en priant.

III

C'est ainsi qu'il arriva dans son endroit et à sa maison.

Il en manquait depuis deux ans. Amaigri et chétif, hâlé, poudreux, en
haillons, les pieds nus, avec sa petite gourde au bout de son

bourdon, son chapelet et ses coquilles, il était méconnaissable. Personne ne le reconnut, et il s'en vint tout droit au logis paternel et dit doucement à la porte:

-- Au pauvre pèlerin, au nom de Dieu, faites l'aumône!

-- Ho! sa mère cria, vous êtes ennuyeux! Tous les jours il en passe, de ces garnements, de ces vagabonds, de ces truandailles.

-- Hélas! épouse, fit au fond de son lit le bon vieil Archimbaud, donne-lui quelque chose: qui sait si notre fils n'est pas à cette même heure dans le même besoin!

Et, ma foi, en grommelant, la femme coupa un croûton et l'alla porter au pauvre. Le lendemain, le pèlerin retourne encore à la porte de la maison paternelle en disant:

-- Au nom de Dieu, maîtresse, faites un peu d'aumône au pauvre pèlerin.

-- Vous êtes encore là! cria la vieille, vous savez bien qu'hier on vous donna; ces gloutons mangeraient tout le bien du Chapitre!

-- Hélas! épouse, dit Archimbaud le bon vieillard, hier as-tu pas mangé? et aujourd'hui toi-même ne manges-tu pas encore? Qui sait si notre fils ne se trouve pas aussi dans la même misère!

Et voilà que l'épouse, attendrie de nouveau, va couper un autre croûton et le porte encore au pauvre.

Le lendemain enfin, Espérit revient à la porte de ses gens et dit:

-- Au nom de Dieu, ne pourriez-vous pas, maîtresse, donner l'hospitalité au pauvre pèlerin?

-- Nenni, cria la dure vieille, allez-vous-en coucher où l'on loge les gueux!

-- Hélas! épouse, dit le bon vieil Archimbaud, donne-lui l'hospitalité: qui sait si notre enfant, notre pauvre Espérit, n'est pas errant, à cette heure, à la rigueur du mauvais temps!

-- Oui, tu as raison, dit la mère, et elle alla aussitôt ouvrir la porte de l'étable et le pauvre Espérit, sur la paille, derrière les bêtes, alla se gîter dans un coin.

Au petit jour, le lendemain, la mère d'Espérit, les frères d'Espérit viennent pour ouvrir l'étable... L'étable, mes amis, était tout illuminée: le pèlerin était mort, était roidi et blanc, entre quatre grands cierges qui brûlaient autour de lui; la paille où il gisait était étincelante; les toiles d'araignées, luisantes de rayons, pendaient là-haut des poutres, telles que les courtines d'une chapelle ardente; les bêtes de l'étable, les mulets et les boeufs, chauvissaient effarés avec de grands yeux pleins de larmes; un parfum de, violette embaumait l'écurie; et le pauvre pèlerin, la face glorieuse, tenait dans ses mains jointes un papier où était écrit: "Je suis votre fils."

Alors éclatèrent les pleurs et tous en se signant tombèrent à genoux: Espérit était un saint.

(*Almanach Provençal de 1879*.)

JARJAYE AU PARADIS

Jarjaye, un portefaix de Tarascon, vient à mourir et, les yeux fermés, tombe dans l'autre monde. Et de rouler et de rouler! L'éternité est vaste, noire comme la poix, démesurée, lugubre à donner le frisson. Jarjaye ne sait où gagner, il est dans l'incertitude, il claque des dents et bat l'espace. Mais à force d'errer il aperçoit au loin une petite lumière, là-bas au loin, bien loin... Il s'y dirige ; c'était la porte du bon Dieu.

Jarjaye frappe: pan! pan! à la porte.

-- Qui est là? crie saint Pierre.

--C'est moi.

-- Qui, toi?

-- Jarjaye.

-- Jarjaye de Tarascon?

-- C'est ça, lui-même.

-- Mais, garnement, lui fait saint Pierre, comment as-tu le front de vouloir entrer au saint paradis, toi qui jamais depuis vingt ans n'as récité tes prières; toi qui, lorsqu'on te disait: "Jarjaye, viens à la messe" répondais: "Je ne vais qu'à celle de l'après-midi"; toi qui, par moquerie, appelais le tonnerre "le tambour des escargot"; toi qui mangeais gras, le vendredi quand tu pouvais, le samedi quand tu en avais, en disant: "Qu'il en vienne! c'est la chair qui fait la chair; ce qui entre dans le corps ne peut faire mal à l'âme"; toi qui, quand sonnait l'angélus, au lieu de te signer comme doit faire un bon chrétien: "Allons, disais-tu, un porc est pendu à la cloche!"; toi qui, aux avis de ton père: "Jarjaye, Dieu te punira"! ripostais de coutume: "Le Bon Dieu qui l'a vu? Une fois mort on est bien mort!"; toi enfin qui blasphémais et reniais chrême et baptême, se peut-il que tu oses te présenter ici, abandonné de Dieu?

Le pauvre Jarjaye répliqua:

-- Je ne dis pas le contraire, je suis un pécheur. Mais qui savait qu'après la mort il y eût tant de mystères! Enfin, oui, j'ai failli, et la piquette est tirée; s'il faut la boire, on la boira. Mais au moins, grand saint Pierre, laissez-moi voir un peu mon oncle, pour lui conter ce qui se passe à Tarascon.

-- Quel oncle?

-- Mon oncle Matéry, qui était pénitent blanc.

-- Ton oncle Matéry? Il a pour cent ans de purgatoire.

-- Malédiction! pour cent ans! et qu'avait-il fait?

-- Tu te rappelles qu'il portait la croix aux processions. Un jour, des mauvais plaisants se donnèrent le mot, et l'un d'eux se met à dire: "Voyez Matéry qui porte la croix!" Un peu plus loin un autre répète: "Voyez Matéry qui porte la croix! » Un autre finalement lui fait comme ceci: "Voyez, voyez Matéry, qu'est-ce qu'il porte?" Matéry impatienté répliqua, paraît-il: "Un viédaze comme toi". Et il eut un coup de sang et mourut sur sa colère.

-- Alors, faites-moi voir ma tante Dorothée, qui était tant, tant dévote.

-- Fi! elle doit être au diable, je ne la connais pas...

-- Que celle-là soit au diable, cela ne m'étonne guère, car pour la dévotion si elle fut outrée, pour la méchanceté c'était une vraie vipère... Figurez-vous que...

-- Jarjaye, je n'ai pas loisir; il me faut aller ouvrir à un pauvre balayeur que son âne vient d'envoyer au paradis d'un coup de pied.

-- O grand saint Pierre, puisque vous avez tant fait et que la vue ne coûte rien, laissez-moi voir un peu le paradis, qu'on dit si beau!

-- Oui, parbleu! tout de suite, vilain huguenot que tu es!

-- Allons, saint Pierre, souvenez-vous que par là-bas mon père, qui est pêcheur, porte votre bannière aux processions, et les pieds nus...

-- Soit, dit le saint, pour ton père, je te l'accorde; mais vois, canaille, c'est entendu, tu n'y mettras que le bout du nez.

-- Ça suffit.

Donc le céleste portier entrebâille sans bruit la porte et dit à Jarjaye: "Tiens, regarde."

Mais celui-ci, tournant soudainement le dos, entre à reculons dans le paradis.

-- Que fais-tu? lui demande saint Pierre.

-- La grande clarté m'offusque, répond le Tarasconnais; il me faut entrer par le dos; mais selon votre parole, lorsque ne j'y aurai mis le nez, soyez tranquille, je n'irai pas plus loin "Allons, pensa le bienheureux, j'ai mis le pied dans la musette." Et le Tarasconnais est dans le paradis.

-- Oh! dit-il, comme on est bien! comme c'est beau! quelle musique.

Au bout d'un certain moment, le porte-clefs lui fait:

-- Quand tu auras assez bayé, voyons, tu sortiras, parce que je n'ai pas le temps de te donner la réplique...

-- Ne vous gênez pas, dit Jarjaye, si vous avez quelque chose à faire, allez à vos occupations... Moi je sortirai quand je sortirai... Je ne suis pas pressé du tout.

-- Mais tels ne sont pas nos accords.

-- Mon Dieu, saint homme, vous voilà bien ému! Ce serait différent s'il n'y avait point de large; mais, grâce à Dieu, la place ne manque pas.

-- Et moi je te prie de sortir, car si le bon Dieu passait....

-- Ho! puis, arrangez-vous comme vous voudrez. J'ai toujours ouï dire: qui se trouve bien, qu'il ne bouge. Je suis ici, j'y reste.

Saint Pierre hochait la tête, frappait du pied. Il va trouver Saint Yves.

-- Yves, lui fait-il, toi qui es avocat, tu vas me donner un conseil.

-- Deux, s'il t'en faut, répond saint Yves.

-- Sais-tu que je suis bien campé? Je me trouve dans tel cas, comme ceci, comme cela... Maintenant que dois-je faire?

-- Il te faut, lui dit saint Yves, prendre un bon avoué et citer par huissier le dit Jarjaye pardevant Dieu.

Ils cherchent un bon avoué; mais d'avoué en paradis, jamais personne n'en avait vu. Ils demandent un huissier. Encore moins! Saint Pierre ne savait plus de quel bois faire flèche.

Vient à passer saint Luc:

-- Pierre, tu es bien sourcilleux! Notre-Seigneur t'aurait-il fait quelque nouvelle semonce?

-- Oh ! mon cher, ne m'en parle pas! Il m'arrive un embarras, vois-tu, de tous les diables. Un certain nommé Jarjaye est entré par une ruse dans le paradis et je ne sais plus comment le mettre dehors.

-- Et d'où est-il, ce Jarjaye?

-- De Tarascon.

-- Un Tarasconnais? dit saint Luc. Oh! mon Dieu, que tu es bon? Pour le faire sortir, rien, rien de plus facile... Moi, étant, comme tu sais, l'ami des boeufs, le patron des toucheurs, je fréquente la Camargue, Arles, Beaucaire, Nîmes, Tarascon, et je connais ce peuple: je sais où il lui démange et comment il faut le prendre... Tiens, tu vas voir.

A ce moment voletait par là une volée d'anges bouffis.

-- Petits! leur fait saint Luc, psitt, psitt!

Les angelots descendent.

-- Allez en cachette hors du paradis; et quand vous serez devant la porte, vous passerez en courant et en criant: "Les boeufs, les boeufs!"

Sitôt les angelots sortent du paradis et comme ils sont devant la porte, ils s'élancent en criant: "Les boeufs, les boeufs! Oh tiens! oh tiens! la pique!"

Jarjaye, bon Dieu de Dieu! se retourne ahuri.

-- Tron de l'air! quoi! ici on fait courir les boeufs! En avant! s'écrie-t-il.

Et il s'élance vers la porte comme un tourbillon et, pauvre imbécile, sort du paradis.
Saint Pierre vivement pousse la porte et ferme à clef, puis mettant la tête au guichet:

-- Eh bien! Jarjaye, lui dit-il goguenard, comment te trouves-tu à cette heure?

-- Oh! n'importe, riposte Jarjaye. Si ç'avait été les boeufs, je ne regretterais pas ma part de paradis.

Cela disant, il plonge, la tête la première, dans l'abîme.

(*Almanach provençal de 1864.*)

LA GRENOUILLE DE NARBONNE

I

Le camarade Pignolet compagnon menuisier, -- surnommé la "Fleur de Grasse", -- par une après-midi du mois de juin, revenait tout joyeux de faire son Tour de France. La chaleur était assommante et, sa canne garnie de rubans à la main, avec son affûtage (ciseaux, rabots, maillet), plié derrière le dos dans son tablier de toile, Pignolet gravissait le grand chemin de Grasse, d'où il était parti depuis quelque trois ou quatre ans.

Il venait, selon l'usage des Compagnons du Devoir, de monter à la Sainte-Baume pour voir et saluer le tombeau de maître Jacques, père des Compagnons. Ensuite, après avoir inscrit sur une roche son surnom compagnonique, il était descendu jusqu'à Saint-Maximin, pour prendre ses couleurs chez maître Fabre, le maréchal qui sacre les Enfants du Devoir. Et, fier comme un César, le mouchoir sur la nuque, le chapeau égayé d'un flot de faveurs multicolores et, pendus à ses oreilles, deux petits compas d'argent, il tendait vaillamment la guêtre dans un tourbillon de poussière. Il en était tout blanc.

Quelle chaleur! De temps en temps, il regardait aux figuiers s'il n'y avait pas de figues; mais elles n'étaient pas mûres, et les lézards bayaient dans les herbes havies; et les cigales folles, sur les oliviers poudreux, sur les buissons et les yeuses, au soleil qui dardait, chantaient rageusement.

-- Nom de nom, quelle chaleur! disait sans cesse Pignolet.

Ayant, depuis des heures, vidé sa gourde d'eau-de-vie, il pantelait de soif et sa chemise était trempée.

-- Mais en avant! disait-il. Bientôt, nous serons à Grasse.

Oh ! sacré nom de sort! Quel bonheur, quelle joie d'embrasser père et mère et de boire à la cruche l'eau des fontaines de Grasse, et de conter mon Tour de France, et d'embrasser Mion sur ses joues fraîches, et de nous marier, vienne la Madeleine, et ne plus quitter la maison! En marche, Pignolet! Plus qu'une petite traite!

Enfin, le voilà au portail de Grasse et, dans quatre enjambées, à l'atelier de son père.

II

-- Mon gars, ô mon beau gars, cria le vieux Pignol en quittant son établi, sois le bien arrivé! Marguerite, le petit!
Cours, va tirer du vin; mets la poêle, la nappe... Oh! la bénédiction! Comment te portes-tu?

-- Pas trop mal, grâce à Dieu! Et vous autres, par ici, père, êtes-vous tous gaillards?

-- Eh! comme de pauvres vieux... Mais s'est-il donc fait grand!

Et tout le monde l'embrasse, père, mère, voisins, et les amis, et les fillettes. On lui décharge son paquet, et les enfants manient les beaux rubans de son chapeau et de sa longue canne. La vieille Marguerite, les yeux larmoyants, allume vivement le feu avec une poignée de copeaux; et, pendant qu'elle enfarine quelques morceaux de merluche pour régaler le garçon, maître Pignol, le père, s'assied à table avec Pignolet, et de trinquer: "A la santé!" Et l'on commence à mouiller l'anche.

-- Par exemple, faisait le vieux maître Pignol en frappant avec son verre, toi, dans moins de quatre ans, tu as achevé ton Tour de France et te voilà déjà, à ce que tu m'assures, passé et reçu Compagnon du Devoir! Comme tout change, cependant! De mon temps, il fallait sept ans, oui, sept belles années, pour gagner les *couleurs* ... Il est vrai, mon enfant, que là, dans la boutique, je t'avais assez dégauchi et que, pour un apprenti, tu ne poussais pas déjà, tu ne poussais pas trop mal le rabot et la varlope... Mais, enfin, l'essentiel est que tu saches ton métier et que, je le crois du moins, tu aies vu et appris tout ce que doit connaître un luron qui est fils de maître.

-- Oh! père! pour cela, répondit le jeune homme, voyez, sans me vanter, je ne crois pas que personne, dans la menuiserie, me passe la plume par le bec.

-- Eh bien! dit le vieux, voyons, raconte-moi un peu, tandis que la morue chante et cuit dans la poêle, ce que tu remarquas de beau, tout en courant le pays.

III

-- D'abord, père, vous savez qu'en partant d'ici, de Grasse, je filai sur Toulon, où j'entrai à l'arsenal. Pas besoin de relever tout ce qui est là-dedans: vous l'avez vu comme moi.

-- Passe, oui, c'est connu.

-- En partant de Toulon, j'allai m'embaucher à Marseille, fort belle et grande ville, avantageuse pour l'ouvrier, où les *coteries* ou camarades me firent observer, père, un *cheval marin* qui sert d'enseigne à une auberge.

-- C'est bien.

-- De là, ma foi, je remontai sur Aix, où j'admirai les sculptures du portail de Saint-Sauveur.

-- Nous avons vu tout cela.

-- Puis, de là, nous gagnâmes Arles, et nous vîmes la voûte de la commune d'Arles.

-- Si bien appareillée qu'on ne peut pas comprendre comment ça tient en l'air.

-- D'Arles, père, nous tirâmes sur le bourg de Saint-Gille, et là, nous vîmes la fameuse *Vis* ...

-- Oui, oui, une merveille pour le *trait* et pour la *taille* .

Ce qui fait voir, mon fils, qu'autrefois, tout de même, aussi bien qu'aujourd'hui, il y eut de bons ouvriers.

-- Puis, nous nous dirigeâmes de Saint-Gille à Montpellier, et là, on nous montra la célèbre *Coquille* ...

-- Oui, qui est dans le Vignoble, et que le livre appelle la "trompe de Montpellier".

-- C'est cela... Et, après, nous marchâmes sur Narbonne.

-- C'est là que je t'attendais.

-- Quoi donc, père? A Narbonne, j'ai vu les Trois-Nourrices, et puis l'archevêché, ainsi que les boiseries de l'église Saint-Paul.

-- Et puis?

-- Mon père, la chanson n'en dit pas davantage: "Carcassonne et Narbonne -- sont deux villes fort bonnes -- pour aller à Béziers; -- Pézénas est gentille, -- mais les plus jolies filles -- n'en sont à Montpellier."

-- Alors, bousilleur, tu n'as pas vu la Grenouille?

-- Mais quelle grenouille?

-- La Grenouille qui est au fond du bénitier de l'église Saint-Paul. Ah! je ne m'étône plus que tu aies sitôt fait, bambin, ton Tour de France! La Grenouille de Narbonne! le chef-d'oeuvre des chefs-d'oeuvre, que l'on vient voir de tous les diables. Et ce saute-ruisseau! criait le vieux Pignol en s'animant de plus en plus, ce méchant gâte-bois qui se donne pour compagnon n'a pas vu seulement
la Grenouille de Narbonne! Oh! mais, qu'un fils de maître ait fait baisser la tête, dans la maison, à son père, mignon, ça ne sera pas dit! Mange, bois, va dormir, et, dès demain matin, si tu veux qu'on soit *coterie*, tu regagneras Narbonne pour voir la Grenouille.

IV

Le pauvre Pignolet, qui savait que son père ne démordait pas aisément et qu'il ne plaisantait pas, mangea, but, alla au lit, et le lendemain, à l'aube, sans répliquer davantage, après avoir muni de vivres son bissac, il repartit pour Narbonne.

Avec ses pieds meurtris et enflés par la marche, avec la chaleur, la soif, par voies et par chemins, va donc mon Pignolet!

Aussitôt arrivé, au bout de sept ou huit jours, dans la ville de Narbonne, -- d'où selon le proverbe, "ne vient ni bon vent ni bonne personne", -- Pignolet qui, cette fois, ne chantait pas, je vous l'assure, sans prendre le temps même de manger un morceau ou boire un
coup au cabaret, s'achemine de suite vers l'église Saint-Paul et, droit au bénitier, s'en vient voir la Grenouille.

Dans la vasque de marbre, en effet, sous l'eau claire, une grenouille rayée de roux, tellement bien sculptée qu'on l'aurait dite vivante, regardait accroupie, avec ses deux yeux d'or et son museau narquois, le pauvre Pignolet, venu de Grasse pour la voir.

-- Ah! petite vilaine, s'écria tout à coup, farouche, le menuisier. Ah! c'est toi qui m'as fait faire, par ce soleil ardent, deux cents lieues de chemin! Va, tu te souviendras de Pignolet de Grasse!

Et voilà le sacripant qui, de son baluchon, tire son maillet, son ciseau, et pan! d'un coup, à la grenouille il fait sauter une patte. On dit que l'eau bénite, comme teinte de sang, devînt rouge soudain, et la vasque du bénitier, depuis lors, est restée rougeâtre.

(*Almanach Provençal de 1890*.)

LA MONTELAISE

I

Une fois, à Monteux, qui est l'endroit du grand saint Gent et de Nicolas Saboly, il y avait une fillette blonde comme l'or. On lui disait Rose. C'était la fille d'un cafetier. Et, comme elle était sage et qu'elle chantait comme un ange, le curé de Monteux l'avait mise à la tête des choristes de son église.

Voici que, pour la Saint-Gent, fête patronale de Monteux, le père de Rose avait loué un chanteur.

Le chanteur, qui était jeune, tomba amoureux de la blondine; la blondine, ma foi, devint amoureuse aussi. Puis, un beau jour, les deux enfants, sans tant aller chercher, se marièrent; la petite Rose fut Mme Bordas.

Adieu, Monteux! Ils partirent ensemble. Ah! que c'était charmant, libres comme l'air et jeunes comme l'eau, de n'avoir aucun souci, que de vivre en plein amour et chanter pour gagner sa vie!

La belle première fête où Rose chanta, ce fut pour sainte Agathe, la *vote* des Maillanais.

Je m'en souviens comme si c'était hier.

C'était au café de la Place (aujourd'hui *Café du Soleil*): la salle était pleine comme un oeuf. Rose, pas plus effrayée qu'un passereau de saule, était droite, là-bas au fond, sur une estrade, avec ses cheveux blondins, avec ses jolis bras nus, et son mari à ses pieds l'accompagnant sur la guitare.

Il y avait une fumée! C'était rempli de paysans, de Graveson, de Saint-Remy, d'Eyrague et de Maillane. Mais on n'entendait pas une mauvaise parole. Ils ne faisaient que dire:

-- Comme elle est jolie ! le galant biais! Elle chante comme un orgue, et elle n'est pas de loin, elle n'est que de Monteux!

Il est vrai que Rose ne chantait que de belles chansons. Elle parlait de patrie, de drapeau, de bataille, de liberté, de gloire, et cela avec une passion, une flamme, un *tron de l'air*, qui faisaient tressaillir toutes ces poitrines d'hommes. Puis, quand elle avait fini, elle criait:

-- Vive saint Gent!

Des applaudissements à démolir la salle. La petite descendait, faisait, toute joyeuse, la quête autour des tables; les pièces de deux sous pleuvaient dans la sébile et, riante et contente comme si elle avait cent mille francs, elle versait l'argent dans la guitare de son homme, en lui disant:

-- Tiens! vois; si cela dure, nous serons bientôt riches...

II

Quand Mme Bordas eut fait toutes les fêtes de notre voisinage, l'envie lui vint de s'essayer dans les villes.

Là, comme au village, la Montelaise fit florès. Elle chantait la Pologne avec son drapeau à la main; elle y mettait tant d'âme, tant de frisson, qu'elle faisait frémir.

En Avignon, à Cette, à Toulouse, à Bordeaux, elle était adorée du peuple. Tellement qu'elle se dit:

-- Maintenant, il n'y a plus que Paris!

Elle monta donc à Paris. Paris est l'entonnoir qui aspire tout. Là comme ailleurs, et plus encore, elle fut l'idole de la foule.

Nous étions aux derniers jours de l'Empire; la châtaigne commençait à fumer, et Mme Bordas chanta la *Marseillaise* . Jamais cantatrice n'avait dit cet hymne avec un tel enthousiasme, une telle frénésie; les ouvriers des barricades crurent voir, devant eux, la liberté resplendissante, et Tony Réveillon, un poète de Paris, disait, dans la journal :

Elle nous vient de la Provence,
Où soufflent les vents de la mer,

Où l'on respire l'éloquence,
Tout enfant, en respirant l'air.
Tous les bras sont tendus vers elle...
Nous te saluons, ô Beauté:
Pour suivre tes pas, immortelle,
Nous quitterons notre Cité.
Tu nous mèneras aux frontières,
A ton moindre geste soumis,
Car tous les peuples sont nos frères,
Et les tyrans nos ennemis.

III

Hélas! à la frontière, trop vite il fallut aller. La guerre, la défaite, la révolution, le siège s'amoncelèrent coup sur coup. Puis vint la Commune et son train du diable.

La folle Montelaise, éperdue là-dedans comme un oiseau dans la tempête, ivre d'ailleurs de fumée, de tourbillonnement, de popularité, leur chanta *Marianne* comme un petit démon. Elle aurait chanté dans l'eau; encore mieux dans le feu!

Un jour, l'émeute l'enveloppa dans la rue et l'emporta comme une paille dans le palais des Tuileries.

La populace reine se donnait une fête dans les salons impériaux. Des bras noirs de poudre saisirent Marianne -- car Mme Bordas était pour eux Marianne -- et la campèrent sur le trône, au milieu des drapeaux rouges.

-- Chante-nous, lui crièrent-ils, la dernière chanson que vont entendre les voûtes de ce palais maudit!

Et la petite de Monteux, avec le bonnet rouge coiffant ses cheveux blonds, leur chanta... *la Canaille* .

Un formidable cri: "Vive la République!" suivit le dernier refrain. Seulement, une voix perdue dans la foule répondit:

-- *Vivo sant Gent!*

La Montelaise n'y vit plus, deux larmes brillèrent dans ses yeux bleus, et elle devint pâle comme une morte.

-- Ouvrez, donnez-lui de l'air! cria-t-on en voyant que le coeur lui manquait...

Ah! non, pauvre Rose! ce n'était pas l'air qui lui manquait: c'était Monteux, c'était saint Gent dans la montagne, et l'innocente joie des fêtes de Provence.

La foule, cependant, avec ses drapeaux rouges, s'écoulait en hurlant par les portails ouverts.

Sur Paris, de plus en plus, tonnait la canonnade: des bruits sombres, sinistres couraient dans les rues, de longues fusillades s'entendaient au lointain, l'odeur du pétrole vous coupait l'haleine, et quelques heures après, le feu des Tuileries montait jusqu'aux nues.

Pauvre petite Montelaise: nul n'en a plus ouï parler.

(*Almanach Provençal de 1873*.)

L'HOMME POPULAIRE

Le maire de Gigognan m'avait invité, l'autre année, à la fête de son village. Nous avions été sept ans camarades d'écritoire aux écoles d'Avignon, mais depuis lors, nous ne nous étions plus vus.

-- Bénédiction de Dieu, s'écria-t-il en m'apercevant, tu es toujours le même: frais comme un barbeau, joli comme un sou, droit comme une quille... Je t'aurais reconnu sur mille.

-- Oui, je suis toujours le même, lui répondis-je, seulement la vue baisse un peu, les tempes rient, les cheveux blanchissent et, quand les cimes sont blanches, les vallons ne sont guère chauds.

-- Bah! me fit-il, bon garçon, vieux taureau fait sillon droit et ne devient pas vieux qui veut... Allons, allons dîner.

Vous savez comme on mange aux fêtes de village, et chez l'ami Lassagne, je vous réponds qu'il ne fait pas froid; il y eut un dîner qui se faisait dire "vous": des coquilles d'écrevisses, des truites de la Sorgue, rien que des viandes fines et du vin cacheté, le petit verre du milieu, des liqueurs de toute sorte et, pour nous servir à table, un tendron de vingt ans qui... Je n'en dis pas plus.

Arrivés au dessert, nous entendons dans la rue un bourdonnement: *vounvoun; vounvoun* ; c'était le tambourin. La jeunesse du lieu venait, selon l'usage, toucher l'aubade au consul.

-- Ouvre la porte; Françonnette, cria mon ami Lassagne, va quérir les fouaces et, allons, rince les verres.

Cependant les ménétriers battaient leur tambourinade. Quand ils eurent fini, les abbés de la jeunesse, le bouquet à la veste, entrèrent dans la salle avec les tambourins, avec le valet de ville qui portait fièrement les prix des jeux au haut d'une perche, avec les farandoleurs et la foule des filles.

Les verres se remplirent de bon vin d'Alicante. Tous les cavaliers, chacun à son tour, coupèrent une corne de galette, on trinqua pêle-mêle à la santé de M. le maire, et puis,

M. le maire, lorsque tout le monde eut bu et plaisanté un moment, leur adressa ces paroles :

-- Mes enfants, dansez tant que vous voudrez, amusez-vous tant que vous pourrez, soyez toujours polis avec les étrangers; sauf de vous battre et de lancer des projectiles, vous avez toute permission.

-- Vive monsieur Lassagne! s'écria la jeunesse.

On sortit et la farandole se mit en train. Lorsque tous furent dehors, je demandai à Lassagne:

-- Combien y a-t-il de temps que tu es maire de Gigognan?

-- Il y a cinquante ans, mon cher.

-- Sérieusement? il y a cinquante ans?

-- Oui, oui, il y a cinquante ans. J'ai vu passer, mon beau, onze gouvernements, et je ne crois pas mourir, si le bon Dieu m'aide, sans en enterrer encore une demi-douzaine.

-- Mais comment as-tu fait pour sauver ton écharpe entre tant de gâchis et de révolutions?

-- Eh! mon ami de Dieu, c'est là le pont aux ânes. Le peuple, le brave peuple, ne demande qu'à être mené. Seulement, pour le mener, tous n'ont pas le bon biais. Il en est qui te disent: il le faut mener raide. D'autres te disent: il le faut mener doux; et moi, sais-tu ce que je dis? il le faut mener gaiement.

"Regarde les bergers: les bons bergers ne sont pas ceux qui ont toujours le bâton levé; ce n'est pas non plus ceux qui se couchent sous un saule et dorment au talus des champs. Les bons bergers sont ceux qui, devant leur troupeau, tranquillement cheminent en jouant du chalumeau. Le bétail qui se sent libre, et qui l'est effectivement, broute avec appétit le pâturin et le laiteron. Puis lorsqu'il a le ventre plein et que vient l'heure de rentrer, le berger sur son fifre joue l'air de la retraite et le troupeau content reprend la route du bercail.

"Mon ami, je fais de même, je joue du chalumeau, mon troupeau suit.

-- Tu joues du chalumeau: c'est bon à dire... Mais enfin, dans ta commune, tu as des blancs, tu as des rouges, tu as des têtus et tu as des drôles, comme partout! allons, et quand viennent les élections pour un député, par exemple, comment fais-tu?

-- Comment je fais? Eh! mon bon, je laisse faire... Car, de dire aux blancs: "Votez pour la république" serait perdre sa peine et son latin, comme de dire aux rouges: "Votez pour Henri V." autant cracher contre ce mur.

-- Mais les indécis, ceux qui n'ont pas d'opinion, les pauvres innocents, toutes les bonnes gens qui louvoient où le vent les pousse?

-- Ah! ceux-là, quand parfois, dans la boutique du barbier, ils me demandent mon avis:

-- Tenez, leur dis-je, Bassaquin ne vaut pas mieux que Bassacan. Si vous votez pour Bassaquin, cet été vous aurez des puces; et si vous votez pour Bassacan, vous aurez des puces cet été. Pour Gigognan, voyez-vous, mieux vaut une bonne pluie que toutes les promesses que font les candidats... Ah! ce serait différent, si vous nommiez des paysans: tant que, pour députés, vous ne nommerez pas des paysans, comme cela se fait en Suède et en Danemark, vous ne serez pas représentés. Les avocats, les médecins, les journalistes, les petits bourgeois de toute espèce que vous envoyez là-haut ne demandent qu'une chose: rester à Paris autant que possible pour traire la vache et tirer au râtelier. Ils se fichent pas mal de notre Gigognan! Mais si, comme je le dis, vous, vous déléguiez des paysans, ils penseraient à l'épargne, ils diminueraient les gros traitements, ils ne feraient jamais la guerre, ils creuseraient des canaux, ils aboliraient les Droits-Réunis, et se hâteraient de régler les affaires pour s'en revenir avant la moisson... Dire pourtant qu'il y a en France plus de vingt millions de *pieds-terreux* et qu'ils n'ont pas l'adresse d'envoyer trois cents d'entre eux pour représenter la *terre* ! Que risqueraient-ils d'essayer? Ce serait bien difficile qu'ils fissent plus mal que les autres!

"Et chacun de me répondre: "Ah! ce M. Lassagne: tout en badinant, il a raison peut-être."

-- Mais revenons, lui dis-je; toi personnellement, toi Lassagne, comment as-tu fait pour conserver dans Gigognan ta popularité et ton autorité pendant cinquante ans de suite?

-- Ho! c'est la moindre des choses. Tiens, levons-nous de table, nous irons prendre l'air et quand tu auras fait avec moi, une ou deux fois, le tour de Gigognan, tu en sauras autant que moi.

Et nous nous levâmes de table, nous allumâmes un cigare et nous allâmes voir les *joies* .

Devant nous, en sortant, une partie de boules était engagée sur la route. Le tireur enleva le but et le remplaça par sa boule. Du coup, sans le vouloir, il donna deux points aux autres.

-- Sacré coquin de sort! cria M. Lassagne, voilà qui s'appelle tirer! Mes compliments, Jean-Claude, j'ai vu bien des parties, mais je t'assure que jamais je ne vis enlever comme cela un cochonnet! Tu es un fameux tireur!

Et nous filâmes. Peu après, nous rencontrions deux jeunes filles qui allaient se promener.

-- Regarde-moi donc ça, dit Lassagne à haute voix, si on ne croirait pas deux reines! La jolie tournure! Quels fins minois! Et ces pendants d'oreilles à la dernière mode! C'est la fleur de Gigognan.

Les deux fillettes tournèrent la tête et souriantes nous saluèrent.

En traversant la place, nous passâmes près d'un vieillard qui était assis devant sa porte.

-- Eh bien! maître Guintrand, lui dit M. Lassagne, cette année-ci luttons-nous pour homme ou demi-homme?

-- Ah! mon pauvre monsieur, nous ne luttons pour rien du tout, répondit maître Guintrand.

-- Vous rappelez-vous, maître Guintrand, cette année où, sur le pré, se présentèrent Meissonier, Quéquine, Rabasson, les trois plus fiers lutteurs de la Provence, et que vous les renversâtes sur les épaules tous les trois?

-- Vous ne voulez pas que je me rappelle? fit le vieux lutteur en s'allumant: c'est l'année où l'on prit la citadelle d'Anvers. La *joie* était de cent écus, avec un mouton pour les demi-hommes. Le préfet d'Avignon qui me toucha la main! Les gens de Bédarride qui pensèrent se battre avec ceux de Courtezon, car qui était pour moi, qui était contre... Ah! quel temps! à côté d'à présent où leurs luttes... Mieux vaut n'en point parler, car on ne voit plus d'hommes, plus d'hommes, cher monsieur... D'ailleurs ils s'entendent entre eux.

Nous serrâmes la main au vieux et continuâmes la promenade. Justement, le curé sortait de son presbytère.

-- Bonjour, messieurs.

-- Bonjour; ah! tenez, dit Lassagne, monsieur le Curé, puisque je vous vois, je vais vous parler de ceci: ce matin, à la messe, je m'avisais que notre église se fait par trop étroite, surtout les jours de fête... Croyez-vous que nous ferions mal de penser à l'agrandir?

-- Sur ce point, monsieur le Maire, je suis en plein de votre avis: vrai, les jours de cérémonie, on ne peut plus s'y retourner.

-- Monsieur le Curé, je vais m'en occuper; à la première réunion du conseil municipal je poserai la question, nous la mettrons à l'étude, et si à la préfecture on veut nous venir en aide...

-- Monsieur le Maire, je suis ravi et je ne peux que vous remercier.

Un moment après, nous nous heurtâmes à un gros gars qui, la veste sur l'épaule, allait entrer au café.

-- C'est égal, lui dit Lassagne, il paraît, mon garçon, que tu n'es pas moisi: on dit que tu l'as secoué, le marjolet qui en contait à Madelon pour prendre ta place.

-- N'ai-je pas bien fait, monsieur le Maire?

-- Bravo, mon Joselet: ne te laisse pas manger ta soupe... Seulement, une autre fois, vois-tu? ne tape pas si fort.

-- Allons, dis-je à Lassagne, je commence à comprendre: tu emploies la savonnette.

-- Attends encore, me répondit-il.

Comme nous sortions des remparts, nous voyons venir un troupeau qui tenait tout le chemin, et Lassagne cria au pâtre:

-- Rien qu'au bruit de tes sonnailles, j'ai dit: ce doit être Georges! Et je ne me suis pas trompé: le joli groupement d'ouailles! les gaillardes brebis! Mais que leur fais-tu manger? J'en suis sûr: l'une portant l'autre, tu ne les donnerais pas pour dix écus au moins...

-- Ah! certes non, répliqua Georges... Je les achetai à la Foire Froide, cet hiver: presque toutes m'ont fait l'agneau, et elles m'en feront un second, m'est avis.

-- Non seulement un second, mais des bêtes pareilles pourront te donner des jumeaux.

-- Dieu vous entende, monsieur Lassagne!

Nous finissions à peine de causer avec le pâtre que nous vîmes venir, cahin-caha un charretier, qui avait nom Sabaton.

-- Dis, Sabaton? l'interpella ainsi Lassagne, tu vas m'en croire ou non: niais avec ta charrette tu étais encore, j'estime, à une demi-lieue d'ici que j'ai deviné ton coup de fouet.

-- Vraiment? monsieur Lassagne.

-- Mon ami, il n'y a que toi pour faire ainsi claquer la mèche.

Et Sabaton, pour prouver que Lassagne disait vrai, décocha un coup de fouet qui nous fendit les oreilles.

Bref, en nous avançant, nous atteignîmes une vieille qui, le long des fossés, ramassait de la chicorée.

-- Tiens, c'est toi, Bérengère? lui dit Lassagne en l'accostant; eh bien! par derrière, avec ton fichu rouge, je te prenais pour Téréson, la belle-fille du Cacha: tu lui ressembles tout à fait!

-- Moi? oh! monsieur Lassagne, mais songez que j'ai septante ans!

-- Oh! va, va, par derrière, si tu pouvais te voir, tu ne montres pas misère et l'on vendangerait avec de plus vilains paniers.

-- Ce monsieur Lassagne! il faut toujours qu'il plaisante, disait la vieille en pouffant de rire. Puis se tournant vers moi, la commère me fit:

-- Voyez, monsieur, ce n'est pas façon de parler, mais ce M. Lassagne est une crème d'homme. Il est familier avec tous. Il parlerait, voyez-vous, au dernier du pays, à un enfant d'un an! Aussi il y a cinquante ans qu'il est maire de Gigognan et il le sera toute sa vie.

-- Eh bien! collègue, me fit Lassagne, ce n'est pas moi, n'est-ce pas? qui le lui ai fait dire. Tous, nous aimons les bons morceaux; tous nous aimons les compliments; et nous nous complaisons tous aux bonnes manières. Que ce soit avec les femmes, que ce soit avec les rois, que ce soit avec le peuple, qui veut régner doit plaire. Et voilà le secret du maire de Gigognan.

(*Almanach provençal de 1883* .)

CHAPITRE XIV

LE VOYAGE AUX SAINTES-MARIES

La caravane de Beaucaire. -- Le charretier Lamouroux. -- Les rouliers de Provence. -- Alarde la folle. -- La Camargue en pataugeant. -- Les filles sur le dos. -- La Mecque du golfe. -- La descente des chasses, -- Le retour par Aigues-Mortes.

J'avais toute ma vie ouï parler de la Camargue et des Saintes-Maries et de leur pèlerinage, mais je n'y étais jamais allé. Au printemps de cette année-là (1855), j'écrivis à l'ami Mathieu, toujours prêt pour les excursions: "Veux- tu venir avec moi aux Saintes?"

"Oui," me répondit-il. L'on se donna rendez-vous à Beaucaire, au quartier de la Condamine, d'où tous les ans, le 24 mai, partait une caravane pour les Saintes-Maries de la Mer; et avec une multitude de femmes, de jeunes filles, d'enfants, d'hommes du peuple, tassés sur des charrettes, un peu après minuit nous nous mîmes en route. Je vous laisse à penser si les carrioles avaient leur charge: nous étions sur la nôtre quatorze pèlerins.

Le brave charretier, un nommé Lamouroux, de ces Provençaux diserts qui ne sont entrepris sur rien, nous fit placer devant, assis sur le brancard et les jambes pendantes. Lui, la moitié du temps, à la gauche de sa bête, tout en battant du feu pour allumer sa pipe, nous marchait côte à côte et le fouet sur la nuque. Lorsqu'il était fatigué, il se nichait dans un siège suspendu devant la roue et que les charretiers nomment *porte-fainéant*.

Derrière moi, embéguinée dans sa mante de laine, il y avait une jeunesse qu'on appelait Alarde et qui, sur un matelas blottie avec sa mère, me tenait ses pieds dans le dos. Mais n'ayant pas fait encore connaissance avec nos voisines, qui entre elles babillaient, nous causions, Mathieu et moi, avec le charretier.

-- Ainsi, vous autres, d'où êtes-vous, s'il n'y a pas d'indiscrétion? commença maître Lamouroux.

Nous répondîmes:

-- De Maillane.

-- Ho! vous n'êtes donc pas de loin... Je l'avais bien vu à votre parler. *Charretier de Maillane verse en pays de plaine.*

-- Mais pas tous, mon bonhomme.

-- Allons, fit Lamouroux, c'est un dicton pour plaisanter... Et tenez, j'ai connu, quand j'allais sur la route, un roulier de Maillane qui était équipé, vraiment, comme saint Georges: on l'appelait l'Ortolan.

-- Vous parlez de quelques années!

-- Ah! messieurs, je vous parle de l'époque du roulage, avant, que les mangeurs, avec leurs chemins de fer, nous eussent tous ruinés. Je vous parle, moi, de quand la foire de Beaucaire était dans sa splendeur, de quand la première tartane qui arrivait à la foire gagnait la prime du mouton dont la peau était pendue par les mariniers vainqueurs au bout du grand mât du navire; je vous parle, moi, de quand les chevaux de halage étaient insuffisants pour remonter sur le Rhône les monceaux de marchandises qui à Beaucaire se vendaient, et du temps où les charretiers, -- vous ne vous en souvenez pas, vous qui êtes jeunes, -- les rouliers, les voituriers, qui baffaient les grandes routes et s'en croyaient les maîtres, faisaient claquer leur fouet de Marseille à Paris et de Paris à Lille en Flandre!

Et Lamouroux, une fois lancé sur le chapitre du roulage, pendant qu'au clair de lune sa bête cheminait tout doux, nous en tint de taillé jusqu'au lever du soleil.

-- Ah! disait-il, il fallait voir, vers le Pont de Bon-Pas ou à la Viste de Marseille, sur ce grand chemin de vingt-quatre pas de large, il fallait voir ces files de charrettes chargées, de carrioles bâchées, de haquets bien garrottés, lesquels se touchaient tous, ces rangées d'attelages superbes, équipages de trois, de quatre, de six bêtes, qui descendaient sur Marseille ou qui montaient sur Paris, charriant le blé, le vin, les poches d'avoine, les ballots de morues, les barils d'anchois ou les pains de savon, cahin-caha, bredi-breda, et à la garde de Dieu, comme disaient alors les lettres de voiture!

Et quand nous traversions un village, messieurs, des tas de polissons se pendaient au barreau de la queue de la charrette et s'y faisaient traînasser, pendant que criaient les autres:

"Derrière, derrière, charretier!"

De loin en loin, le long de la route, il y avait pour le dîner, pour le souper ou le coucher une auberge célèbre avec sa belle hôtesse au visage riant, avec sa grande cuisine et sa grande cheminée où la broche tournait des porcs entiers sut les landiers, avec sa porte large ouverte, avec ses écuries vastes comme des églises, où deux rangées de crèches allaient se prolongeant et où sur la muraille était collée l'image coloriée de saint Eloi. Ces cabarets s'appelaient: la Graille (en français la *Corneille*), Saint-Martin, le Lion- d'Or, le Cheval-Blanc, la Mule-Noire, le Chapeau-Rouge, la Belle-Hôtesse, le Grand-Logis, que sais-je, moi? et il se parlait d'eux à cent lieues à l'entour.

De loin en loin, le long de la route, il y avait des bourreliers qui mettaient en montre un collier neuf, des charrons qui au besoin pouvaient réparer les roues, des forgerons mâchurés qui pour enseigne avaient un fer à cheval, de petits boutiquiers qui, derrière leurs vitres, exposaient des paquets de cordelette à fouet ainsi que des chapeaux de pipe; et de petites buvettes qui avaient devant leur porte un treillage blanchi par la poussière du chemin -- où venaient les charretiers siroter pour un sou leur goutte d'eau-de-vie.

Tanguant du dos, réglant leur pas sur le cahot des attelages, et saluant du fouet tout ce monde connu, les fameux charretiers marchaient arrogamment, une main à la rêne et de l'autre le fouet, avec la blouse bleue, la culotte de velours, le bonnet multicolore, la limousine au vent, aux jambes les houseaux, tantôt criant: "Hue!" tantôt criant: "Dia!"
tantôt criant: "Hurhau!" Et quand la route était luisante et que le voyage allait bien et que les roues claquaient aux boîtes des moyeux, ils chantaient, au pas des bêtes et au tintement des grelots, la chanson des rouliers :

> *Un roulier qui est bien monté*
> *Doit avoir des roues*
> *De six pouces, à la Marlborough:*
> *Ça, c'est à la mode!*
> *Un essieu de dix empans*
> *Et un petit bidet blanc*
> *Pour le gouvernage*
> *De son équipage.*

Comment ne pas chanter? La voiture se payait bien: d'Arles à Lyon, sept livres par quintal... Franc d'accident, un charretier avec sa couple pouvait gagner sans peine son louis d'or par jour.

Aussi on portait beau sur les routes de France! Nos rouliers étaient glorieux. Oh! les chevaux superbes! Quels mulets! Les gaillardes bêtes! Les limoniers, les brancardiers, les cordiers, les chefs de file, tout cela était garni, harnaché à faire plaisir. Les muselières avaient des franges, les licous avaient des clochettes, les bridons avaient des houppes de toutes les couleurs. Les colliers redressaient leurs chaperons cornus; les attelles des colliers, comme de grandes pennes, tenaient en l'air la longe dans des anneaux de verre bleu; la laine des housses moutonnait sur le dos de leurs bêtes; les couvertures brodées avaient des émouchettes; les surdos, les ventrières, les croupières, les harnais, tout était contrepointé, ajusté de main de maître...

Comment n'auraient-ils pas chanté?

> *En arrivant à Lyon,*
> *Ils nous cherchent noise*
> *Et nous font passer dessus*
> *Le pont à bascule:*
> *Tout cela, ce sont des gens*
> *Qui ne demandent qu'argent*
> *Pour faire des dentelles*
> *A leur demoiselles.*

De Marseille à Lyon, les charretiers marchaient à la gauche de leurs bêtes, ou, pour parler comme eux, *à dia et de la main,* parce qu'en ce temps-là la longe de la rêne se tenait du côté gauche. Ils nommaient *hors la main* l'autre côté de l'attelage.

Mais l'usage de Provence ne dépassait pas Lyon. A Lyon le climat, le parler, tout changeait. Il fallait donc changer de main et tenir la rêne à la droite. Ensuite la pluie venait, la laide pluie continuelle, avec sa fange et ses ornières, où il fallait cartayer, si vous ne vouliez pas vous perdre. Puis les employés des bascules qui vous cherchaient querelle en parlant *franchimand* ... Alors en vouliez-vous des mauvaises paroles, des "tonnerres" des "Sacré Dieu"! Ils juraient, reniaient commue des charretiers: "Hue, Mouret! hue, Robin! hue, charogne! haïe donc, vieille rosse! ah monstre de brigand, la charrette est embourbée."

Mais les renforts venaient, avec leurs conducteurs: on doublait l'attelage, on doublait, on triplait, et l'épaule à la roue, on dépêtrait la charrette... Nous voici à l'auberge. Au bruit des coups de fouet, l'hôtesse, la chambrière, et le valet d'écurie la lanterne à la main sortaient à la rencontre des charretiers crottés. On rentrait l'équipage; les bêtes dételées, les mangeoires garnies, on s'en venait souper.

Bénédiction de Dieu! avec trente sous par tête, on faisait, sur les routes, des crevailles! Les charretiers mangeaient les coudes sur la table. Sur la table bedonnait une bouteille de neuf pintes; et quand ils avaient bu, ils jetaient derrière eux la dernière goutte du verre. Au milieu du repas, ils se levaient, c'était l'usage, pour abreuver leurs bêtes et leur donner l'avoine; puis ils s'attablaient de nouveau pour le rôti. Nous y voilà! Et vous ne vouliez pas qu'ils chantent:

> *Le matin à son lever*
> *La soupe au fromage:*
> *C'est là .un friand manger,*
> *Qui aime le laitage.*
> *Puis, ça nous réveillera,*
> *Un verre de ratafia,*
> *Et le long de la route*
> *La petite goutte!*

Ils appelaient cela "tuer le ver". Ayant battu la pierre à feu, ils allumaient alors la pipe, passaient leur rude main sous le joli menton de la gaie chambrière -- qui attendait sur la porte, donnaient un tour de garrot à la liure du chargement, et derechef, en route!

Maintenant, s'il faut tout dire, la journée sur la route n'était pas toujours commode. Sans compter les fondrières avec la boue jusqu'aux moyeux, les montées à toute force, les descentes à enrayures, sans compter le bris des rais, les essieux qui rompaient, les gendarmes à moustaches qui épiaient la plaque des charretiers endormis et dressaient, leurs verbaux, des fois, pour épargner ou gagner du chemin, il fallait brûler l'étape, c'est-à-dire passer devant l'auberge sans manger.

D'autres fois, deux charretiers, têtus comme leurs mulets, se rencontraient sur la voie: "Coupe, toi! Coupe, moi! Tu ne veux pas couper, capon?" Vlan! sur le mufle du limonier un coup de fouet qui l'aveuglait et ruait la charrette contre un tas de cailloux! Alors de courir aux pieux, aux billots en bois d'yeuse; et il y avait sur la route des bagarres effroyables où, d'un coup de roulon, on vous décervelait un homme.

Pour la règle du train régnait pourtant un vieil usage qui était respecté de tous: le charretier dont le devant, la bête de devant, avait les quatre pieds blancs, à la montée comme à la descente, avait le droit, messieurs, de ne pas quitter la voie: "*Qui a les quatre pieds blancs*, comme on dit, *peut passer partout*."

Enfin les charretiers arrivaient à Paris et allaient remiser à la Grand'Pinte, quartier si populaire, disait mon père-grand, qu'avec un coup de sifflet le gouvernement, quand il veut, peut y lever cent mille hommes!

En arrivant à Paris,
Usances nouvelles:
Des tailloles, n'y en a plus,
Culottes à bretelles.

Ce ne sont que franchimands
Qui attellent à l'envers
Et font tout au beurre...
Sur eux le tonnerre!

Mais en entrant au Grand Village, vive Dieu! c'est là qu'ils s'appliquaient à faire claquer le fouet: c'était un éclat répété, un vacarme, un cliquetis qui ressemblait à la foudre.

-- Allons, disaient les Parisiens, en bouchant des deux mains leurs oreilles qui cornaient, les Provençaux arrivent! et marche, *tron de l'air!* crains-tu que la terre te manque?

Il faut dire qu'en ce temps, pour faire péter le fouet, les rouliers de Provence étaient les sans-pareils. Mangechair de Tarascon, dans l'affaire d'une lieue, en faisant les coups quadruples, avait consommé quatre livres de mèche. Maître Imbert de Beaucaire, rien que d'un coup de fouet, mouchait une chandelle sans l'éteindre! Le Puceron de Château-Renard débouchait une bouteille sans la jeter à terre; enfin le gros Charlon de la Pierre-Plantade, d'un coup de mèche de son fouet, vous déferrait, dit-on, un mulet des quatre pieds.

Bref, lorsque les rouliers avaient déchargé leurs voitures, serré le payement dans le ceinturon de cuir, rechargé pour Marseille et fait une tournée dans le Palais-Royal, ils entonnaient joyeux ce dernier couplet:

Tiens, garçon, voilà pour toi,
Va mettre en cheville...
Mais l'hôtesse a répondu:
Moi qui suis jolie,
Moi qui te fais tant de bien,
Tu ne me donnes donc rien?

Par une caresse
Calme ma tendresse.

Ayant mis les colliers, ils attelaient alors, et dans vingt jours, vingt-deux, vingt-quatre, au bruit régulier des grelots, ils retournaient dans la Provence, pour venir triompher, le jour de la Saint-Éloi, à la *Charrette de Verdure* : ... Et alors au cabaret, en vouliez-vous des récits, avec des hâbleries et des mensonges gros comme le mont Ventoux! L'un, en voyageant de nuit, avait vu le falot du feu Saint-Elme, et le follet fantastique s'était assis sur sa charrette, peut-être deux heures de chemin. Un autre, sur la route, avait trouvé une valise, qui pesait! Il devait y avoir dedans, pour le moins, cent mille francs... Mais un cavalier masqué était venu à bride abattue et l'avait réclamée au moment où notre homme la ramassait pour l'emporter. Un autre avait été arrêté à main armée; heureusement pour lui qu'il avait lié ses louis dans le boudin de son catogan, qui était de mode à cette époque, -- et les voleurs à grandes barbes, avec stylets et pistolets doubles, eurent beau visiter et fouiller le caisson, ils n'y trouvèrent que le *fiasque* (bouteille clissée).

Un autre avait couché au pays des Polacres, qui en naissant ne sont pas chrétiens. Un autre avait passé au pays des Pelles de Bois. Il y en a qui croient, racontait-il, que les pelles de bois se font comme les sabots ou comme les cuillers, en taillant un morceau de bois. Mais c'est là une erreur. Les pelles de bois, qui servent pour remuer le blé, viennent sur des arbres toutes faites, comme ici les amandes et les caroubes. Quand nous y passâmes, messieurs, la récolte était rentrée et nous ne pûmes pas les voir. Mais nous nous laissâmes dire par des gens du pays que, lorsqu'elles sont sur les arbres, qu'elles vont être mûres et que le mistral souffle, elles font un tintamarre tel que celui des crécelles à l'office des Ténèbres.

Un autre affirmait avoir vu, à Paris, une princesse, une belle princesse qui avait un groin de porc; ses parents la promenaient d'une grande ville à l'autre et la faisaient voir, la pauvre, dans la lanterne magique et offraient des millions à celui qui l'épouserait.

-- Sacré coquin de Goï! disait le vieux Brayasse, tout cela est beaucoup et tout cela n'est rien. Ce qui m'a le plus surpris, le plus épaté à Paris, je m'en vais vous le dire. Ici dans nos endroits, si quelqu'un parle français, c'est gens qui ont étudié, des bourgeois, des avocats, des commissaires de police, qui ont passé peut-être dix ans et plus dans les écoles... Mais là-haut, saprelotte! tous savent le français. Vous voyez des moutards qui n'ont pas encore sept ans, des mioches pas plus haut que ça, avec la mèche au nez, et qui parlent français comme de grandes personnes. Je ne sais comment diable ils font.

Le brave Lamouroux, au trantran des charrettes, nous en aurait conté encore. Seulement nous venions d'arriver au pont de Fourques, et au soleil levant s'épandaient devant nous, dans le delta des deux Rhônes, les immenses plaines basses de la lisière de Camargue.

Mais ce qui nous charma plus encore que le soleil (nous avions vingt-cinq ans), ce fut la jeune fille qui, comme je l'ai dit, était derrière nous accroupie avec sa mère et qui, toute riante et se débarrassant du capuce de sa mante, apparut au grand jour comme une reine de Jouvence. Un ruban zinzolin entourait gentiment sa chevelure cendrée qui regorgeait de la coiffe: un regard de sibylle quelque peu égaré, le teint délicat et clair, la bouche arquée, ouverte au rire, elle semblait une tulipe qui, le matin, sort de l'aiguail. Nous la saluâmes, ravis. Mais elle, Alarde, sans faire attention à nous:

-- Mère, dit-elle, sommes-nous loin encore des Grandes Saintes?

-- Ma fille, nous en sommes, peut-être bien, à neuf ou dix lieues.

-- Y sera-t-il mon cadet? y sera t-il?

-- Chut ! mignonne.

Et avec un bâillement qui montra toutes ses dents, ses blanches dents de lait, la jouvencelle dit:

-- Le temps me dure! j'ai une faim à n'y plus tenir... Dis, si nous déjeunions?

Et elle déploya aussitôt sur ses genoux un essuie-main de toile écrue; sa mère, d'un cabas sortit du pain, des figues, une orange, des dattes, un peu de cervelas et sans cérémonie se mirent à manger.

-- Bon appétit leur dîmes-nous.

-- Messieurs, à votre service, nous fit la gentille Alarde en plantant ses quenottes dans un grignon de pain.

-- A condition, mademoiselle, que nous mêlerons nos vivres.

-- Volontiers.

Mathieu, dans sa gibecière, avait apporté deux bouteilles de bon vin de la Nerthe. Il en déboucha une, et, après avoir pris chacun une bouchée, à tour de rôle, tous, Alarde, sa mère, moi, Mathien et le charretier, nous bûmes, l'un après l'autre, dans le même coco, et nous voilà en famille.

Puis pour nous déroidir, étant descendus un moment:

-- Quelle est donc cette fille qui a si bonne façon? demandâmes-nous à Lamouroux.

-- En la voyant, nous fit à demi-voix le charretier, vous ne diriez pas, n'est-ce pas, qu'elle a une fêlure? Et, pourtant, depuis trois mois que son "Cadet" l'a délaissée, il paraît qu'elle n'a plus, messieurs, la tête à elle.

-- Quoi ! cette jolie fille, abandonnée par son galant?

-- Le gredin l'avait enlevée; ensuite il l'a plantée là, pour en aller voir une autre, laide comme péché, mais qui a beaucoup d'argent. Et Alarde, la fleur de notre Condamine, -- vous la voyez avec sa mère, - qui la conduit aux Saintes, la distraire de son rêve ou la guérir, si c'est possible.

-- Pauvre petite!

Nous arrivions aux Jasses d'Albaron, où l'on fit une halte pour faire manger les bêtes dans le drap au fourrage, devant la roue de la charrette. Les filles de Beaucaire qui étaient avec nous, leurs têtes enrubannées de toutes les couleurs vinrent pendant ce temps faire une ronde autour d'Alarde :

Au branle de ma tante
Le rossignol y chante:
Oh! Que de roses! Oh! que de fleurs!
Belle, belle Alarde, tournez-vous.
La belle s'est tournée,
Son beau l'a regardée:
Oh! Que de roses! Oh! que de fleurs!
Belle, belle Alarde, embrassez-vous.

Et devant elle, la pauvrette partit, les bras levés, riant comme une folle et criant: Mon cadet! mon cadet! mon cadet!

Mais le ciel qui, depuis l'aube, était tacheté de nuées, se couvrait de plus en plus. Le vent de mer soufflait, faisant monter vers Arles de grands nuages lourds qui obscurcissaient peu à peu toute l'étendue céleste. Les grenouilles, les crapauds coassaient dans les marais, et la longue traînée de notre caravane s'espaçait, se perdait dans les terrains a salicornes, dans les landes salées à plaques blanchissantes, sur un chemin mouvant, bordé de tamaris à floraison rosée. La terre sentait le relent. Des volées de halbrans, des volées de sarcelles et de canards sauvages criaient en passant sur nos têtes.

-- Lamouroux, demandaient les femmes, serons-nous la pluie?

-- Ha! l'homme répondait, les yeux en l'air et soucieux, une fois les nuages, dit-on, firent pleuvoir.

-- Eh bien! nous serons jolies, si l'averse nous prend au milieu de la Camargue!

-- Vous mettrez, mes pauvres filles, les jupons sur les têtes.

Un gardien à cheval qui, le trident en main, ramenait ses taureaux noirs dispersés dans les friches, nous cria: "Vous serez mouillés!"

Les bruines commençaient; puis peu à peu la pluie s'y mit pour tout de bon, et l'eau de tomber. En rien de temps ces plaines basses furent transformées en mares. Et nous autres, assis sous la tente des charrettes, nous voyions au lointain les troupes de chevaux camargues, secouant leurs crinières et leurs longues queues flasques, gagner les levées de terre et les dunes sablonneuses. Et l'eau de tomber! La route, noyée par le déluge, devenait impraticable. Les roues s'embourbaient. Les bêtes s'arrêtaient. A la fin, à perte de vue, ce ne fut qu'un étang immense, et les charretiers dirent:

-- Allons, il faut descendre! femmes, filles, à terre toutes, si vous ne voulez coucher au milieu des tamaris!

-- Mais il faut donc marcher dans l'eau?

-- Marchant nu-pieds, les belles, vous gagnerez le Grand Pardon: car vous en avez besoin, et vos péchés diablement pèsent!

Jeunes et vieux, filles et femmes, tout le monde descendit. Avec des rires, des cris aigus, chacun pour patauger se déchaussa et se troussa. Les charretiers prirent les enfants sur les épaules à califourchon, et Mathieu, tendant le dos à la mère du tendron de notre charretée!

-- Tenez, mettez-vous là brave femme, lui fit-il, je vous porterai à la chèvre-morte.

Celle-ci, une dondon qui avait peine à cheminer, ne dit non.

-- Et toi, ajouta-t-il en me guignant de l'oeil, charge-toi d'Alarde, hein? Puis, pour nous soulager, nous changerons de temps en temps.

Et du coup, sur le dos, sans plus de formalité nous primes chacun la nôtre, et tous les gars du pèlerinage ayant comme nous autres endossé chacun la sienne, figurez-vous la bonne farce!

Mathieu et sa gagui riaient comme des fous. Moi, autour de mon cou, sentant ces bras frais et ronds, ces bras d'Alarde qui sur nos têtes tenait ouvert le parapluie, quand j'eus sur les deux hanches, les mollets de la petite qui, pauvrette, par pudeur n'osait pas les serrer, je n'aurais pas donné (je l'avoue aujourd'hui encore), pas donné pour beaucoup notre voyage de Camargue avec la pluie et le gâchis.

-- Mon Dieu! répétait Alarde, si mon cadet me voyait ainsi! mon cadet qui ne me veut plus, mon beau cadet! mon beau cadet!

J'avais beau, moi, lui parler, lui faire en tapinois mes, petits compliments, elle n'entendait pas et ne me voyait pas... Mais sa bouche haletait sur mon cou, sur mon épaule et je n'aurais eu vraiment qu'à tourner un peu la tête pour lui faire un baiser; sa chevelure effleurait la mienne; l'odeur tiède de sa chair, de sa chair jeune, m'embaumait; tremblante, sa poitrine était agitée sur moi; et, m'illusionnant comme elle qui était toute à son cadet, moi je croyais, comme Paul, porter aussi ma Virginie.

Au meilleur de mon rêve, Mathieu qui s'éreintait sous sa grosse maman, me dit: "Changeons un peu! je n'en puis plus, mon cher!" Et, au pied d'une *agachole* (c'est le nom qu'en Camargue on donne aux tamaris laissés en baliveaux) ayant fait pose tous les deux, Mathieu reprit la fille et moi hélas! la mère. Et c'est ainsi qu'on pataugea avec de l'eau jusqu a mi-jambes, durant plus d'une lieue, sans éprouver trop de fatigue, et tour à tour nous délassant de la façon que je vous dis, avec la rêverie d'une intrigue idéale.

A la longue pourtant, nous parvînmes en vue du château d'Avignon: la grosse pluie cessa, le temps se mit au clair, le chemin se ressuya; on remonta sur les charrettes et, par là, vers les quatre heures, nous vîmes tout à coup s'élever, dans l'azur de la mer et du ciel, avec les trois baies de son clocher roman, ses merlons roux, ses contreforts, l'église des Saintes-Maries.

Il n'y eut qu'un cri: "O grandes Saintes!" car ce sanctuaire perdu, là-bas au fond du Vacarés, dans les sables du littoral, est, comme on dirait, la Mecque de tout le golfe du Lion. Et ce qui frappe là, par sa grandeur harmonieuse, par sa voûte incommensurable, c'est cette ample surface de terre et de mer où l'oeil, mieux que partout ailleurs, peut embrasser le cercle de l'horizon terrestre, l'*orbis terrarum* des anciens.

Et Lamouroux nous dit:

-- Nous arriverons à temps pour descendre les châsses, car, messieurs, vous le savez, c'est nous, les Beaucairois, qui avons, avant tous, le droit de tourner le treuil pour la descente des Saintes.

Ce propos se rapporte à l'usage que voici:

Les reliques vénérées de Marie Jacobé, de Marie Salomé, et de Sara leur servante sont renfermées, sous la voûte du choeur et de l'abside, dans une chapelle haute, d'où, par un orifice qui donne dans l'église, la veille de la fête et au moyen d'un câble, on les descend lentement sur la foule enthousiaste.

Dès qu'on eut dételé, au milieu des dunes couvertes d'arroches et de tamaris, qui entourent le bourg, nous courûmes à l'église.

"Éclaire-les, ces Saintes chéries!" criaient des Montpelliéraines qui vendaient, devant la porte, des cierges, des bougies, des images et des médailles.

L'église était bondée de gens du Languedoc, de femmes du pays d'Arles, d'infirmes, de bohémiennes, tous les uns sur les autres. Ce sont d'ailleurs les bohémiens qui font brûler les plus gros cierges, mais exclusivement à l'autel de Sara, qui, d'après leur croyance, était de leur nation. C'est même aux Saintes-Maries que ces nomades tiennent leurs assemblées annuelles, y faisant de loin en loin l'élection de leur reine.

Pour entrer ce fut difficile. Des commères de Nîmes embéguinées de noir, qui traînaient avec elles leurs coussins (le coutil pour coucher dans l'église, se disputaient les chaises :

"Je l'avais avant vous! -- Moi je l'avais louée!" Un prêtre faisait baiser de bouche en bouche *le Saint Bras* ; aux malades on donnait des verres d'eau saumâtre, de l'eau du puits des Saintes qui est au milieu de la nef et qui, à ce qu'on dit, ce jour-là devient douce. Certains, pour s'en servir en guise de remède, raclaient avec leurs ongles la poussière d'un marbre antique, sculpture encastrée dans le mur, qui fut "l'oreiller des Saintes". Une odeur, une touffeur de cierges brûlants, d'encens, d'échauffé, de faguenas, vous suffoquait. Et chaque groupe, à pleine voix et pêle-mêle, y chantait son cantique.

Mais en l'air, quand apparurent les deux châsses en forme d'arches, aïe! quels cris "Grandes Saintes Maries!" Et à mesure que la corde se déroulait dans l'espace, les cris aigus, les spasmes s'exaspéraient de plus belle. Les fronts, les bras levés, la foule pantelante attendait un miracle... Oh! du fond de l'église, soudain s'est élancée, comme si elle avait des ailes, une superbe jeune fille, blonde, déchevelée; et frôlant de ses pieds les têtes de la foule, elle vole, comme un spectre, au travers de la nef, vers les châsses flottantes et crie: "O Grandes Saintes! Rendez-moi, par pitié, l'amour de mon cadet! "

Tous se levèrent. "C'est Alarde " criaient les Beaucairois. "C'est sainte Madeleine qui vient visiter ses soeurs!" disaient d'autres effarés... Et en somme nous pleurions tous.

Pour finir, le lendemain, il y eut la procession sur le sable de la plage, au mugissement, au souffle des ondes blanchissantes qui s'y éclaboussaient. Au loin, sur la haute mer louvoyaient deux ou trois navires qui avaient l'air en panne et les gens se montraient une traînée resplendissante que le remous des vagues prolongeait sur la mer: "C'est ce chemin, disait-on, que les Saintes Maries, dans leur nacelle, tinrent pour aborder en Provence après la mort de Notre-Seigneur". Sur le rivage vaste, au milieu de ces visions qu'illuminait un soleil clair, il nous semblait vraiment que nous étions en paradis.

Alarde, la belle fille, un peu pâlie depuis la veille, portait sur les épaules, avec d'autres Beaucairoises, la "Nacelle des Saintes" et tous disaient: "Hélas ! c'est une pauvre folle que son cadet a délaissée."

Mais comme nous voulions aller voir Aigues-Mortes et qu'était de partance un omnibus qui y passait, aussitôt que les Saintes eurent (vers les quatre heures) remonté dans leur chapelle, nous nous embarquâmes de suite avec un troupeau de commères de Montpellier ou de Lunel, revendeuses et tripières à coiffes bouillonnées, qui, dès qu'ou fut en route, se mirent à chanter derechef à plein gosier:

Courons aux Saintes Maries
Pour leur donner notre foi;
Que nos coeurs se multiplient
Pour Jésus et pour sa croix!

et cet autre cantique si répété pendant la fête:

Désarmez le Christ, désarmez le Christ
Par vos prières
Désarmez le Christ, désarmez le Christ
Et soyez au ciel nos bonnes mères!

-- C'est pourtant dame Roque, rien qu'elle et son mari, qui le firent, ce joli chant, disait une poissarde en achevant ses victuailles, et toute cette nuit on ne chante plus que ça.

Les femmes de Provence ne savaient rien chanter que les anciens cantiques de leur *Ame dévote* (1):

J'ai vu sous de sombres voiles
Onze étoiles,
La lune avec le soleil.

-- Ah ! combien sont plus beaux nos chants de Montpellier!

-- Et les langues d'aller. Nous passâmes sur un banc le petit Rhône, à Sylve-Réal. Il y avait là un fort, un joli petit fort, doré par le soleil et bâti par Vauban, que le Génie très sottement a fait détruire depuis lors.

Nous traversâmes le désert et la *pinède* du Sauvage, et sur le soir enfin, du milieu des marais, nous vîmes émerger, noirs et farouches dans la pourpre du couchant, les gigantesques tours, les créneaux, les remparts de la ville d'Aigues-Mortes.

-- N'importe! fit alors une des bonnes femmes, si, pendant le voyage de l'omnibus aux Saintes il y avait à Montpellier plus d'enterrements qu'il ne faut, les croque-morts, peut-être, seraient embarrassés.

-- Eh bien! on porterait à bras.

-- Oh! je crois qu'ils en ont deux, de voitures pour les morts...

A ces mots, nous apercevant que l'horrible guimbarde, aïe! était peinte en noir:

-- Mais par hasard, demandâmes-nous, cet omnibus serait...

-- Le carrosse, messieurs, des pompes funèbres de Montpellier.

-- Sacré coquin de sort!

Affolés, d'un coup de pied nous ouvrîmes la portière, nous sautâmes sur la route, nous payâmes le conducteur et, ayant secoué nos hardes au grand air, à pied et à notre aise nous gagnâmes Aigues-Mortes.

Une vraie ville forte de Syrie ou d'Égypte, cette silencieuse cité des Ventres-Bleus (comme les gens d'Aigues—Mortes sont dénommés quelquefois, par allusion aux fièvres endémiques du pays), avec son quadrilatère de remparts formidables calcinés au soleil, qu'on dirait de tantôt abandonné par saint Louis, avec sa tour de Constance, où, sous Louis XIV, après les dragonnades, furent emprisonnées quarante protestantes qui y restèrent oubliées dans une horrible détention, jusqu'à la fin du règne, durant peut-être quarante ans.

(1) Titre d'un recueil de cantiques fort populaires autrefois, oeuvre d'un prêtre de Provence.

Un jour, longtemps après, avec deux belles dames du monde protestant de Nîmes, nous retournions visiter la grosse tour d'Aigues-Mortes, et en lisant les noms des malheureuses prisonnières, gravés par elles-mêmes dans les pierres du donjon: "Poète, nous dirent-elles, suffocantes d'émotion, ne vous étonnez pas de nous voir pleurer ainsi: pour nous autres huguenotes, ces pauvres femmes, martyres de leur foi, sont nos Saintes Maries!"

CHAPITRE XV

JEAN ROUSSIÈRE

L'adroit laboureur. -- Le char de verdure. -- La légende de saint Éloi -- L'air de *Magali* . -- La mort de mon père. -- Les funérailles, -- Le deuil. -- Le partage.

-- Bonjour, monsieur Frédéric.

-- Ha! bonjour.

-- Que m'a-t-on dit? que vous avez besoin d'un homme à gages!

-- Oui... D'où es-tu?

-- De Villeneuve, le pays des "lézards", près d'Avignon.

-- Et que sais-tu faire?

-- Un peu tout. J'ai été valet aux moulins à huile, muletier, carrier, garçon de labour, meunier, tondeur, faucheur lorsqu'il le faut, lutteur à l'occasion, émondeur de peupliers, un métier élevé! et même cureur de puits, qui est le plus bas de tous.

-- Et l'on t'appelle?

-- Jean Roussière, et Rousseyron (et Seyron pour abréger).

-- Combien veux-tu gagner? C'est pour mener les bêtes.

-- Dans les quinze louis.

-- Je te donne cent écus.

-- Va donc pour cent écus!

Voilà comment je louai le laboureur Jean Roussière, celui-là qui m'apprit l'air populaire de *Magali* : un luron jovial et taillé en hercule, qui, la dernière année que je passai au Mas, avec mon père aveugle, dans les longues veillées de notre solitude savait me garder d'ennui, en bon vivant qu'il était.

Fin laboureur, il avait toujours aux lèvres quelque chanson joyeuse:

"L'araire est composé -- de trente et une pièces; -- celui qui l'inventa -- devait en savoir long! -- Pour sûr, c'est quelque monsieur."

Et naturellement adroit ou artiste, si l'on veut, quoi qu'il fît, soit le comble d'une meule de paille ou une pile de fumier, ou l'arrimage d'un chargement, il savait donner la ligne harmonieuse ou, comme on dit, le galbe. Seulement, il avait le défaut de son maître: il aimait quelque peu à dormir et à faire la méridienne.

Charmant causeur, du reste. Et il fallait l'entendre lorsqu'il parlait du temps où, sur le chemin de halage, il conduisait les grands chevaux qui remorquaient, attachées l'une à l'autre, les gabares du Rhône, à Valence, à Lyon.

-- Croyez-vous, disait-il, qu'à l'âge de vingt ans, j'ai mené bravement le plus bel équipage des rivages du Rhône? Un équipage de quatre-vingts étalons, couplés quatre par quatre, qui traînaient six bateaux! Que c'était beau, pourtant, le matin, quand nous partions, sur les digues du grand fleuve, et que, silencieuse, cette flotte, lentement, remontait le cours de l'eau!

Et Jean Roussière énumérait tous les endroits des deux rives: les auberges, les hôtesses, les rivières, les palées, les pavés et les gués, d'Arles au Revestidou, de la Coucourde à l'Ermitage.

Mais son bonheur, mais son triomphe, à notre brave Rousseyron, c'était lors de la Saint-Éloi.

-- A vos Maillanais, disait-il, s'ils ne l'ont pas vu encore, nous montrerons comment on monte une petite mule.

Saint-Éloi est, en Provence, la fête des agriculteurs. Par toute la Provence, les curés, comme vous savez, ce jour-là, bénissent les bêtes, ânes, mulets et chevaux, et les gens aux bestiaux font goûter le pain bénit, cet excellent pain bénit, parfumé avec l'anis et doré avec des oeufs, qu'on appelle *tortillades* . Mais chez nous, ce jour-là, on fait courir la charrette, un chariot de verdure attelé de quarante ou cinquante bêtes, caparaçonnées comme au temps des tournois,
harnachées de sous-barbes, de housses brodées, de plumets, de miroirs et de lunes de laiton, et on met le fouet à l'encan, c'est-à-dire qu'à l'enchère on met publiquement la charge de Prieur:

-- A trente francs le fouet! à cent francs! à deux cents francs! Une fois, deux fois, trois fois!

Au plus offrant échoit la royauté de la fête. La *Charrette Ramée* va à la procession, avec la cavalcade de laboureurs allègres qui marchent fièrement, chacun près de sa bête, en faisant claquer son fouet. Sur la charrette, accompagnés d'un tambour et d'un fifre, les Prieurs sont assis. Sur les mulets, les pères enfourchent leurs petits qui s'accrochent heureux aux attelles des colliers. Les colliers, à leur chaperon, ont tous une *tortillade* (gâteau en forme de couronne) et un fanion en papier avec l'image de saint Éloi. Et, porté sur les épaules des Prieurs de l'an passé, le saint, en pleine gloire, tel qu'un évêque d'or, s'avance la crosse à la main.

Puis, la procession faite, la Charrette emportée par les cinquante mulets ou mules, roule autour du village, dans un tourbillon, avec les garçons de labour courant éperdument à côté de leurs bêtes, tous en corps de chemise, le bonnet sur l'oreille, aux pieds les souliers minces et la ceinture aux flancs.

C'est là que Jean Roussière, montant, cette année-là, notre mule "Falette" à la croupe d'amande, épata les spectateurs. Preste comme un chat, il sautait sur la bête, descendait, remontait, tantôt assis d'un seul côté, tantôt se tenant debout sur la croupe de la mule et tantôt sur son dos faisant le pied de grue, l'arbre fourchu ou la grenouille, en un mot la fantasia, comme les cavaliers arabes.

Le plus joli, c'est là que je voulais en venir, fut au repas de Saint-Éloi (car, après la charrette, les Prieurs paient le festin). Lorsqu'on eut mangé et bu et que le ventre plein, chaque convive dit la sienne, Roussière se leva et fit à la tablée:

-- Camarades! vous voilà tout un peuple de *pieds-poudreux* et de bélîtres, qui faites la Saint-Éloi depuis mille ans peut-être et vous ne connaissez pas, j'en suis à peu près sûr, l'histoire de votre grand patron.

-- Non, dirent les convives... N'était-il pas maréchal?

-- Si, mais je vais vous conter comment il se convertit.

Et tout en trempant dans son verre, plein de vin de Tavel, la *tortillade* fine qu'il croquait à mesure, mon laboureur commença:

"Notre Seigneur Dieu le père, un jour, en paradis, était tout soucieux. L'enfant Jésus lui dit:

-- Qu'avez-vous? père.

-- J'ai, répondit Dieu, un souci qui me tarabuste... Tiens, regarde là-bas.

-- Où? dit Jésus.

-- Par là-bas, dans le Limousin, droit de mon doigt: tu vois bien, dans ce village, vers le faubourg, une boutique de maréchal ferrant, une belle grande boutique?

-- Je vois, je vois.

-- Eh bien! mon fils, là est un homme que j'aurais voulu sauver: on l'appelle maître Éloi. C'est un gaillard solide, observateur fidèle de mes commandements, charitable au pauvre monde, serviable à n'importe qui, d'un bon compte avec la pratique, et martelant du matin au soir sans mal parler ni blasphémer... Oui, il me semble digne de devenir un rand saint.

-- Et qui empêche? dit Jésus.

-- Son orgueil, mon enfant. Parce qu'il est bon ouvrier, ouvrier de premier ordre, Éloi croit que sur terre nul n'est au-dessus de lui, et présomption est perdition.

-- Seigneur Père, fit Jésus, si vous me vouliez permettre de descendre sur la terre, j'essaierais de le convertir.

-- Va, mon cher fils.

Et le bon Jésus descendit. Vêtu en apprenti, son baluchon derrière le dos, le divin ouvrier arrive droit dans la rue où demeurait Éloi. Sur la porte d'Éloi, selon l'usage était l'enseigne, et l'enseigne portait: *Éloi le maréchal, maître sur tous les maîtres, en deux chaudes forge un fer.*

Le petit apprenti met donc le pied sur le seuil et, ôtant son chapeau:

-- Dieu vous donne le bonjour, maître, et à la compagnie: si vous aviez besoin d'un peu d'aide?

-- Pas pour le moment, répond Éloi.

-- Adieu donc, maître: ce sera pour une autre fois.

Et Jésus, le bon Jésus, continue son chemin. Il y avait, dans la rue, un groupe d'hommes qui causaient et Jésus dit en passant:

-- Je n'aurais pas cru que dans une boutique telle, où il doit y avoir, ce semble, tant d'ouvrage, on me refusât le travail.

-- Attends un peu, mignon, lui fait un des voisins. Comment as-tu salué en entrant chez maître Éloi?

-- J'ai dit comme l'on dit: "Dieu vous donne le bonjour, maître, et à la compagnie!"

-- Ha! ce n'est pas ainsi qu'il fallait dire... Il fallait l'appeler *maître sur tous les maîtres* ... Tiens, regarde l'écriteau.

-- C'est vrai, dit Jésus, je vais essayer de nouveau.

Et de ce pas il retourne à la boutique.

-- Dieu vous le donne bon, maître sur tous les maîtres! N'auriez-vous pas besoin d'ouvrier?

-- Entre, entre, répond Éloi, j'ai pensé depuis tantôt que nous t'occuperions aussi... Mais écoute ceci pour une bonne fois: quand tu me salueras, tu dois m'appeler *maître* , vois-tu? *sur tous les maîtres* , car ce n'est pas pour me vanter, mais d'hommes comme moi, qui forgent un fer en deux chaudes, le Limousin n'en a pas deux!

-- Oh! repliqua l'apprenti, dans notre pays, à nous, nous forgeons ça en une chaude!

-- Rien que dans une chaude? Tais-toi donc, va, gamin, car cela n'est pas possible...

-- Eh bien! vous allez voir, maître sur tous les maîtres!

Jésus prend un morceau de fer, le jette dans la forge, souffle, attise le feu; et quand le fer est rouge, rouge et incandescent, il va le prendre avec la main.

-- Aïe! mon pauvre nigaud! le premier compagnon lui crie, tu vas te roussir les doigts!

-- N'ayez pas peur, répond Jésus, grâce à Dieu, dans notre pays, nous n'avons pas besoin de tenailles. Et le petit ouvrier saisit avec la main le fer rougi à blanc, le porte sur l'enclume et avec son martelet, pif! paf! patati! patata! en un clin d'oeil l'étire, l'aplatit, l'arrondit et l'étampe si bien qu'on le dirait moulé.

-- Oh! moi aussi, fit maître Éloi, si je voulais bien.

Il prend donc un morceau de fer, le jette dans la forge, souffle, attise le feu; et quand le fer est rouge, il vient pour le saisir comme son apprenti et l'apporter à l'enclume... Mais il se brûle les doigts: il a beau se hâter, beau faire son dur à cuire, il lui faut lâcher prise pour courir aux tenailles. Le fer de cheval cependant froidit... Et allons, pif! et paf! quelques étincelles jaillissent...

Ah! pauvre maître Éloi! il eut beau frapper, se mettre tout en nage, il ne put parvenir à l'achever dans une chaude.

-- Mais chut! fit l'apprenti, il m'a semblé ouïr le galop d'un cheval...

Maître Éloi aussitôt se carre sur la porte et voit un cavalier, un superbe cavalier qui s'arrête devant la boutique. Or c'était saint Martin.

-- Je viens de loin, dit celui-ci, mon cheval a perdu une couple de fers et il me tardait fort de trouver un maréchal.

Maître Éloi se rengorge, et lui parle en ces termes:

-- Seigneur, en vérité, vous ne pouviez mieux rencontrer. Vous êtes chez le premier forgeron de Limousin, de Limousin et de France, qui peut se dire maître au-dessus de tous les maîtres et qui forge un fer en deux chaudes... Petit, va tenir le pied.

-- Tenir le pied! répartit Jésus. Nous trouvons, dans notre pays, que ce n'est pas nécessaire.

-- Par exemple! s'écria le maître maréchal, celle-là est par trop drôle: et comment peut-on ferrer, chez toi, sans tenir le pied?

-- Mais rien de si facile, mon Dieu! vous allez le voir.

Et voilà le petit qui saisit le boutoir, s'approche du cheval et, crac! lui coupe le pied. Il apporte le pied dans la boutique, le serre dans l'étau, lui cure bien la corne, y applique le fer neuf qu'il venait d'étamper, avec le brochoir y plante les clous; puis, desserrant l'étau, retourne le pied au cheval, y crache dessus, l'adapte; et n'ayant fait que dire avec un signe de croix: "Mon Dieu!

que le sang se caille", le pied se trouve arrangé, et ferré et
solide, comme on n'avait jamais vu, comme on ne verra plus jamais.

Le premier compagnon ouvrait des yeux comme des paumes, et maître
Éloi, collègues, commençait à suer.

-- Ho! dit-il enfin, pardi! en faisant comme ça, je ferrai tout aussi
bien.

Éloi se met à l'oeuvre: le boutoir à la main, il s'approche du cheval
et, crac, lui coupe le pied. Il l'apporte dans la boutique, le serre
dans l'étau et le ferre à son aise comme avait fait le petit. Puis,
c'est ici le hic! il faut le remettre en place! Il s'avance près du
cheval, crache sur le sabot, l'applique de son mieux au boulet de la
jambe... Hélas! l'onguent ne colle pas: le sang ruisselle et le pied
tombe.

Alors l'âme hautaine de maître Éloi s'illumina: et, pour se
prosterner aux pieds de l'apprenti, il rentra dans la boutique. Mais
le petit avait disparu et aussi le cheval avec le cavalier. Les
larmes débondèrent des yeux de maître Éloi; il reconnut qu'il avait
un maître au-dessus de lui, pauvre homme! et au-dessus de tout, et il
quitta son tablier et laissa sa boutique et il partit de là pour
aller dans le monde annoncer la parole de notre Seigneur Jésus."

Ah! il y en eut un, de battement de mains, pour saint Éloi et Jean
Roussière! Baste! voici pourquoi je me suis fait un devoir de
rappeler ce brave Jean dans ce livre de *Mémoires* . C'est lui qui
m'avait chanté, mais sur d'autres paroles que je vais dire tout à
l'heure, l'air populaire sur lequel je mis l'aubade de *Magali* , air
si mélodieux, si agréable et si caressant, que beaucoup ont regretté
de ne plus le retrouver dans la *Mireille* de Gounod.

Ce que c'est que l'heur des choses! La seule personne au monde à
laquelle, dans ma vie, j'ai entendu chanter l'air populaire en

question, ç'a été Jean Roussière, qui était apparemment le dernier
qui l'eût retenu; et il fallut qu'il vint, par hasard, me le chanter,
à l'heure où je cherchais la note provençale de ma chanson d'amour,
pour que je l'aie recueilli, juste au moment où il allait, comme tant
d'autres choses, se perdre dans l'oubli.

Voici donc la chanson, ou plutôt le duo, qui me donna le rythme de
l'air de *Magali* :

> -- *Bonjour, gai rossignol sauvage,*
> *Puisqu'en Provence te voilà!*
> *Tu aurais pu prendre dommage*
> *Dans le combat de Gibraltar:*
> *Mais puisqu'enfin je t'ai ouï,*
> *Ton doux ramage.*
> *Mais puisqu'enfin je t'ai ouï,*
> *M'a réjoui.*
>
> *Vous avez bonne souvenance,*
> *Monsieur, pour ne pas m'oublier;*
> *Vous aurez donc ma préférence,*
> *Ici je passerai l'été,*
> *Je répondrai à votre amour*
> *Par mon ramage*
> *Et je vais chanter nuit et jour*
> *Aux alentours.*
>
> -- *Je te donne la jouissance,*
> *L'avantage de mon jardin;*
> *Au jardinier je fais défense*
> *De te donner aucun chagrin,*
> *Tu pourras y cacher ton nid*
> *Dans le feuillage*
> *Et tu te trouveras fourni*
> *Pour tes petits.*

-- Je le connais à votre mine,
Monsieur, vous aimez les oiseaux;
J'inviterai la cardeline.
Pour vous chanter des airs nouveaux
La cardeline a un beau chant,
Quand elle est seule;
Elle a des airs sur le plain-chant
Qui sont charmants.

Jusque vers le mois de septembre
Nous serons toujours vos voisins.
Vous aurez la joie de m'entendre
Autant le soir que le matin.
Mais lorsqu'il faudra s'envoler
Quelle tristesse!
Tout le bocage aura le deuil
Du rossignol.

-- Monsieur, nous voici de partance;
Hélas! c'est là notre destin.
Lorsqu'il faut quitter la Provence,
Certes, ce n'est pas sans chagrin.
Il nous faut aller hiverner
Dedans les Indes;
Les hirondelles, elles aussi,
Partent aussi.

-- Ne passez pas vers l'Amérique.
Car vous pourriez avoir du plomb
Du côté de la Martinique
On tire des coups de canon.
Depuis longtemps est assiégé
Le roi d'Espagne:
De crainte d'y être arrêtés,
Au loin passez.

Oeuvre de quelque illettré contemporain de l'Empire et, à coup sûr, indigène de la rive du Rhône, ces couplets naïfs ont du moins le mérite d'avoir conservé l'air que *Magali* a fait connaître. Quant au thème mis en vogue par l'aubade de *Mireille*, les métamorphoses de l'amour, nous le prîmes expressément dans un chant populaire qui commençait comme suit:

--Marguerite, ma mie,
Marguerite, mes amours,
Ceci, sont les aubades
Qu'on va jouer pour vous.
-- Nargue de tes aubades
Comme de tes violons:
Je vais dans la mer blanche
Pour me rendre poisson.

Enfin, le nom de Magali, abréviation de Marguerite, je l'entendis un jour que je revenais de Saint-Remy. Une jeune bergère gardait quelques brebis le long de la Grande Roubine. -- "O Magali! tu ne viens pas encore?" lui cria un garçonnet qui passait au chemin; et tant me parut joli ce nom limpide que je chantai sur-le-champ:

O Magali, ma tant aimée,
Mets ta tête à la fenêtre.
Écoute un peu cette aubade
De tambourins et de violons:
Le ciel est là-haut plein d'étoiles,
Le vent est tombé...
Mais les étoiles pâliront
En te voyant.

C'est quelque temps après que, première brouée de ma claire jeunesse, j'eus la douleur de perdre mon père. Aux dernières Calendes (1), -- lui que la fête de Noël emplissait toujours de joie, maintenant devenu aveugle, nous l'avions vu d'une tristesse qui nous fit mal augurer. C'est en vain que, sur la table et sur la nappe blanche, luisaient, comme d'usage, les chandelles sacrées; en vain, je lui avais offert le verre de vin cuit pour entendre de sa bouche le sacramentel: "Allégresse!" En tâtonnant, hélas! avec ses grands bras maigres, il s'était assis sans mot dire. Ma mère eut beau lui présenter, un après l'autre, les mets de Noël: le plat d'escargots, le poisson du Martigue, le nougat d'amandes, la galette à l'huile. Le pauvre vieux, pensif, avait soupé dans le silence. Une ombre avant-courrière de la mort était sur lui. Ayant totalement perdu la vue, il dit:

-- L'an passé, à la Noël, je voyais encore un peu le mignon des chandelles; mais cette année, rien, rien! Soutenez-moi, ô sainte Vierge!

(1) Nom de la Noël, en Provence.

A l'entrée de septembre de 1855, il s'éteignit dans le Seigneur, et, lorsqu'il eut reçu les derniers sacrements avec la candeur, la foi, la bonne foi des âmes simples, et que, toute la famille, nous pleurions autour du lit:

-- Mes enfants, nous dit-il, allons! moi je m'en vais... et à Dieu je rends grâce pour tout ce que je lui dois: ma longue vie et mon bonheur, qui a été béni.

Ensuite, il m'appela et me dit:

-- Frédéric, quel temps fait-il?

-- Il pleut, mon père, répondis-je.

-- Eh bien! dit-il, s'il pleut, il fait beau temps pour les semailles.

Et il rendit son âme à Dieu. Ah! quel moment! On releva sur sa tête le drap. Près du lit, ce grand lit où, dans l'alcôve blanche, j'étais né en pleine lumière, on alluma un cierge pâle. On ferma à demi les volets de la chambre. On manda aux laboureurs de dételer tout de suite. La servante, à la cuisine, renversa sur la gueule les chaudrons de l'étagère. Autour des cendres du foyer, qu'on éteignit, toute la maisonnée, silencieusement, nous nous assîmes en cercle. Ma mère au coin de la grande cheminée, et, selon la coutume des veuves de Provence, elle avait, en signe de deuil, mis sur la tête un fichu blanc; et toute la journée, les voisins, les voisines, les parents, les amis vinrent nous apporter le salut de condoléance en disant, l'un après l'autre:

-- Que Notre Seigneur vous conserve!

Et, longuement, pieusement eurent lieu les complaintes en l'honneur du "pauvre maître".

Le lendemain, tout Maillane assistait aux funérailles. En priant Dieu pour lui, les pauvres ajoutaient:

-- Autant de pains il nous donna, autant d'anges puissent-ils l'accompagner au ciel!

Derrière le cercueil, porté à bras avec des serviettes, et le couvercle enlevé pour qu'une dernière fois les gens vissent le défunt, les mains croisées, dans son blanc suaire, -- Jean Roussière portait le cierge mortuaire qui avait veillé son maître.

Et moi, pendant que les glas sonnaient dans le lointain, j'allai verser mes larmes, tout seul, au milieu des champs, car l'arbre de la maison était tombé. Le Mas du Juge, le Mas de mon enfance, comme s'il eût perdu son ombre haute, maintenant, à mes yeux était désolé et vaste. L'ancien de la famille, maître François mon père, avait été le dernier des patriarches de Provence, conservateur fidèle des traditions et des coutumes, et le dernier, du moins pour moi, de cette génération austère, religieuse, humble, disciplinée, qui avait patiemment traversé les misères et les affres de la Révolution et fourni à la France les désintéressés de ses grands holocaustes et les infatigables de ses grandes armées.

Une semaine après, au retour du *service*, le partage se fit. Les denrées et les feurres, bêtes de trait, brebis, oiseaux de basse-cour, tout cela fut loti. Le mobilier, nos chers vieux meubles, les grands lits à quenouilles, le pétrin à ferrures, le coffre du blutoir, les armoires cirées, la huche au pain sculptée, la table, le verrier, que, depuis ma naissance, j'avais vus à demeure autour de ces murailles; les douzaines d'assiettes, la faïence fleurie, qui n'avait jamais quitté les étagères du dressoir; les draps de chanvre, que ma mère de sa main avait filés; l'équipage agricole, les charrettes, les charrues, les harnais, les outils, ustensiles et objets divers, de toute sorte et de tout genre: tout cela déplacé, transporté au dehors dans l'aire de la ferme, il fallut le voir diviser, en trois parts, à dire d'expert.

Les domestiques, les serviteurs à l'année ou au mois, l'un après l'autre, s'en allèrent. Et au Mas paternel, qui n'était pas dans mon lot, il fallut dire adieu. Une après-midi, avec ma mère, avec le chien, -- et Jean Roussière, qui sur le camion, charriait notre part, -- nous vînmes, le coeur gros, habiter désormais la maison de Maillane qui, en partage, m'était échue. Et maintenant, ami lecteur, tu peux comprendre la nostalgie de ce vers de *Mireille* :

Comme au Mas, comme au temps de mon père, hélas! hélas!

CHAPITRE XVI

MIREILLE

Adolphe Dumas à Maillane. -- Sa soeur Laure. -- Mon premier voyage à Paris. Lecture de *Mireille* en manuscrit. -- La lettre de Dumas à la *Gazette de France* . -- Ma présentation à Lamartine. -- Le quarantaine "Entretien de littérature". -- Ma mère et l'étoile.

L'année suivante (1856) lors de la Sainte-Agathe, fête votive de Maillane, je reçus la visite d'un poète de Paris que le hasard (ou, plutôt, la bonne étoile des félibres) amena, à son heure, dans la maison de ma mère. C'était Adolphe Dumas: une belle figure d'homme de
cinquante ans, d'une pâleur ascétique, cheveux longs et blanchissants, moustache brune avec barbiche, des yeux noirs pleins de flamme et, pour accompagner une voix retentissante, la main toujours en l'air dans un geste superbe. D'une taille élevée, mais boiteux et traînant une jambe percluse, lorsqu'il marchait, on aurait dit un cyprès de Provence agité par le vent.

-- C'est donc vous, monsieur Mistral, qui faites des vers provençaux? me dit-il tout d'abord et d'un ton goguenard, en me tendant la main.

-- Oui, c'est moi, répondis-je, à vous servir, monsieur!

-- Certainement, j'espère que vous pourrez me servir. Le ministre, celui de l'Instruction publique, M. Fortoul, de Digne, m'a donné la mission de venir ramasser les chants populaires de Provence, comme *le Mousse de Marseille, la Belle de Margoton, les Noces du Papillon*, et, si vous en saviez quelqu'un, je suis ici pour les recueillir.

Et, en causant à ce propos, je lui chantai ma foi, l'aubade de *Magali*, toute fraîche arrangée pour le poème de *Mireille*.

Mon Adolphe Dumas, enlevé, épaté, s'écria:

-- Mais où donc avez-vous pêché cette perle?

-- Elle fait partie, lui dis-je, d'un roman provençal (ou, plutôt, d'un poème provençal en douze chants) que je suis en train d'affiner.

-- Oh! ces bons Provençaux! Vous voilà bien toujours les mêmes, obstinés à garder votre langue en haillons, comme les ânes qui s'entêtent à longer le bord des routes pour y brouter quelque chardon... C'est en français, mon cher ami, c'est dans la langue de Paris que nous devons aujourd'hui, si nous voulons être entendus, chanter notre Provence. Tenez! écoutez ceci:

J'ai revu sur son roc, vieille, nue, appauvrie,
La maison des parents, la première patrie,
L'ombre du vieux mûrier, le banc de pierre étroit.
Le nid que l'hirondelle avait au bord du toit,
Et la treille, à présent sur les murs égarée,
Qui regrette son maître et retombe éplorée;
Et, dans l'herbe et l'oubli qui poussent sur le seuil,
J'ai fait pieusement agenouiller l'orgueil,
J'ai rouvert la fenêtre où me vint la lumière,
Et j'ai rempli de chants la couche de ma mère.

Mais allons, dites-moi, puisque poème il y a, dites-moi quelque chose de votre poème provençal.

Et je lui lus alors un morceau de *Mireille*, je ne me souviens plus lequel.

-- Ah! si vous parlez comme cela, met fit Dumas après ma lecture, je vous tire mon chapeau, et je salue la source d'une poésie neuve, d'une poésie indigène dont personne ne se doutait. Cela m'apprend, à moi, qui, depuis trente ans, ai quitté la Provence et qui croyais sa langue morte, cela m'apprend, cela me prouve qu'en dessous de ce *patois* usité chez les farauds, les demi-bourgeois et les demi-dames existe une seconde langue, celle de Dante et de Pétrarque. Mais suivez bien leur méthode, qui n'a pas consisté, comme certains le croient, à employer tels quels, ni à fondre en macédoine les dialectes de Florence, de Bologne ou de Milan. Eux ont ramassé l'huile et en ont fait la langue qu'ils rendirent parfaite en la généralisant. Tout ce qui a précédé les écrivains latins du grand siècle d'Auguste, à l'exception de Térence, c'est le "Fumier d'Ennius". Du parler populaire ne prenez que la paille blanche avec le grain qui peut s'y trouver. Je suis persuadé qu'avec le goût, la sève de votre juvénile ardeur, vous êtes fait pour réussir. Et je vois déjà poindre la renaissance d'une langue provignée du latin, et jolie et sonore comme le meilleur italien.

L'histoire d'Adolphe Dumas était un vrai conte de fées. Enfant du peuple, ses parents tenaient une petite auberge entre Orgon et Cabane, à la Pierre-Plantée. Et Dumas avait une soeur appelée Laure, belle comme le jour et innocente comme l'eau qui naît: et voici que sur la route passèrent une fois des comédiens ambulants qui, dans la petite auberge, donnèrent, à la veillée, une représentation. L'un d'eux y jouait un rôle de prince. Les oripeaux de son costume qui scintillait sous les falots lui donnaient sur les tréteaux l'apparence d'un fils de roi, si bien que la pauvre Laure, naïve, hélas! comme pas une, se laissa, à ce que racontent les vieillards de la contrée, enjôler et enlever par ce prince de grand chemin. Elle partit avec la troupe, débarqua à Marseille, et ayant reconnu bientôt son erreur folle, et n'osant plus rentrer chez elle, elle prit à tout hasard la diligence de Paris, où elle arriva un matin par une pluie battante. Et la voilà sur le pavé, seule et dénuée de tout. Un monsieur qui passait en landau, et qui vit tout en larmes la jeune Provençale, fit arrêter sa voiture et lui dit:

-- Belle enfant, mais qu'avez-vous à tant pleurer?

Laure naïvement conta son équipée. Le monsieur, qui était riche, ému, épris soudain, la fit monter dans sa voiture, la conduisit dans un couvent, lui fit donner une éducation soignée et l'épousa ensuite. Mais la belle épousée, qui avait le coeur noble, n'oublia pas ses parents. Elle fit venir à Paris son petit frère Adolphe, lui fit faire ses études, et voilà comment Dumas Adolphe, déjà poète de nature et de nature enthousiaste, se trouva un jour mêlé au mouvement littéraire de 1830. Vers de toute façon, drames, comédies, poèmes, jaillirent, coup sur coup, de son cerveau bouillonnant: *la Cité des hommes, la Mort de Faust et de Don Juan, le Camp des Croisés, Provence, Mademoiselle de la Vallière, l'École des Familles, les Servitudes volontaires*, etc. Mais vous savez, dans les batailles, bien qu'on y fasse son devoir, tout le monde n'est pas porté pour la Légion d'honneur; et malgré sa valeur et des succès relatifs dans le théâtres de Paris, le poète Dumas, comme notre Tambour d'Arcole, était resté simple soldat, ce qui lui faisait dire plus tard en provençal:

A quarante ans passés, quand tout le monde pêche -- dans la soupe des gueux on y trempe son pain, -- Nous devons être heureux d'avoir -- L'âme en repos, le coeur net et la main lavée. -- Et qu'a-t-il? dira-t-on. -- Il a la tête haute. -- Que fait-il? Il fait son devoir.

Seulement, s'il n'était pas devenu capitaine, il avait conquis l'estime de ses plus fiers compagnons d'armes; et Hugo, Lamartine,

Béranger, de Vigny, le grand Dumas, Jules Janin, Mignet, Barbey d'Aurevilly, étaient de ses amis.

Adolphe Dumas, avec son tempérament ardent, avec on expérience de vieux lutteur parisien et tous ses souvenirs d'enfant de la Durance, arrivait donc à point nommé pour donner au Félibrige le billet de passage entre Avignon et Paris.

Mon poème provençal étant terminé enfin, mais non imprimé encore, un
jeune Marseillais qui fréquentait Font-Ségugne, mon ami Ludovic Segré, me dit, un jour:

-- Je vais à Paris... Veux-tu venir avec moi?

J'acceptai l'invitation, et c'est ainsi qu'à l'improviste, et pour la première fois, je fis le voyage de Paris, où je passai une semaine. J'avais, bien entendu, porté mon manuscrit, et, quand nous eûmes quelques jours couru et admiré, de Notre-Dame au Louvre, de la place Vendôme au grand Arc de Triomphe, nous vînmes, comme de juste, saluer
le bon Dumas.

-- Eh bien! cette *Mireille*, me fit-il, est-elle achevée?

-- Elle est achevée, lui dis-je, et la voici... en manuscrit.

-- Voyons donc; puisque nous y sommes, vous allez m'en lire un chant.

Et quand j'eus lu le premier chant:

-- Continuez, me dit Dumas.

Et je lus le second, puis le troisième, puis le quatrième.

-- C'est assez pour aujourd'hui, me dit l'excellent homme. Venez demain à la même heure, nous continuerons la lecture; mais je puis, dès maintenant, vous assurer que, si votre oeuvre s'en va toujours avec ce souffle, vous pourriez gagner une palme plus blle que vous ne pensez.

Je retournai, le lendemain, en lire encore quatre chants, et le surlendemain, nous achevâmes le poème.

Le même jour (26 août 1856), Adolphe Dumas adressa au directeur de la
Gazette de France la lettre que voici:

"*La Gazette du Midi* a déjà fait connaître à la *Gazette de France* l'arrivée du jeune Mistral, le grand poète de la Provence. Qu'est-ce que Mistral? On n'en sait rien. On me le demande et je crains de répondre des paroles qu'on ne croira pas, tant elles sont inattendues, dans ce moment de poésie d'imitation qui fait croire à la mort de la poésie et des poètes.

"L'Académie française viendra dans dix ans consacrer une gloire de plus, quand tout le monde l'aura faite. L'horloge de l'Institut a souvent de ces retards d'une heure avec les siècles; mais je veux être le premier qui aura découvert ce qu'on peut appeler, aujourd'hui, le Virgile de la Provence, le pâtre de Mantoue arrivant à Rome avec des chants dignes de Gallus et des Scipion...

"On a souvent demandé, pour notre beau pays du Midi, deux fois romain, romain latin et romain catholique, le poème de sa langue éternelle, de ses croyances saintes et de ses moeurs pures. J'ai le poème dans les mains, il a douze chants. Il est signé Frédéric Mistral, du village de Maillane, et je le contresigne de ma parole d'honneur, que je n'ai jamais engagée à faux, et de ma responsabilité, qui n'a que l'ambition d'être juste."

Cette lettre ébouriffante fut accueillie par des lazzi: "Allons, disaient certains journaux, le mistral s'est incarné, paraît-il, dans un poème. Nous verrons si ce sera autre chose que du vent."

Mais Dumas, lui, content de l'effet de sa bombe, me dit en me serrant la main:

-- Maintenant, cher ami, retournez à Avignon pour imprimer votre *Mireille*. Nous avons, en plein Paris, lancé le but au caniveau, et laissons courir la critique: il faudra bien qu'elle y ajoute les boules de son jeu, toutes, l'une après l'autre.

Avant mon départ, mon dévoué compatriote voulut bien me présenter à Lamartine, son ami, et voici comment le grand homme raconta cette visite dans son *Cours familiers de Littérature* (quarantième entretien, 1859):

"Au soleil couchant, je vis entrer Adolphe Dumas, suivi d'un beau et modeste jeune homme, vêtu avec un sobre élégance, comme l'amant de Laure, quand il brossait sa tunique noire et qu'il peignait sa lisse chevelure dans les rues d'Avignon. C'était Frédéric Mistral, le jeune poète villageois, destiné à devenir, comme Burns le laboureur écossais, l'Homère de la Provence.

"Sa physionomie simple, modeste et douce, n'avait rien de cette tension orgueilleuse des traits ou de cette évaporation des yeux qui caractérise trop souvent ces hommes de vanité plus que de génie, qu'on appelle les poètes populaires. Il avait la bienséance de la vérité; il plaisait, il intéressait, il émouvait; on sentait, dans sa mâle beauté, le fils d'une de ces belles Arlésiennes, statues vivantes de la Grèce, qui palpitent dans notre Midi.

"Mistral s'assit sans façon à ma table d'acajou de Paris, selon les lois de l'hospitalité antique, comme je me serais assis à la table de noyer de sa mère, dans son Mas de Maillane. Le dîner fut sobre, l'entretien à coeur ouvert, la soirée courte et causeuse, à la fraîcheur du soir et au gazouillement des merles, dans mon petit jardin grand comme le mouchoir de Mireille.

"Le jeune homme nous récita quelques vers dans ce doux et nerveux idiome provençal, qui rappelle tantôt l'accent latin, tantôt la grâce attique, tantôt l'âpreté toscane. Mon habitude des patois latins, parlés uniquement par moi jusqu'à l'âge de douze ans dans les montagnes de mon pays, me rendait ce bel idiome intelligible. C'étaient quelques vers lyriques; ils me plurent mais sans m'enivrer. Le génie du jeune homme n'était pas là, le cadre était trop étroit pour son âme; il lui fallait, comme à Jasmin, cet autre chanteur sans langue, son épopée pour se répandre. Il retournait dans son village pour y recueillir, auprès de sa mère et à côté de ses troupeaux, ses dernières inspirations. Il me promit de m'envoyer un des premiers exemplaires de son poème; il sortit."

Avant de repartir, j'allai saluer Lamartine, qui habitait au rez-de-chaussée du numéro 41 de la rue Ville-L'Évêque. C'était dans la soirée. Écrasé par ses dettes et assez délaissé, le grand homme somnolait dans un fauteuil en fumant un cigare, pendant que quelques visiteurs causaient à voix basse, autour de lui.

Tout à coup, un domestique vint annoncer qu'un Espagnol, un harpiste appelé Herrera, demandait à jouer un air de son pays devant M. de Lamartine.

-- Qu'il entre, dit le poète.

Le harpiste joua son aire, et Lamartine, à demi-voix, demanda à sa nièce, Mme de Cessia, s'il y avait quelque argent dans les tiroirs de son bureau.

-- Il reste deux louis, répondit celle-ci.

-- Donnez-les à Herrera, fit le bon Lamartine.

Je revins donc en Provence pour l'impression de mon poème, et la chose s'étant faite à l'imprimerie Seguin, à Avignon, j'adressai le premier exemplaire à Lamartine, qui écrivit à Reboul la lettre suivante:

"J'ai lu *Mirèio* ... Rien n'avait encore paru de cette sève nationale, féconde, inimitable du Midi. Il y a une vertu dans le soleil. J'ai tellement été frappé à l'esprit et au coeur que j'écris un *Entretien* sur ce poème. Dites-le à M. Mistral. Oui, depuis les Homérides de l'Archipel, un tel jet de poésie primitive n'avait pas coulé. J'ai crié, comme vous: c'est Homère."

Adolphe Dumas m'écrivait, de son côté:

(mars 1859).

"Encore une lettre de joie pour vous, mon cher ami. J'ai été, hier au soir, chez Lamartine. En me voyant entrer, il m'a reçu avec des exclamations et il m'en a dit autant que ma lettre à la *Gazette de France* . Il a lu et compris, dit-il, votre poème d'un bout à l'autre. Il l'a lu et relu trois fois, il ne le quitte plus et ne lit pas autre chose. Sa nièce, cette belle personne que vous avez vue, a ajouté qu'elle n'avait pas pu le lui dérober un instant pour le lire, et il va faire un *Entretien* tout entier sur vous et *Mirèio* . Il m'a demandé des notes biographiques sur vous et sur Maillane. Je les lui envoie ce matin. Vous avez été l'objet de la conversation générale toute la soirée et votre poème a été détaillé par Lamartine et par moi depuis le premier mot jusqu'au dernier. Si son *Entretien* parle ainsi de vous, votre gloire est faite dans le monde entier. Il dit que vous êtes "un Grec des Cyclades". Il a écrit à Reboul: "C'est un Homère!" Il me charge de vous écrire *tout ce que je veux* et il ajoute que je ne puis trop vous en dire, tant il est ravi. Soyez donc bien heureux, vous et votre chère mère, dont j'ai gardé un si bon souvenir."

Je tiens à consigner ici un fait très singulier d'intuition maternelle. J'avais donné à ma mère une exemplaire de *Mirèio*, mais sans lui avoir parlé du jugement de Lamartine, que je ne connaissais pas encore. A la fin de la journée, quand je crus qu'elle avait pris connaissance de l'oeuvre, je lui demandai ce qu'elle en pensait et elle me répondit, profondément émue:

-- Il m'est arrivé, en ouvrant ton livre, une chose bien étrange: un éclat de lumière, pareil à une étoile, m'a éblouie sur le coup, et j'ai dû renvoyer la lecture à plus tard!

Qu'on en pense ce qu'on voudra; j'ai toujours cru que cette vision de la bonne et sainte femme était un signe très réel de l'influx de sainte Estelle, autrement dit de l'étoile qui avait présidé à la fondation du Félibrige.

Le quarantième Entretien du *Cours Familier de Littérature* parut un mois après (1859), sous le titre "Apparition d'un poème épique en Provence". Lamartine y consacrait quatre-vingt pages au poème de *Mireille* et cette glorification était le couronnement des articles sans nombre qui avaient accueilli notre épopée rustique dans la presse de Provence, du Midi et de Paris. Je témoignai ma reconnaissance dans ce quatrain provençal que j'inscrivis en tête de la seconde édition:

A LAMARTINE

Je te consacre Mireille; c'est mon coeur et mon âme,
C'est la fleur de mes années,

*C'est un raisin de Crau qu'avec toutes ses feuilles
T'offre un paysan.*

8 septembre 1859

Et voici l'élégie que je publiai à la mort du grand homme (1):

SUR LA MORT DE LAMARTINE

*Quand l'heure du déclin est venue pour l'astre -- sur les collines
envahies par le soir, les pâtres -- élargissent leurs moutons, leurs
brebis et leurs chiens; -- et dans les bas-fonds des marais, -- tout
ce qui grouille râle en braiment unanime:
-- Ce soleil était assommant!"*

*Des paroles de Dieu magnanime épancheur, -- ainsi, ô Lamartine, ô mon
maître, ô mon père, -- en cantiques, en actions, en larmes
consolantes, -- quand vous eûtes à notre monde -- épanché sa satiété
d'amour et de lumière, -- et que le monde fut las,*

*Chacun jeta son cri dans le brouillard profond, -- chacun vous
décocha la pierre de sa fronde, -- car votre splendeur nous faisait
mal aux yeux, -- car une étoile qui s'éteint, -- car un dieu crucifié
plaît à la foule, -- et les crapauds aiment la nuit...*

*Et l'on vit en ce moment des choses prodigieuses! Lui, cette grande
source de pure poésie -- qui avait rajeuni l'âme de l'univers, -- les
jeunes poètes rirent -- de sa mélancolie de prophète et dirent --
qu'il ne savait pas l'art des vers.*

*Du Très-Haut Adonaï lui sublime grand prêtre, -- qui dans ses hymnes
saints éleva nos croyances -- sur les cordes d'or de la harpe de*

Sion, -- en attestant les Écritures -- les dévots pharisiens crièrent sur les toits -- qu'il n'avait point de religion.

Lui, le grand coeur ému, qui, sur la catastrophe -- de nos anciens rois, avait versé ses strophes, -- et en marbre pompeux leur avait fait un mausolée, -- les ébahis du Royalisme -- trouvèrent qu'il était un révolutionnaire, -- et tous s'éloignèrent vite.

Lui, le grand orateur, la voix apostolique, -- qui avait fulguré le mot de République -- sur le front, dans le ciel des peuples tressaillants, -- par une étrange frénésie, -- sous les chiens enragés de la Démocratie -- le mordirent en grommelant.

Lui, le grand citoyen, qui dans le cratère embrasé -- avait jeté ses biens, et son corps et son âme, -- pour sauver du volcan la patrie en combustion, -- lorsque, pauvre, il demanda son pain, -- les bourgeois et les gros l'appelèrent mangeur -- et s'enfermèrent dans leur bourg.

Alors, se voyant seul dans sa calamité, -- dolent, avec sa croix il gravit son Calvaire... -- Et quelques bonnes âmes, vers la tombée du jour, -- entendirent un long gémissement, -- et puis, dans les espaces, ce cri suprême: Eli, lamma sabacthani!

Mais nul ne s'aventura vers la cime déserte. -- Avec les yeux fermés et les deux mains ouvertes, -- dans un silence grave il s'enveloppa donc; -- et, calme comme sont les montagnes, au milieu de sa gloire et de son infortune, -- sans dire mot il expira.

21 mars 1869

Me voilà arrivé au terme de l'*élucidari* (comme auraient dit les troubadours) ou explication de mes origines. C'est le sommet de ma jeunesse. Désormais, mon histoire, qui est celle de mes oeuvres, appartient, comme tant d'autres, à la publicité.

Je terminerai ces *Mémoires* par quelques épisodes des l'existence franche et libre que s'étaient faite, en Avignon, les musagètes ou coryphées de notre Renaissance, pour montrer comme, au bord du Rhône,
on pratiquait le Gai-Savoir.

CHAPITRE XVII

AUTOUR DU MONT VENTOUX

Courses félibréennes avec Aubanel et Grivolas. -- L'ascension et la descente. -- Les gendarmes nous arrêtent. -- La fête de Montbrun. -- Le devineur de sources. -- Le curé de Monieux. -- La Nesque et les Bessons. -- Le maire de Méthamis. -- Le charron de Vénasque.

Avec Théodore Aubanel, qui était toujours dispos, pour organiser les courses, et notre camarade le peintre avignonnais Pierre Grivolas, qui était de toutes nos fêtes, voici comment nous fîmes, un beau jour de septembre, l'ascension du mont Ventoux.

Partis, vers minuit, du village de Bédoin, au pied de la montagne, nous atteignîmes le sommet une demi-heure environ avant le lever du soleil. Je ne vous dirai rien de l'escalade, que nous fîmes à l'aise, sur le bât de mulets que conduisaient des guides, à travers les rochers, escarpements et mamelons de la Combe-Fillole.

Nous vîmes le soleil surgir, tel qu'un superbe roi de gloire, d'entre les cimes éblouissantes des Alpes couvertes de neige, et l'ombre du Ventoux élargir, prolonger, là-bas dans l'étendue du Comtat Venaissin, par là-bas sur le Rhône et jusqu'au Languedoc, la triangulation de son immense cône.

En même temps, de grosses nues blanchâtres et fuyantes roulaient au-dessous de nous, embrumant les vallées; et, si beau que fût le temps, il ne faisait pas chaud.

Vers les neuf heures, -- mais, cette fois, à pied, avec les bâtons ferrés et le havresac au dos, -- après un léger déjeuner, nous primes la descente. Seulement, nous dévalâmes par le côté opposé, c'est-à-dire par les Ubacs, ainsi qu'on nomme le versant nord de toutes nos montagnes et du Ventoux en particulier.

Or, tellement est âpre et tellement est raide ce revers du mont Ventoux, que le père Laval raconte ce qui suit:

Les montagnards qui, de son temps (au dix-huitième siècle), le 14 septembre, montaient en pèlerinage à la chapelle qui est en haut, redescendaient par les Ubacs, rien qu'en se laissant glisser, assis à croupetons sur une double planche de trois empans carrés, qu'ils enrayaient soudain en plantant leur bâton devant, lorsqu'elle allait trop vite ou qu'elle frôlait un précipice.

Ils descendaient par ce moyen dans moins d'une demi-heure; et il faut songer que le mont Ventoux a dix-neuf cent soixante mètres d'altitude sur la mer!

Désireux, nous aussi, de raccourcir notre descente, mais ignorant les chemins, nous allâmes nous fourvoyer dans une ravine ardue, la Loubatière du Ventoux, si encombrée de rocailles et si périlleuse aussi que, pour arriver en bas, nous mîmes le jour entier.

Le ravin de la Loubatière, comme son nom le dit, n'est fréquenté que par les loups, et il se rue subitement, du sommet au pied du mont, entre des berges si scabreuses qu'il est presque impossible, une fois qu'on y est rentré, d'en sortir pour changer de route.

Nous y voilà, arrive qui plante! Dans les rocs détachés et dans les éboulis, à travers les troncs d'arbres, pins, hêtres et mélèzes, arrachés, entraînés par la fureur des orages et qui, à tous les pas, entravaient notre marche, nous descendions, nous dévalions, quand, tout à coup, le lit du torrent, coupé à pic devant nos pas, montre à nos yeux, béant, un précipice de cent toises peut-être en contrebas.

Comment faire? Remonter? C'était fort difficile, d'autant plus que, sur nos têtes, nous voyions s'avancer de gros nuages noirs qui, s'ils eussent crevé, nous auraient submergés sous l'irruption des eaux... Il fallait donc, de façon ou d'autre, descendre par la gorge, cette épouvantable gorge où nous étions perdus. Et alors, dans l'abîme, nous jetâmes là-bas nos cabans et nos sacs et, ma foi, recommandant à Dieu notre vie, en rampant, en nous traînant, mais surtout par glissades, nous nous laissâmes couler sur la paroi presque verticale où, seules, quelques racines de buis ou de lavande nous empêchèrent de dégringoler, la tête la première.

Rendus au fond du précipice, nous croyions être hors de danger, et, remettant nos hardes, nous avions, guillerets, recommencé de descendre dans le ravin du torrent, lorsqu'une cataracte, encore plus forte et plus rapide, vint nous arrêter de nouveau, et, au péril de nos vies, il fallut de nouveau glisser en se cramponnant, et puis une troisième fois après les autres ci-dessus.

Au crépuscule, enfin nous atteignîmes Saint-Léger, pauvre petit village qui est au pied du Ventoux, habité par des charbonniers, tout jonché de lavande en guise de litière. Nous ne pûmes trouver à nous y héberger.

Malgré la nuit, haletants, harassés, il nous fallut encore marcher une couple d'heures jusqu'au village de Brantes, perché sur les rochers, en face du Ventoux, où nous fûmes fort heureux de pouvoir nous faire faire une omelette au lard et dormir, ensuite, au grenier à foin.

Le plus joli, -- car il paraît qu'on n'avait pas très bonne mine, - fut que notre hôtelier, de peur qu'on n'emportât ses draps, nous avait enfermés sous clé... Aussi, le lendemain, ayant appris que c'était fête au village de Montbrun, et à peu près remis des suées de la veille, nous partîmes joyeux du pays qui *branle sans vent* (comme l'appellent ses voisins) et nous fîmes le tour des Ubacs du Ventoux par Savoillants et Reillanette.

Mais, pendant que, sur le bord de la rivière gazouilleuse qui a nom le Toulourenc, nous admirions la hauteur des escarpes effrayantes, des roches sourcilleuses qui touchaient les nuées, deux gendarmes, qui venaient sur la route après nous, et auxquels l'hôtelier de Brantes avait donné peut-être notre signalement, nous accostent:

-- Vos papiers?

Nous avions échappé aux loups, aux orages, aux précipices; ais, croyez-m'en, qui que vous soyez, si vous êtes jamais forcé de vous garer devant les happe-chair, évitez toujours les routes.

-- Vos papiers? D'où venez-vous? Où allez-vous, voyons?

Moi, je sortis de ma poche un gribouillage provençal et, pendant qu'un des archers, pour pouvoir déchiffrer ce que ça voulait dire, se désorbitait les yeux en tordant sa moustache:

-- Nous sommes, disait Aubanel, des félibres, qui venons faire le tour du Ventoux.

-- Et des artistes, ajoutait Grivolas, qui étudions la beauté du paysage...

-- Ah! oui, c'est bon! nous faire accroire qu'on est venu dans le Ventoux pour étudier ses agréments! répliqua le gendarme qui essayait, mais vainement, de lire mon provençal; vous irez, mes farceurs, dire cela demain à M. le procureur impérial à Nyons... Et suivez-nous pour le quart d'heure.

Nous rappelant le mot du général Philopémen: "qu'il faut porter la peine de sa mauvaise mine", et, en effet, reconnaissant qu'avec nos grands chapeaux de feutre aux bords retroussés arrogamment, nos bâtons ferrés et nos havresacs, nous étions faits comme des brigands, -- et comme d'autre part, cela nous amusait, nous suivîmes les chasse-coquins.

Chemin faisant, un bon fermier, portant la veste sur l'épaule, nous atteignit et nous dit:

-- Que Dieu vous donne le bonjour! Ces messieurs vont, sans doute, à la fête de Montbrun?

-- Ah! oui, une jolie fête! lui répondîmes-nous. Nous descendions du Ventoux, de la cime du mont Ventoux, pour voir s'il est réel que le soleil, en se levant, y fait trois sauts, comme on affirme, et voilà que les gendarmes, parce que nous avions oublié nos papiers, nous ont pris pour des voleurs et nous emmènent à Nyons...

-- Par exemple! Mais ne voyez-vous pas, à leur façon de s'exprimer, dit aux gendarmes le brave homme, que ces messieurs ne sont pas de loin? qu'ils parlent provençal? qu'ils sentent leur bonne maison? Eh bien! je n'hésite pas, moi, à répondre pour eux et je les invite même, quand nous serons à Montbrun, à venir boire un coup à la maison, et vous aussi, messieurs du gouvernement, si vous voulez, pourtant, me faire cet honneur!

-- En ce cas-là, nous dit la maréchaussée dauphinoise, après avoir délibéré, messieurs, vous pouvez aller. Et, mais, voyons, est-ce positif, ce que vous disiez tout à l'heure, que le soleil, là-haut, vu du sommet du Ventoux, fait trois sauts en se levant?

-- Ça, répliquâmes-nous, il faut le voir pour le croire... Mais autrement, c'est vrai comme vous êtes de braves gens.

Et, les laissant sur ce goût (nous venions d'entrer à Montbrun), avec l'honnête paysan qui avait répondu pour nous, nous fûmes tout droit à l'auberge nous restaurer quelque peu.

Rien qui fasse plaisir, lorsqu'on cour le pays et qu'on est fatigué, comme une auberge indigène, où l'on arrive un jour de fête patronale. Or, songez qu'à Montbrun, dès notre entrée au cabaret, nos yeux virent par terre un monceau de poulardes, de poulets, de dindons, de lapins, de levrauts et de perdrix, vous dis-je, qui n'annonçaient pas misère! Qui plumait d'ici, qui saignait de là. Une paire de longues broches, toutes chargées de lardoires et de gibier odorant, tournaient et dégouttaient sur le carré des lèchefrites, doucettement, devant le feu. L'hôtelier, l'hôtelière, en mouvement, posaient sur chaque table les bouteilles, les couteaux, les fourchettes qu'il fallait. Et tout cela pour les premiers qui demanderaient à dîner, c'est-à-dire pour nous autres. Oh! coquin de bon sort! Une bénédiction. Et, chose pardessus qui ne coûtait pas davantage, les filles de l'hôtesse avaient si gentille accortise que nous restâmes là tant que dura la fête, rien que pour l'agrément d'être servis par elles.

A *Montbrun* , disait-on autrefois en Dauphiné, *arrivé à deux heures, à trois on est pendu* . Cela montre qu'un proverbe n'est pas toujours véridique, mais ça devait se rapporter (je le crois) au renom du terrible Montbrun, le capitaine huguenot qui fut seigneur de ce village. C'est lui, Charles du Puy, dit "le brave Montbrun", qui fit face au roi de France, alléguant pour raison que "les armes et le jeu rendaient les hommes égaux". C'est le même qui, au siège de Mornas, place catholique, lorsqu'il eut pris le château, en précipita la garnison sur la pointe, là-bas, des hallebardes de sa troupe (1562). D'où les gens de Mornas ont gardé jusqu'à nos jours le sobriquet de *saute-remparts* , et voici ce qu'on raconte:

Un de ces malheureux, dont le tour était venu de faire le plongeon, reculait pour prendre élan, mais arrivé au bord de l'affreux casse-cou, il s'arrêtait épouvanté. Il revenait prendre sa course, et chose facile à comprendre, il lâchait pied de nouveau.

-- O poltron, lui cria le farouche Montbrun, en deux fois que tu pris escousse, tu ne peux pas faire le saut?

-- Monseigneur, répliqua le pauvre catholique, s'il vous plaît d'essayer, je vous le donne en trois.

Et pour la repartie, Montbrun, à ce qu'on dit, lui accorda sa grâce.

Nous allâmes visiter le château du baron - que François II fit démolir. -- Il y reste quelques fresques, attribuées à André del Sarto. Sur la terrasse, on nous montra l'endroit d'où parfois, pour s'amuser, le seigneur huguenot abattait d'un coup d'arquebuse les moines qui, là-bas, lisaient leur bréviaire, dans le jardin d'un couvent qu'il y avait en dessous.

Enfin, derrière le Ventoux, le long du Toulourenc, rivière qui sépare le Dauphiné de la Provence, ayant repris notre tournée, nous vîmes en passant au pied du Ventouret et en longeant le Gourg des Oules déboucher dans une vallée, la riante vallée de Sault.

-- Faisons la méridienne? dîmes-nous.. Et tous trois, à l'orée d'une prairie limitrophe avec la route, nous nous couchâmes pour dormir et laisser passer la chaleur.

-- Adieu, Ventoux! s'écria Aubanel, tu nous fis, ô gueusard, assez suer et essouffler!

Grivolas regardait les ombres et les clairs que remuaient entre eux les noyers et les chênes, et moi, épiant l'heure qu'il était au soleil, je tétais à la gourde une gorgée d'eau-de-vie.

A ce moment, dans le grand hâle, nous vîmes sur la route blanche s'acheminer avec sa blouse, ses gros souliers à clous, son chapeau à larges bords, un vieillard qui tenait une houssine à la main. Quelque chose d'imposant et de particulier dans sa figure ouverte, rôtie par le soleil, attira, comme il passait, notre attention vers lui et nous lui dîmes bonjour.

-- Bonjour, toute la compagnie, nous fit-il d'une voix douce, vous faites un peu halte?

-- Eh oui! brave homme; à vous d'en faire autant, si vous voulez.

-- Eh bien! je ne dis pas non... Je viens de la ville de Sault, où j'avais quelques affaires et je commençais d'être las. Ce n'est plus, mes amis, comme quand j'avais votre âge! Berthe filait alors, et maintenant Marthe dévide.

Et il s'assit en causant à côté de nous sur l'herbe.

-- Je suis bien curieux peut-être, poursuivit-il, mais par hasard ne seriez-vous pas herboristes?

Ah! parbleu, si nous connaissions la vertu des simples que nos pieds foulent, nous n'aurions jamais besoin d'apothicaires ni de médecins.

-- Non, répondîmes-nous, nous venons du mont Ventoux.

-- *Sage qui n'y retourne pas, mais fou celui qui y retourne!* dit le vieillard sentencieusement... "Allons, je vois, je vois, vous êtes peut-être bien des triacleurs de Venise.

-- Triacleurs? Qu'est-ce que c'est?

--Vous n'ignorez pas, messieurs, qu'un remède souverain est ce qu'on nomme la *thériaque*, qui se fait à ce qu'on dit, avec de la graisse de vipère... Et, ici, dans nos montagnes, au Ventoux, au Ventouret, et, dans cette vallée même, les vipères ne manquent pas. Si c'est elles que vous cherchiez...

-- Ah! les cherche qui voudra! nous écriâmes-nous.

-- Veuillez m'excuser, reprit le bonhomme, si je vous ai offensés, mais il n'est pas de sot métier:

Comme dit le renard
Chacun joue de son art.

Le bon Dieu, que je salue, a répandu sa lumière, voyez-vous un peu à tous. Pris à part, l'homme ne sait rien; entre tous, nous savons tout... Et, sans aller plus loin, moi, je suis devineur d'eau.

-- Ah! tonnerre de nom de nom!

-- Oui, tel que vous me voyez, par la vertu de la baguette que je tiens entre mes mains, je déniche les veines d'eau.

-- Par exemple, et à notre tour, s'il n'y a pas d'indiscrétion, comment faites-vous donc pour découvrir les sources qu'il y a dans la terre?

-- Comment je fais? De vous le dire, répondit l'hydroscope, ce serait malaisé peut-être... C'est affaire de bonne foi. Il m'arrive, tenez, quand le soleil est ardent, de voir fumer les eaux, de les voir s'évaporer, à sept lieues de distance... je les vois, oui, je les vois (mon Dieu! je vous rends grâces!) aspirées, colorées par l'ardeur du soleil. Ensuite la baguette, qui tourne d'elle-même et se tord entre mes doigts, achève le restant... Mais il faut, comme je vous le dis, sentir cela pour le comprendre: c'est à la bonne foi. Vous pouvez d'ailleurs parler de moi à Sault, à Villes, à Verdolier, dans tous les villages qui avoisinent: je suis d'Aurel (que vous voyez là), mon nom est Fortuné Aubert. On vous montrera partout les sources que j'ai mises en vue.

Nous lui dîmes en plaisantant:

-- Compère Fortuné, si vous pouviez, avec la baguette, trouver un jour la Chèvre d'Or?

-- Et pourquoi non? Si Dieu voulait, je n'aurais pas plus de peine à cela, voyez-vous, que d'être assis sur ce talus... Mais Celui de là-haut a plus de sens que nous tous. Une fontaine d'eau, quand on a soif, ne vaut-elle pas mieux qu'une fontaine d'or? Et ce pré! Ne croyez-vous pas que la moindre rosée fasse plus de bien à son herbe, -- que si la traversait le carrosse d'un roi, chargé d'or et d'argent? Rendre service, quand on peut, à notre frère prochain, comme il nous est recommandé, mes amis, voilà, voilà où le bon Dieu vient en aide! Et pour preuve, permettez que je vous conte encore ceci:

"L'an passé, la servante de notre curé d'Aurel (qui vous le certifierait) me fit appeler à la cure.

"-- Maître Fortuné, me dit-elle, vous me voyez en grand souci. M. le curé, ce matin, est allé à Carpentras, où l'on juge aux assises un jeune parent à lui, inculpé comme incendiaire. Il devait, me l'ayant promis, retourner de bonne heure, et la nuit déjà descend, et je ne vois venir personne: je ne sais que m'imaginer. Si au moyen de votre science vous pouviez me rendre instruite de ce qui là-bas se passe, ah! que vous me feriez plaisir!

"-- Nous essayerons, répondis-je... Donnez-moi quelques oublies, ce avec quoi les hosties se font.

Et alors, sur la table, je plaçai les oublies, en représentation de Celui qu'on ne voit pas, l'Amour suprême, le bon Dieu.

"A côté des oublies, je mis un verre de vin pur, pour représenter la Justice.

"Devant l'Amour et la Justice, je mis un verre d'eau -- qui représentait l'inculpé. Et derrière l'inculpé je posai un gobelet de vin troublé avec de l'eau: ça représentait l'avocat.

"Je saisis la baguette et, à la bonne foi, humblement, je demande à Dieu, l'Amour suprême, si l'accusé était condamné.

"La baguette, mes amis, ne branla pas plus que ces pierres.

"Bon! je demandai alors si on l'avait acquitté. La baguette entre mes doigts tourna joyeuse, comme en danse.

"-- Mademoiselle, dis-je pour lors à la servante, vous pouvez dormir tranquille: l'inculpé est acquitté.

"-- Puisque nous y voilà, me fit la demoiselle, Fortuné informez-vous un peu sur les témoins.

"Je reprends en main la baguette et je demande au vin pur ou, pour mieux dire, à la Justice, si les témoins retournaient et s'ils étaient en chemin.

"La verge demeura muette.

"Humblement, je demande s'ils étaient poursuivis. ..Il me fut répondu qu'ils étaient poursuivis très sérieusement... Eh bien! n'est-il pas vrai que le lendemain, messieurs, le curé d'Aurel vint nous confirmer tout ce que nous avions vu la veille avec la verge! On avait à Carpentras acquitté l'inculpé et retenu les témoins.

"-- Mais, allons, vous devez dire que je suis un franc bavard. A Dieu soyez, dit le vieillard en se relevant du talus, et prenez garde, là au frais, prenez garde de vous morfondre.

Le devineur, avec sa baguette, gagna du côté des collines, vers ces quartiers d'Aurel, de Saint-Trinit, chantés plus tard par Félix Gras dans son grand et frais poème qui a nom *Les charbonniers* , et nous allâmes, nous autres, par un raidillon de chemin, prendre notre logis à Sault, la ville des *Étrangleurs de truie*.

Après avoir salué, dans le château fort en ruine, le blason et la gloire de ses anciens seigneurs, les grands barons d'Agoult (qui est Wolf en allemand et qui signifie loup) et le nom historique de cette comtesse de Sault qui, au temps (de la Ligue, maîtrisait la Provence, nous descendîmes sur Monieux, dont le curé figure dans le gai répertoire des contes populaires.

Ce curé avait une vache... Et voici qu'un pauvre homme, qui avait un tas d'enfants, vola et tua la vache, la fit manger à ses marmots et, après la bombance, en manière de grâces, leur fit dire la petite prière que voici:

> *Nous rendons grâces, mon Dieu,*
> *Au bon curé de Monieux:*
> *Nous avons bien soupé, Dieu merci et sa vache!*

Mais les enfants répètent tout. Le curé en eut vent, et ayant questionné un des petits mangeurs, il lui dit:

-- Est-ce vrai, mignon, que votre père vous a appris pour vos grâces une prière si jolie? Comment est-elle? voyons un peu...

Et le petit répéta:

> *Nous rendons grâces, mon Dieu,*
> *Au bon curé de Monieux:*
> *Nous avons bien soupé, Dieu merci et sa vache!*

-- Oh ! la galante prière! fit le prêtre au petit. Eh bien ! sais-tu, mignon, ce qu'il faut faire? Demain, jour de dimanche, tu viendras me trouver à la première messe; tu monteras en chaire avec moi, n'est-ce pas, mignon? et devant tous, pour que tout le monde l'apprenne, tu diras la prière que ton père vous fait dire.

-- Il suffit, monsieur le curé.

Et l'enfant, tout de suite, va conter à son père le propos du curé; et le père, un fin matois, dit alors à l'enfant:

-- Ah! oui, venir parler de vache en pleine chaire! Mais tu les ferais rire tous... Je vais t'en apprendre une autre, mon fils, d'action de grâces, qui est bien plus belle encore:

Je rends grâce au bon Dieu!
Les hommes de Monieux
Ont tous porté du bois de leur curé joyeux:
Mais lui tout seul, mon père
Ne s'est pas laissé faire.

"T'en souviendras-tu demain?

-- Je m'en souviendrai, père.

Le curé, le lendemain, au prône de la messe, monte donc à la chaire, accompagné du petit, et commence:

-- Mes frères, vous l'avez tous appris, on nous a volé notre vache... Je ne veux pas vous en parler; seulement la vérité est toujours bonne à connaître, et toujours la vérité sort de la bouche innocente... Allons, mignon, dis ce que tu sais.

Et le petit alors:

Je rends grâce au bon Dieu!
Les hommes de Monieux
Ont tous porté du bois de leur curé joyeux:
Mais lui tout seul, mon père
Ne s'est pas laissé faire.

Je vous laisse à penser le rire...

Nous prîmes à Monieux la combe de la Nesque, petit cours d'eau sauvage, qui bondit, comme dit Gras,

Entre deux falaises à pic, couvertes de halliers,
Où les bergers pendent l'appât
Pour attraper les merles.

et nous marchâmes là dans les rochers, à tout hasard, pour gagner, si nous pouvions, le même jour, Vénasque. Mais qui compte sans l'hôte, dit-on, compte deux fois: le soleil se couchait que nous errions encore parmi les précipices, au pied d'un haut escarpement qu'on nomme le Rocher du Cire, où plus tard nous plaçâmes l'épisode de *Calendal* lorsqu'il dénicha les ruches d'abeilles,

La Nesque, par-dessous, affreuse,
Ouvrait sa ténébreuse gorge

et, la nuit nous couvrant peu à peu de son ombre, voici qu'à un endroit appelé le Pas de l'Ascle, un véritable labyrinthe, nous n'y, voyions plus devant nous, en danger, à tout pas, de glisser et tomber, la tête la première, par là-bas je ne sais ou.

-- Mes amis, dis-je alors, ce serait une sottise que de laisser nos os ici dans quelque gouffre, avant d'avoir accompli notre oeuvre félibréenne. Je serais d'avis de retourner.

-- Hé! en avant, fit Grivolas, nous venons tout à l'heure "les effets de la lune" sur les roches de la Nesque.

-- Si tu veux te précipiter, lui cria Aubanel, libre à toi, mon ami Pierre! Pour moi, je ne me sens nulle envie de me faire dévorer par les loups.

Et là-dessus nous remontâmes, en tâtonnant de-ci de-là, pour nous sortir des précipices, harassés, défaillants, tout en nage. Nous vîmes alors par bonheur, dans l'obscurité, au loin, poindre une petite lumière.

Nous y allâmes. C'était une masure écartée dans la montagne, qu'on appelait les Bessons. Nous frappâmes. On nous ouvrit; et de leur mieux ces braves gens (une famille de chevriers) nous firent l'hospitalité et ils nous dirent:

"Vous avez certes bien fait de retourner sur vos pas; l'autre année, une nuit d'hiver, nous avions entendu des cris, sans savoir ce qui arrivait...

"Quand le matin nous allâmes voir, nous trouvâmes mort dans la Nesque, là-bas vers le Pas de l'Ascle, un pauvre prêtre qui s'était décroché et tout meurtri."

-- Eh bien! tu vois, nigaud, si nous t'avions suivi? fit Aubanel à Grivolas.

-- Bah! repartit le peintre, vous êtes des soldats du pape.

La ménagère, en même temps, avait mis la marmite sur le feu, avec de l'ail, de la sauge, et une poignée de sel, tout aspergé d'huile. Elle nous trempa bientôt une odorante eau bouillie, si bonne qu'Aubanel, tout petit homme qu'il fût, en vida onze assiettées, et le grand félibre garda un tel souvenir de cette savoureuse soupe et du bon sommeil que nous fîmes à la grange des Bessons que, dans son *Livre de l'Amour*, il y fait l'allusion suivante:

La femme vivement avec le tranchoir -- Taille le beau pain brun, va quérir de l'eau fraîche -- Avec son broc de cuivre; ensuite sur le seuil -- Elle sort et appelle ses gens qui rentrent à la maison. -- Et la soupe est versée; pendant qu'elle s'imbibe,-- L'hôte amical vous fait boire un coup de sa piquette; -- Puis, chacun à son tour, aïeul, mari, femme et enfants, -- Tirent une assiettée et apaisent leur faim. -- Et vous mangez la soupe et êtes de la famille. -- Mais, le repas fini, déjà chacun sommeille: -- L'hôtesse avec une lampe va vous quérir un drap, -- Un beau drap de toile blonde, tout rude et tout neuf. -- Du corps la lassitude est un baume pour l'âme. -- Ah! qu'il fait bon dormir, dans les bergeries, sur le feuillage, -- Dormir sans rêves, au milieu des troupeaux, -- N'être ensuite réveillé que par les grelots -- Des chèvres, le matin, et aller avec les plâtres -- Se coucher tout le jour et sentir le marrube!

Le lendemain, ayant repris la gorge de la Nesque, toute bourdonnante d'abeilles, des abeilles en essaims qui y humaient le miel des fleurs, nous arrivâmes enfin, et par une chaleur qui faisait béer les lézards, au village de Méthamîs. Nous demandâmes l'auberge. Mais va-t'en voir s'ils viennent! Nous y trouvâmes porte close; l'hôte et l'hôtesse
moissonnaient.

Nous entrâmes au café, pour voir si en payant on voudrait nous apprêter quelque chose pour dîner.

-- Cela m'est défendu, nous dit le cafetier, comme de tuer un homme!

-- Et pourquoi?

-- C'est que l'auberge, appartenant à la commune, s'afferme sous condition que personne autre n'ait le droit de donner à manger aussi.

-- Il nous faut donc crever de faim?

-- Allez trouver M. le Maire... Je ne puis, moi, vous offrir autre chose qu'à boire.
Nous bûmes un coup pour nous rafraîchir, et de là, tout poussiéreux, nous allâmes chez M. le Maire de Méthamis.

Le maire, un grand rustaud, moricaud et grêlé comme une poêle à châtaignes, croyant avoir affaire à des batteurs d'estrade, nous fait brutalement, comme quelqu'un que l'on dérange:

-- Que voulez-vous?

-- Nous voudrions, lui dis-je, que vous donniez au cafe-tier l'autorisation nécessaire pour nous servir à manger, du moment, monsieur le Maire, que votre auberge est fermée...

-- Avez-vous des papiers?

-- Que diable! nous sommes d'ici d'Avignon: si l'on ne peut plus faire un pas, ni manger une omelette dans le département, sans avoir des papiers...

-- Ça, point tant de raisons! vous irez vous expliquer, accompagnés de mes deux gardes, devant le commissaire de police du canton.

-- Mais peste! vous voulez rire? nous voilà n'en pouvant plus...

-- Oh! je vous ferai charrier sur ma charrette; j'ai un bon mulet.

Cela commençait, parbleu! à ne plus tant nous amuser, d'autant plus, saperlotte! que nous n'avions rien dans le ventre.

-- Monsieur le Maire, dit Aubanel, si vous vouliez nous conduire chez M. le curé, je suis sûr qu'il nous connaîtra.

-- Allons-y, allons-y, fit le maire hargneux.

Et arrivés au presbytère, en présence du prêtre:

-- Voyez, lui dit-il, monsieur le Curé, si vous connaissez ces individus.

Le curé de Mathamis, dans son petit salon, nous offrit d'abord des chaises, et puis tournant autour de nous et examinant nos visages:

-- Non, dit-il, monsieur le Maire, je ne connais pas ces messieurs.

-- Mais regardez-moi bien, monsieur le curé, fit Aubanel, ne vous souvient-il pas de m'avoir vu en Avignon, dans ma librairie?

-- Ah! monsieur Aubanel?

-- Précisément.

-- Monsieur Aubanel, cria le curé de Méthamis, libraire et imprimeur de notre Saint Père le Pape! Jacomone, Jacomone! apporte vite les petits verres, que nous buvions une goutte de ratafia de Gouit à la santé de l'Almanach provençal et des félibres!

Et comme nous tournions la tête, pour voir un peu la mine du maire de Méthamis, celui-ci, en cherchant la porte qu'il ne pouvait retrouver, grommelait:

-- Je ne bois pas, je ne bois pas, monsieur le Curé. Il faut que j'aille mettre au joug.

C'est bien. Quand nous sortîmes, au bout d'un moment, l'aubergiste sur son seuil, le cafetier devant sa porte, nous appelaient:

-- Messieurs, messieurs, vous pouvez venir... M. le Maire vient de dire que si vous désiriez manger...

Mais dépités et dédaigneux, nous, tels que des apôtres qui ont été méconnus, en resserrant nos ceintures nous secouâmes sur Méthamis la poussière de nos souliers et nous reprîmes clopin-clopant la descente de la Nesque.

-- Eh bien! mon vaillant Pierre, disait Aubanel à Grivolas, tu vois que les soldats du Pape sont encore bons à quelque chose?

-- Je ne dis pas, mais à Venasque, répondait notre artiste en se léchant la barbe, si nous tombions sur un monceau de lapins, de poulets, de levrauts et de dindes, comme à la fête de Montbrun, il me semble que tout à l'heure, mes amis, nous y taperions.

Hélas! les jours se suivent, mais ne se ressemblent pas. A Venasque, l'aubergiste, charron de son métier, nous fit souper, l'animal, avec un épais ragoût de pommes de terre au plat, rissolées dans de l'huile infecte, que nous ne pûmes avaler.

Non content de cela, le pendard nous fit coucher sur une pile de bois d'yeuse, avec, pour matelas, quelques fourchées de paille qui, dans la nuit, s'éparpillèrent, et, à cause des bûches anguleuses et noueuses qui nous entraient dans le dos, nous ne pûmes fermer l'oeil.

Bref, les habits fripés, les chaussures trouées, le visage hâlé, mais allègres, mais pleins de la saveur de la Provence, nous revînmes à travers une croupe de montagnes pelées qui a pour nom la Barbarenque, en passant par Vaucluse, l'abbaye de Sénanque, Gordes et le Calavon (non sans autres aventures dont le récit serait trop long), nous revînmes de là aux plaines d'Avignon.

CHAPITRE XVIII

LA RIBOTE DE TRINQUETAILLE

Alphonse Daudet dans sa jeunesse. -- La descente en Arles. -- La Roquette et les Roquettières. -- Le patron Gafet. -- Le souper chez Le Counënc. -- Les chansons de table. -- Le registre du cabaret. -- Le pont de bateaux. -- La noce arlésienne. -- Le spectre des Aliscamps. -- Une lettre de Daudet pendant le siège de Paris.

I

Alphonse Daudet, dans ses souvenirs de jeunesse (*Lettres de mon Moulin et Trente Ans de Paris*), a raconté, à fleur de plume, quelques échappées qu'il fit, avec les premiers félibres, à Maillane, en Barthelasse, aux Baux, à Châteauneuf; je dis avec les félibres de la première pousse, qui, en ce temps, couraient sans cesse le pays de Provence, pour le plaisir de courir, de se donner du mouvement, surtout pour retremper le Gai-Savoir nouveau dans le vieux fonds du peuple. Mais il n'a pas tout dit, de bien s'en faut, et je veux vous conter la joyeuse équipée que nous fîmes ensemble, il y a quelque quarante ans.

Daudet, à cette époque, était secrétaire du duc de Morny, secrétaire honoraire, comme vous pouvez croire, car tout au plus si le jeune homme allait, une fois par mois, voir si le président du Sénat, son patron, était gaillard et de bonne humeur. Et sa vigne de côté, qui depuis a donné de si belles pressées, n'était qu'à sa première feuille. Mais entre autres choses exquises, Daudet avait composé une poésie d'amour, pièce toute mignonne, qui avait nom: *les Prunes*. Tout Paris la savait par coeur, et M. de Morny, l'ayant ouïe dans son salon, s'était fait présenter l'auteur, qui lui avait plu, et il l'avait pris en grâce.

Sans parler de son esprit qui levait la paille, comme on dit des pierres fines, Daudet était joli garçon, brun, d'une pâleur mate, avec des yeux noirs à longs cils qui battaient, une barbe naissante et une chevelure drue et luxuriante qui lui couvrait la nuque, tellement que le duc, chaque fois que l'auteur de la chanson des *Prunes* lui rendait visite au Sénat, lui disait, en lui touchant les cheveux de son doigt hautain:

-- Eh bien! poète, cette perruque, quand la faisons-nous abattre?

-- La semaine prochaine, monseigneur! en s'inclinant répondait le poète.

Et ainsi, tous les mois, le grand duc de Morny faisait au petit Daudet la même observation, et toujours le poète lui répondait la même chose. Et le duc tomba plus tôt que la crinière de Daudet.

A cet age, devons-nous dire, le futur chroniqueur des aventures prodigieuses de *Tartarin de Tarascon* était déjà un gaillard qui voyait courir le vent: impatient de tout connaître, audacieux en bohème, franc et libre de langue, se lançant à la nage dans tout ce qui était vie, lumière, bruit et joie, et ne demandant qu'aventures. Il avait, comme on dit, du vif-argent dans les veines.

Je me souviens d'un soir où nous soupions au *Chêne-Vert*, un plaisant cabaret des environs d'Avignons. Entendant la musique d'un bal qui se trouvait en contrebas de la terrasse où nous étions attablés, Daudet, soudainement, y sauta (je puis dire de neuf ou dix pieds de haut) et tomba, à travers les sarments d'un treille, au beau milieu des danseuses, qui le prirent pour un diable.

Une autre fois, du haut du chemin qui passe au pied du Pont du Gard, il se jeta, sans savoir nager, dans la rivière du Gardon, pour voir, avait-il dit, s'il y avait beaucoup d'eau. Et, ma foi, sans un pêcheur qui l'accrocha avec sa gaffe, mon pauvre Alphonse à coup sûr, buvait bouillon de onze heures.

Une autre fois, au pont qui conduit d'Avignon à l'île de la Barthelasse, il grimpait follement sur le parapet mince et, y courant dessus au risque de culbuter, par là-bas, dans le Rhône, il criait, pour épater quelques bourgeois qui l'entendaient:

-- C'est de là, tron de l'air! que nous jetâmes au Rhône le cadavre de Brune, oui, du maréchal Brune! Et que cela serve d'exemple aux Franchimands et Allobroges qui reviendraient nous embêter!

II

Donc, un jour de septembre, je reçus à Maillane une petite lettre du camarade Daudet, une de ces lettres menues comme feuille de persil, bien connues de ses amis, et dans laquelle il me disait:

"Mon Frédéric, demain mercredi, je partirai de Fontvieille pour venir à ta rencontre jusqu'à Saint-Gabriel. Mathieu et Grivolas viendront nous y rejoindre par le chemin de Tarascon. Le rendez-vous est à la buvette, où nous t'attendons vers les neuf heures ou neuf heures et demie. Et là, chez Sarrasine, la belle hôtesse du quartier, ayant ensemble bu un coup, nous partirons à pied pour Arles. Ne manque pas! Ton

Chaperon Rouge."

Et, au jour dit, entre huit et neuf heures, nous nous trouvâmes tous à Saint-Gabriel, au pied de la chapelle qui garde la montagne. Chez Sarrasine, nous croquâmes une cerise à l'eau-de-vie, et en avant sur la route blanche.

Nous demandâmes au cantonnier:

-- Avons-nous une longue traite, pour arriver d'ici à Arles?

-- Quand vous serez, nous répondit-il, droit à la Tombe de Roland, vous en aurez encore pour deux heures.

-- Et où est cette tombe?

-- Là-bas, où vous voyez un bouquet de cyprès, sur la berge du Vigueirat.

-- Et ce Roland?

-- C'était, à ce qu'on dit, un fameux capitaine du temps des Sarasins... Les dents, allez, bien sûr, ne doivent pas lui faire mal.

Salut, Roland! Nous n'aurions pas soupçonné, dès nous mettre en chemin, de rencontrer vivantes, au milieu des guérets et des chaumes du Trébon, la légende et la gloire du compagnon de Charlemagne. Mais poursuivons. Allégrement nous voilà descendant en Arles, où l'Homme de Bronze frappait midi, quand, tout blancs de poussière, nous entrâmes à la porte de la Cavalerie. Et, comme nous avions le ventre à l'espagnole, nous allâmes aussitôt, déjeuner à l'hôtel Pinus.

III

On ne nous servit pas trop mal... Et, vous savez, quand on est jeune, que l'on est entre amis et heureux d'être en vie, rien de tel que la table pour décliquer le rire et les folâtreries.

Il y avait cependant quelque chose d'ennuyeux. Un garçon en habit noir, la tête pommadée, avec deux favoris hérissés comme des houssoirs, était sans cesse autour de nous, la serviette sous le bras, ne nous quittant pas de l'oeil et, sous prétexte de changer nos assiettes, écoutant bonnement toutes nos paroles folles.

-- Voulez-vous, dit enfin Daudet impatienté, que nous fassions partir cette espèce de patelin?... Garçon!

-- Plaît-il, monsieur?

-- Vite, va nous chercher un plateau, un plat d'argent.

-- Pour de quoi mettre? demanda le garçon interloqué.

-- Pour y mettre un *viédase* ! repliqua Daudet d'une voix tonnante.

Le changeur d'assiettes n'attendit pas son reste et, du coup, nous laissa tranquilles.

-- Ce qu'il y a aussi de ridicule dans ces hôtels, fit alors le bon Mathieu, c'est que, remarquez-le, depuis qu'aux tables d'hôte les commis voyageurs ont introduit les goûts du Nord, que ce soit en Avignon, en Angoulême, à Draguignan ou bien à Brive-la-Gaillarde, on vous sert, aujourd'hui, partout les mêmes plats: des brouets de carottes, du veau à l'oseille, du rosbif à moitié cuit, des choux-fleurs au beurre, bref, tant d'autres mangeries qui n'ont ni saveur ni goût. De telle sorte qu'en Provence, si l'on veut retrouver la cuisine indigène, notre vieille cuisine appétissante et savoureuse, il n'y a que les cabarets où va manger le peuple.

-- Si nous y allions ce soir? dit le peintre Grivolas.

-- Allons-y, criâmes-nous tous.

IV

On paya, sans plus tarder. Le cigare allumé, on alla prendre se demi-tasse dans un *cafeton* populaire. Puis, dans les rues étroites, blanches de chaux et fraîches, et bordées de vieux hôtels, on flâna doucement jusqu'à la nuit tombante, pour regarder sur leurs portes ou derrière le rideau de canevas transparent ces Arlésiennes reines qui étaient pour beaucoup dans le motif latent de notre descente en Arles.

Nous vîmes les Arènes avec leurs grands portails béants, le Théâtre Antique avec son couple de majestueuses colonnes, Saint-Trophime et son cloître, la Tête sans nez, le palais du Lion, celui des Porcelets, celui de Constantin et celui du Grand-Prieur.

Parfois, sur les pavés, nous nous heurtions à l'âne de quelque *barralière* qui vendait de l'eau du Rhône. Nous rencontrions aussi les *tibanières* brunes qui rentraient en ville, la tête chargée de leurs faix de glanes, et les *cacalausières* qui criaient:

-- Femmes, qui en veut des colimaçons de chaumes?

Mais, en passant à la Roquette, devers la Poissonnerie, voyant que le jour déclinait, nous demandâmes à une femme en train de tricoter son bas:

-- Pourriez-vous nous indiquer quelque petite auberge, ne serait-ce qu'une taverne, où l'on mange proprement et à la bonne apostolique?

La commère, croyant que nous voulions railler, cria aux autres Roquettières, qui, à son éclat de rire, étaient sorties sur leurs seuils, coquettement coiffées de leurs cravates blanches, aux bouts noués en crête:

-- Hé! voilà des messieurs qui cherchent une taverne pour souper: en auriez-vous une?

-- Envoie-les, cria l'une d'elles, dans la rue Pique-Moute.

-- Ou chez la Catasse, dit une autre.

-- Ou chez la veuve Viens-Ici.

-- Ou à la porte des Châtaignes.

-- Pardon, pardon, leur dis-je, ne plaisantons pas, mes belles: nous voulons un cabaret, quelque chose de modeste, à la portée de tous, et où aillent les braves gens.

V

-- Eh bien! dit un gros homme qui fumait là sa pipe assis sur une borne, la trogne enluminée comme une gourde de mendiant, que ne vont-ils chez le Counënc? Tenez, messieurs, venez, je vous y conduirai, poursuivit-il en se levant et en secouant sa pipe, il faut que j'aille de ce côté. C'est sur l'autre bord du Rhône, au faubourg de Trinquetaille... Ce n'est pas une hôtellerie, mon Dieu! de premier ordre; mais les gens de rivière, les *radeliers*, les bateliers qui viennent de condrieu y font leur gargotage et n'en sont pas mécontents.

-- Et d'où vient, dit Grivolas, qu'on l'appelle le Counënc?

-- L'hôtelier? Parce qu'il est de Combs, un village près de Beaucaire, qui fournit quelques mariniers... Moi-même, qui vous parle, je suis patron de barque, et j'ai navigué ma part.

-- Êtes-vous allé loin?

-- Oh! non, je n'ai fait voile qu'au petit cabotage, jusqu'au Havre-de-Grâce... Mais.

*Pas de marinier
Qui ne se trouve en danger.*

Et, allez, si n'étaient les grandes Saintes Maries qui nous ont toujours gardé, il y a beau temps, camarades, que nous aurions sombré en mer.

-- Et l'on vous nomme?

-- Patron Gafet, tout à votre service, si vous vouliez, quelque moment, descendre au Sambruc ou au Graz, vers les îlots de l'embouchure, pour voir les bâtiments qui y sont ensablés.

VI

Et au pont de Trinquetaille, qui, encore à cette époque, était un pont de bateaux, tout en causant nous arrivâmes. Lorsqu'on le traversait sur le plancher mouvant, entablé sur des bateaux plats juxtaposés bord à bord, on sentait sous soi, puissante et vivante, la respiration du fleuve, dont le poitrail houleux vous soulevait en s'élevant, vous abaissait en s'abaissant.

Passé le Rhône, nous prîmes à gauche, sur le quai, et, sous un vieux treillage, courbée sur l'auge de son puits, nous vîmes, comment dirai-je? une espèce de gaupe, et borgne par-dessus, qui raclait et écaillait des anguilles frétillantes. A ses pieds, deux ou trois chats rongeaient, en grommelant, les têtes qu'elle leur jetait.

-- C'est la Counënque, nous dit soudain maître Gafet.

Pour des poëetes qui, depuis le matin, ne rêvions que de belles et nobles Arlésiennes, il y avait de quoi demeurer interdits... Mais, enfin, nous y étions.

-- Counënque, ces messieurs voudraient souper ici.

-- Oh! ça, mais, patron Gafet, vous n'y pensez pas, sans doute? Qui diable nous charriez-vous? Nous n'avons rien, nous autres, pour des gens comme ça...

-- Voyons, nigaude, n'as-tu pas là un superbe plat d'anguilles!

-- Ah! si un *catigot* d'anguilles peut faire leur félicité... Mais, voyez, nous n'avons rien autre.

-- Ho! s'écria Daudet, rien que nous aimions tant que le *catigot*. Entrons, entrons, et vous maître Gafet, veuillez bien vous attabler, nous vous en prions, avec nous autres.

-- Grand merci! vous êtes bien bons.

Et bref, le gros patron s'étant laissé gagner, nous entrâmes tous les cinq au cabaret de Trinquetaille.

VII

Dans une salle basse, dont le sol était couvert d'un corroi de mortier battu, mais dont les murs étaient bien blancs, il y avait une longue table où l'on voyait assis quinze ou vingt mariniers en train de manger un cabri, et le Counënc soupait avec eux.

Aux poutres du plafond, peint en noir de fumée, étaient pendus des *chasse-mouches* (faisceaux de tamaris où viennent se poser les mouches, qu'on prend ensuite avec un sac), et, vis-à-vis de ces hommes qui, en nous voyant entrer, devinrent silencieux, autour d'une autre table, nous prîmes place sur des bancs.

Mais, pendant qu'au potager se cuisinait le *caligot*, la Counënque, pour nous mettre en appétit, apporta deux oignons énormes (de ceux de Bellegarde), un plat de piments vinaigrés, du fromage pétri, des olives confites, de la boutargue du Martigue, avec quelques morceaux de merluche braisée.

-- Et tu reviendras dire que tu n'avais rien? s'écria patron Gafet qui chapelait du pain avec son couteau crochu; mais c'est un festin de noces!

-- Dame! repartit la borgne, si vous nous aviez prévenus, nous aurions pu tout de même vous apprêter une blanquette à la mode des *gardians* ou quelque omelette baveuse... Mais quand les gens vous tombent là, entre chien et loup, comme cheveux sur une soupe, messieurs, vous comprendrez qu'on leur donne ce qu'on peut.

C'est bien. Daudet, qui de sa vie ne s'était vu à pareille gogaille de Camargue, saisit un des oignons, de ces beaux oignons épatés, dorés comme un pain de Noël, et hardi! à belles dents, et feuillet à feuillet, il le croque et l'avale, tantôt l'accompagnant du fromage pétri, tantôt de la merluche. Il est juste d'ajouter que, pour le seconder, tous nous faisions notre possible.

Patron Gafet, lui soulevant de temps en temps la cruche pleine d'un vin de Crau, flambant comme on n'en voit plus:

-- Ça, jeunesse, disait-il, si nous abattions un bourgeon? L'oignon fait boire et maintient la soif.

En moins d'une demi-heure, on aurait enflammé sur nos joues une allumette. Puis, arriva le *catigot*, où le bâton d'un pâtre se serait tenu droit, -- salé comme mer, poivré comme diable...

-- Salaison et poivrade, disait le gros Gafet, font trouver le vin bon... Allume et trinque, Antoine, puisque ton père est prieur!

VIII

Les mariniers, pourtant, ayant achevé leur cabri, terminaient leur repas, ainsi que c'est l'usage des bateliers de Condrieu, avec un plat de soupe grasse. Chacun, à son bouillon mêlait un grand verre de vin; puis, portant des deux mains leurs assiettes à la bouche, tous ensemble vidèrent d'un seul trait le mélange, savoureusement, en claquant des lèvres.

Un conducteur de radeau, qui portait la barbe en collier, chanta alors une chanson qui, s'il m'en souvient bien, finissait comme ceci:

Quand notre flotte arrive
En rade de Toulon,
Nous saluons la ville
A grands coups de canon.

Daudet nous dit:

-- Tonnerre! n'allons-nous pas aussi faire craquer la nôtre?

Et il entama celle-ci (du temps où l'on faisait la guerre aux Vaudois du Léberon):

Chevau-léger, mon bon ami,
A Lourmarin, l'on s'éventre!
Chevau-léger, mon bon ami,
Mon coeur s'évanouit.

Mais les gens de rivière, ne voulant pas être en reste, chantèrent lors en choeur:

Les filles de Valence
Ne savent pas faire l'amour:
Celles de la Provence
Le font la nuit, le jour.

-- A nous autres, collègues, criâmes-nous aux chanteurs. Et tous à l'unisson, nous servant de nos doigts comme de castagnettes, nous répliquions superbement:

Les filles d'Avignon
Sont comme les melons:
Sur cent cinquante
N'y en a pas de mûr;
La plus galante...

-- Chut! nous fit la borgnesse, car si passait la police, elle vous dresserait "verbal" pour tapage nocturne.

-- La police? criâmes-nous, on se fiche pas mal d'elle.

-- Tenez, ajouta Daudet, allez nous quérir le registre où vous inscrivez ceux qui logent dans l'auberge.

La Counënque apporta le livre, et le gentil secrétaire de M. de Morny écrivit aussitôt de sa plus belle plume:

A. Daudet, secrétaire du président du Sénat;
F. Mistral, chevalier de la Légion d'Honneur;
A. Mathieu, le félibre de Châteauneuf-du-Pape;
P. Grivolas, maître peintre de l'École d'Avignon.

-- Et si quelqu'un, poursuivit-il, si quelqu'un, ô Counënque, venait jamais te chercher noise, que ce soit commissaire, gendarme ou sous-préfet, tu n'auras qu'à lui mettre ces pattes de mouches sous la moustache, et puis, si l'on t'embête, tu nous écriras à Paris, et, va, moi je me charge de les faire danser.

IX

Nous soldâmes, et, accompagnés de la vénération publique, nous sortîmes tels que des princes qui viennent de se révéler.

Parvenus au marchepied du pont Trinquetaille:

-- Si nous faisions, sur le pont, un brin de farandole? proposa l'infatigable et charmant nouvelliste de la *Mule du Pape* , les ponts de la Provence ne sont faits que pour ça...

Et en avant! au clair limpide de la lune de septembre, qui se mirait dans l'eau, nous voilà faisant le branle sur le pont en chantant:

La farandole de Trinquetaille,
Tous les danseurs sont des canailles!
La farandole de Saint-Remy,
Une salade de pissenlits!

Tout à coup - nous arrivions sur le milieu du Rhône, -- voici que, dans la pénombre, au-devant de nous autres, nous voyons s'avancer une rangée d'Arlésiennes, de délicieuses Arlésiennes, chacune avec son cavalier, qui lentement cheminaient, tout en babillant et riant... Le frôlement des jupes, le frou-frou de la soie, le gazouillis des couples qui se parlaient à voix basse dans la nuitée pacifique, dans le tressaillement du Rhône qui se glissait entre les barques, c'était vraiment chose suave.

-- Une noce, dit le gros patron Gafet, qui ne nous avait pas quittés.

-- Une noce? fit Daudet, qui avec sa myopie, ne se rendait pas bien compte de cette agitation, une noce arlésienne! Une noce à la lune! Une noce en plein Rhône!

Et, pris d'un vertigo, notre luron s'élance, saute au cou de la mariée, et en veux-tu des baisers...

Aïe! quelle mêlée, mon Dieu! Si jamais de la vie nous nous vîmes en presse, ce fut bien cette fois-là... Vingt gars, le poing levé, nous entourent et nous serrent:

-- Au Rhône, les marauds!

-- Qu'est-ce donc? Qu'est-ce donc? s'écria patron Gafet, en refoulant la troupe; mais ne voyez-vous pas que nous venons de boire, de boire en Trinquetaille, à la santé de l'épousée, et que de reboire nous ferait du mal?

-- Vivent les mariés! nous écriâmes-nous. Et, grâce à la poigne de ce brave Gafet, qui était connu de tous, et à sa présence d'esprit, les choses en restèrent là.

X

Maintenant, où allons-nous? L'Homme de Bronze venait de frapper onze
heures... Et nous dîmes:

-- Il faut aller faire un tour aux Aliscamps.

Nous prenons les Lices d'Arles, nous contournons les remparts, et, au clair de la lune, nous voilà descendant l'allée de peupliers qui mène au cimetière du vieil Arles romain. Et, ma foi, en errant au milieu des sépulcres éclairés par la lune et des auges mortuaires alignées sur le sol, voici que, gravement, nous répétions entre nous l'admirable ballade de Camille Reybaud:

Les peupliers du cimetière
Ont salué les trépassés.
As-tu peur des pieux mystères?
Passe plus loin du cimetière!

MOI

Des blancs tombeaux du cimetière
Le couvercle s'est renversé.

TOUS

As-tu peur des pieux mystères?
Passe plus loin du cimetière.

MOI

Sur le gazon du cimetière
Tous les défunts se sont dressés.

TOUS

As-tu peur des pieux mystères?
Passe plus loin du cimetière.

MOI

Frères muets, au cimetière
Tous les morts se sont embrassés.

TOUS

As-tu peur des pieux mystères?
Passe plus loin du cimetière.

MOI

C'est la fête du cimetière,
Les morts se mettent à danser.

TOUS

As-tu peur des pieux mystères?
Passe plus loin du cimetière.

MOI

La lune est claire: au cimetière,
Les vierges cherchent leurs fiancés.

TOUS

As-tu peur des pieux mystères?
Passe plus loin du cimetière.

MOI

Leurs amoureux, au cimetière,
Ne sont plus là, si empressés.

TOUS

As-tu peur des pieux mystères?
Passe plus loin du cimetière.

MOI

Oh! ouvrez-moi le cimetière,
Mon amour va les caresser...

XI

Le croirez-vous? Soudain, d'une tombe béante, à trois pas de nous autres, mes chers amis, une voix sombre, dolente, sépulcrale, nous fait entendre ces mots:

-- *Laissez dormir ceux qui dorment!*

Nous restâmes pétrifiés, et à l'entour, sous la lune, tout retomba dans le silence.

Mathieu disait doucement à Grivolas:

-- As-tu entendu?

-- Oui, répondit le peintre, c'est là-bas, dans ce sarcophage.

-- Cela, dit patron Gafet en crevant de rire, c'est un couche-vêtu, un de ces *galimands*, comme nous les nommons en Arles, qui viennent se gîter, la nuit, dans ces auges vides.

Et Daudet:

-- Quel dommage, pourtant, que ça n'ait pas été une apparition réelle! Quelque belle Vestale, qui, à la voix des poètes, eût interrompu son somme, et, ô mon Grivolas, fût venue t'embrasser!

Puis, d'une voix retentissante, il chanta et nous chantâmes:

De l'abbaye passant les portes,
Autour de moi, tu trouverais
Des nonnes l'errante cohorte,
Car en suaire je serais!
-- O Magali, si tu te fais
La pauvre morte,
La terre alors je me ferai:
Là je t'aurai.

Là-dessus, au patron Gafet nous serrâmes tous la main, et nous allâmes vite, de ce pas, au chemin de fer, prendre le train pour Avignon.

Sept ans après, hélas! l'année de la catastrophe, je reçus cette lettre:

Paris, 31 décembre 1870.

"Mon Capoulié, je t'envoie par le ballon monté un gros tas de baisers. Et il me fait plaisir de pouvoir te les envoyer en langue provençale; comme ça je suis assuré que les Allemands, si le ballon leur tombe dans les mains, ne pourront par lire mon écriture et publier ma lettre dans le *Mercure de Souabe*.

"Il fait froid, il fait noir; nous mangeons du cheval, du chat, du chameau, de l'hippopotame (ah! si nous avions les bons oignons, le *catigot* et la *cachat* de la Ribote de Trinquetaille!) Les fusils nous brûlent les doigts. Le bois se fait rare. Les armées de la Loire ne viennent pas. Mais cela ne fait rien. Les gens de Berlin s'ennuieront quelque temps encore devant les remparts de Paris ....
....
....

"Adieu, mon Capoulié, trois gros baisers: un pour moi, l'autre pour ma femme, l'autre pour mon fils. Avec ça, bonne année, comme toujours
d'aujourd'hui à un an.

Ton félibre,
Alphonse DAUDET."

Et puis, on viendra me dire que Daudet n'étais pas un excellent Provençal! Parce qu'en plaisantant il aura ridiculisé les Tartarin, les Roumestan et les Tante Portal et tous les imbéciles du pays de Provence qui veulent franciser le parler provençal, pour cela Tarascon lui garderait rancune?

Non! la mère lionne n'en veut pas, n'en voudra jamais au lionceau qui, pour s'ébattre, l'égratigne quelquefois.

Table des matières

CHAPITRE I.	6
AU MAS DU JUGE.	6
CHAPITRE II.	25
MON PÈRE.	25
LES ROIS MAGES	36
CHAPITRE IV	50
L'ÉCOLE BUISSONNIÈRE	50
CHAPITRE V	63
A SAINT-MICHEL-DE-FRIGOLET	63
CHAPITRE VI	81
CHEZ MONSIEUR MILLET	81
CHAPITRE VII	101
CHEZ M. DUPUY	101
CHAPITRE VIII	115
COMMENT JE PASSAI BACHELIER	115
CHAPITRE IX	133
LA RÉPUBLIQUE DE 1848	133
CHAPITRE X	155
A AIX-EN-PROVENCE	155
CHAPITRE XI	171
LA RENTRÉE AU MAS	171

CHAPITRE XII	190
FONT-SÉGUGNE	190
CHAPITRE XIII	206
L'ALMANACH PROVENÇAL	206
CHAPITRE XIV	237
LE VOYAGE AUX SAINTES-MARIES	237
CHAPITRE XV	257
JEAN ROUSSIÈRE	257
CHAPITRE XVI	273
MIREILLE	273
CHAPITRE XVII	286
AUTOUR DU MONT VENTOUX	286
CHAPITRE XVIII	306
LA RIBOTE DE TRINQUETAILLE	306